教育部人文社会科学研究一般项目"生活体验与儿童发展研究"成果
（项目批准号：08JC880011）

湖北省人文社会科学研究重点项目"幼儿体验式阅读研究"成果
（项目批准号：2008d093）

幼儿教师易犯的150个错误

伍香平◎编著

中国轻工业出版社

图书在版编目（CIP）数据

幼儿教师易犯的150个错误/伍香平编著.—北京：中国轻工业出版社，2012.10（2023.8重印）
ISBN 978-7-5019-8930-0

Ⅰ.①幼… Ⅱ.①伍… Ⅲ.①学前教育-教学参考资料 Ⅳ.①G61

中国版本图书馆CIP数据核字（2012）第174800号

责任编辑：吴　红
策划编辑：高　君　　　　责任终审：腾炎福
责任校对：刘志颖　　　　责任监印：吴维斌

出版发行：中国轻工业出版社（北京东长安街6号，邮编：100740）
印　　刷：三河市鑫金马印装有限公司
经　　销：各地新华书店
版　　次：2023年8月第1版第10次印刷
开　　本：710×1000　1/16　印张：17
字　　数：162千字
印　　数：27001—29000
书　　号：ISBN 978-7-5019-8930-0　　定价：32.00元

读者热线：010-65181109，65262933
发行电话：010-85119832　传真：010-85113293
网　　址：http://www.chlip.com.cn　http://www.wqedu.com
电子信箱：1012305542@qq.com

如发现图书残缺请拨打读者热线联系调换
111337Y1X101ZBW

前　言

幼儿教育工作是一项朝阳事业。它不仅围绕着有如朝阳的幼儿展开每天精彩的生活，更因为有着一群充满朝气、热爱学习的幼儿教师。我们总是不断地总结经验，不断地提升专业水平，不断地追求进步；但在日常工作中，我们经常会因为这样或那样的原因而感觉力不从心、被误解、有挫折感，有时做出了这样或那样的影响幼儿身心健康的事情，自己却没有意识到或不知道如何去调整和纠正。身边虽然有教育学或心理学方面的书籍，但实践中的许多事情从理论书籍中有时是找不到标准答案的。而即便是同一个现象发生在不同的幼儿身上，也不能采用完全相同的方法处理，因为幼儿存在着个体差异，事情发生时的情境或背景也会有所不同。

吸引幼儿教师阅读的书籍应是生动有趣、理论与实践结合、寓教于乐的。书籍的呈现形式应既便于教师在繁忙的工作中抽出时间来阅读，又能让教师感到读起来轻松、学起来容易、用起来有效。基于这样的思考，我们采用了"案例呈现＋分析与建议"的体例，对我们熟悉的日常工作中的情境进行回放、再现，让读者就像是读我们自己的小故事一样来阅读这本书，又像是在倾听一位同行讲解自己遇到同类事情的有益经验一样来分享这些提炼出来的方法，在轻松的阅读中不经意间获得良好专业行为的经验。

为了引导幼儿园教育向科学、有序、健康、快乐的方向发展，教育部门专门颁布了有关"纠正幼教小学化倾向"的文件，以及一系列有益于办园、办学与教师专业成长的规划与纲要。要有效落实"快乐生活、健康成长"的儿童发展目标，需要所有的教师都能掌握幼儿在园一日活动的基本环节，掌握每个环节中的指导方法，并能熟练地引导、支持幼儿开展各个环节的活动。教师还应坚持基本的教育原则，即"坚持以儿童的身心健康发展为根本利益出发点和落脚点""教育应让儿童获得健康的生活、快乐的游戏和幸福的童年"。教师要真正把保育和教育工作有机地结合起来，细心、耐心且有爱心地为幼儿身体与心理的全面发展提供支持和帮助，让幼儿爱上幼儿园、积极参与幼儿园的活动、乐于与他人交往，形成积极、乐观、开朗的性格。本书正是从幼儿园一日活动的规划环节与组织实施的基本要求的角度呈现全书的逻辑结构，并采用跳出自身的角色限制，用"第三人"的眼睛来反观自身的方法，来发现工作中表现出来的不足，引导教师进行专业反思，总结经验，形成正确的做法。

全书合计150个问题，分别涉及幼儿园工作中的一日活动常规以及相关的其他工作。一日活动常规包括"晨间接待""晨间活动""饮水、如厕与盥洗""进餐活动""教学活动""区域与游戏活动""午睡活动""离园时刻"等8个环节，并对每个环节的常见问题进行了阐述。其他活动相对于常规工作来说分量虽然没那么重，但也是非常重要的，比如"教科研活动""社区活动"以及教师必备的"教育技术活动"等。此外，还有些比较重要的内容没有纳入到本书中。比如，在"其他活动"中，原计划的节日活动、家访活动、集体表演类活动等的组织与实施问题，因时间所限，未能呈现。

本书的筛选编校经过了一个较长的过程。它是全省各地市教研部门、各级各类幼儿园的园长、骨干教师共同努力的成果，既是对幼儿教师专业成长的集体反思，也是对我省幼儿教师专业化发展经验的总结和展示。本书从框架体系的确立到文章观点的确立，得到了大家的精神鼓励和智慧支持，在此，对积极组织教师参与投稿的地市县区教研部门表示真诚的感谢，对积极参与编写、投稿的幼儿园表示感谢，对帮助审阅稿件的彭丽华、汪宏英、刘菊莲等老师表示感谢，没有大家的共同努力，很难有本书的丰富内容。同时，真诚地感谢万千教育的编辑高君老师，高老师专业水平高、见解独到、做事非常认真，不仅督促了本书的进程，也承担了大量的编审批阅工作，没有她的辛苦付出，很难有这本书的出版。再次对所有关爱、支持本书出版的老师们表示真诚的感谢。

因篇幅所限以及编写需要，还有大量的投稿没有采用，在此表示歉意，并真诚地感谢大家的支持。本书是多位幼教同人共同编写的结果，因各人写作风格与表述方式以及工作环境的不同，难免存在疏漏或不足，敬请同行批评指正。

伍香平

2012年6月3日

目 录

第一章　晨间接待 ……………………………………………………………… 001
- 错误 1　被动回应幼儿，敷衍家长 ………………………………………… 003
- 错误 2　忽视幼儿的主动问好 ……………………………………………… 004
- 错误 3　要求幼儿先打招呼 ………………………………………………… 006
- 错误 4　问候形式刻板、单一 ……………………………………………… 008
- 错误 5　主观上忽视个别幼儿的心理需要 ………………………………… 009
- 错误 6　重语言，忽视面部表情交流 ……………………………………… 011
- 错误 7　忽视幼儿的情绪变化 ……………………………………………… 012
- 错误 8　只了解，不记录 …………………………………………………… 014
- 错误 9　只顾哄幼儿进班，忽视对幼儿的晨间检查 ……………………… 016
- 错误 10　安抚情绪止于表面 ………………………………………………… 017
- 错误 11　重晨间检查，轻情感交流 ………………………………………… 018
- 错误 12　晨间接待，教师集体缺岗 ………………………………………… 020
- 错误 13　只看身体情况，忽视心理疏导 …………………………………… 021
- 错误 14　忽视对早到幼儿活动的指导 ……………………………………… 023

第二章　晨间活动 ……………………………………………………………… 027
- 错误 15　放羊式的晨间活动组织方式 ……………………………………… 029
- 错误 16　晨间活动指导缺乏灵活性和创新性 ……………………………… 031
- 错误 17　晨间活动中让部分幼儿消极等待 ………………………………… 032
- 错误 18　忽视与家长的沟通 ………………………………………………… 034

错误 19 催促多于提醒 ································· 036
错误 20 不注重空间场地对早操活动的影响 ··············· 037
错误 21 疏于纠正幼儿的动作 ····························· 038
错误 22 早操活动内容缺乏变化 ··························· 040
错误 23 操节活动中疏于对幼儿间合作意识的培养 ········· 041
错误 24 早操中缺乏积极的师幼互动 ····················· 043
错误 25 操节活动后轻视对幼儿收拾能力的培养 ··········· 044

第三章　饮水、如厕与盥洗 ································· 047

错误 26 组织幼儿集体排队饮水 ··························· 049
错误 27 组织幼儿剧烈运动后喝水 ······················· 050
错误 28 错失培养幼儿饮水兴趣的良机 ··················· 052
错误 29 缺乏个体差异的因需饮水 ······················· 054
错误 30 灌输给幼儿错误的饮水观念 ····················· 055
错误 31 认为喝水是"小事情" ··························· 057
错误 32 男女生同厕，忽视引导 ··························· 059
错误 33 爱帮助，烦引导 ································· 060
错误 34 刻板守时致幼儿内急难耐 ······················· 062
错误 35 未能对幼儿大便进行观察 ······················· 063
错误 36 粗暴对待尿湿裤子的幼儿 ······················· 064
错误 37 如厕环境不适宜个别幼儿 ······················· 066
错误 38 缺乏卫生意识 ··································· 068
错误 39 因怕麻烦而减少幼儿洗手的次数 ················· 069
错误 40 忽视对幼儿洗手的细节指导 ····················· 070
错误 41 剥夺幼儿解决问题的机会 ······················· 072

第四章　进餐活动 ··· 075

错误 42 不断地催促幼儿进餐 ····························· 077
错误 43 进餐过程中批评幼儿 ····························· 079

- 错误 44　对食物过敏的幼儿关心不够 …………………………………… 080
- 错误 45　进餐习惯指导不到位 ………………………………………… 081
- 错误 46　让幼儿捡起掉在桌上的饭菜吃掉 …………………………… 083
- 错误 47　当众议论幼儿的家庭隐私 …………………………………… 084
- 错误 48　喂辣椒酱刺激幼儿食欲 ……………………………………… 086
- 错误 49　把个人情绪带到幼儿园 ……………………………………… 088
- 错误 50　无效的警告 …………………………………………………… 089
- 错误 51　不当的批评 …………………………………………………… 091

第五章　教学活动 …………………………………………………………… 093

- 错误 52　活动准备工作不到位 ………………………………………… 095
- 错误 53　完全按照教材内容，不敢逾越 ……………………………… 096
- 错误 54　缺乏自主设计活动的灵活性 ………………………………… 097
- 错误 55　以教师预设限制幼儿的想象思维 …………………………… 098
- 错误 56　重视书本知识，轻视幼儿兴趣 ……………………………… 099
- 错误 57　一言堂——以权威者的身份要求幼儿 ……………………… 100
- 错误 58　个别教育的误导 ……………………………………………… 103
- 错误 59　将个别问题共性化 …………………………………………… 104
- 错误 60　缺乏机智应变的能力 ………………………………………… 105
- 错误 61　无视教育保护 ………………………………………………… 107
- 错误 62　指导语选用不恰当 …………………………………………… 108
- 错误 63　操作示范不到位 ……………………………………………… 110
- 错误 64　对幼儿做出负面的定性评价 ………………………………… 111
- 错误 65　教学中只关注能力强的幼儿 ………………………………… 113
- 错误 66　分组教学中引导不到位 ……………………………………… 114
- 错误 67　只备教案，不备教具 ………………………………………… 116
- 错误 68　只有口头承诺，没有落实延伸环节 ………………………… 117
- 错误 69　忽视环节间过渡语的巧妙运用 ……………………………… 118
- 错误 70　失信于幼儿 …………………………………………………… 120

错误 71	急赶活动流程，轻视学习习惯培养	121
错误 72	封闭式提问让幼儿失去学习兴趣	122
错误 73	重灌输，轻探索	124
错误 74	提问和回应缺乏引导性	126
错误 75	提前彩排公开课	127
错误 76	美术活动中追求整齐划一的作品	129
错误 77	为结论而教学，忽略幼儿的真实体验	131
错误 78	以孤立来惩罚幼儿	133
错误 79	靠"镇压"维持课堂纪律	135
错误 80	提问缺乏严密性	137
错误 81	只强调分组，忽视了对组内分工的指导	138
错误 82	对幼儿作品评价的内容和方式单一	140
错误 83	依个人喜恶评价幼儿作品	141
错误 84	忽视幼儿的经验准备	143
错误 85	剥夺个别幼儿参与公开课的权利	145
错误 86	否定幼儿富有个性的表达	146
错误 87	选材超出幼儿的接受能力	148
错误 88	让幼儿以打还打	150
错误 89	提出的问题偏离目标	151
错误 90	预设不到位，过程难灵活	153

第六章　区域与游戏活动 155

错误 91	区域活动的材料和形式单一	157
错误 92	区域活动内容缺乏挑战性和发展性	158
错误 93	活动区成品与半成品比例不当	160
错误 94	未能及时调整活动区的规则	162
错误 95	忽视了对活动区的人数限制	164
错误 96	区域设置与主题活动割裂	165
错误 97	区域活动中教师的指导缺乏艺术	167

错误 98	突然介入打乱幼儿的活动计划	169
错误 99	把进区卡集中放置在一个地方	171
错误 100	区域活动材料好看但不能玩	172
错误 101	干预幼儿的自主选择	174
错误 102	把禁止玩游戏作为惩罚的手段	176
错误 103	不珍视幼儿的活动成果	178
错误 104	越俎代庖降低幼儿游戏的乐趣	180
错误 105	自作主张改变区域的设置	181
错误 106	呵斥不按时结束游戏的幼儿	183
错误 107	游戏材料不适合幼儿操作	184
错误 108	把活动结果作为唯一的评价标准	186
错误 109	亲自动手代替规则教育	187
错误 110	区域活动学习性大于游戏性	189
错误 111	忽视幼儿才是游戏中的主角	191
错误 112	游戏情境与现实生活不符	193
错误 113	不干预、不指导	194
错误 114	随意丢掉奖励给幼儿的小贴纸	196
错误 115	安全准备工作不到位	197
错误 116	多智力游戏，少操作和户外游戏	199
错误 117	游戏缺少创新的玩法	200

第七章 午睡活动 …… 203

错误 118	过分关爱幼儿	205
错误 119	缺乏对睡眠环境的营造意识	206
错误 120	重视起床速度，轻视幼儿自理能力的培养	208
错误 121	把爱哭的幼儿关进小屋子	209
错误 122	忽视对幼儿睡姿的教育	210
错误 123	让值日生管理幼儿	212
错误 124	午睡检查工作不到位	214

错误 125　交接班环节出差错 ·········· 215
错误 126　太相信自己的判断 ·········· 217
错误 127　午睡室没有开窗通风 ·········· 219

第八章　离园时刻 ·········· 221
错误 128　回应家长的态度与方式有误 ·········· 223
错误 129　离园时让幼儿热闹起来 ·········· 225
错误 130　离园时让幼儿无所事事地枯坐等待 ·········· 226
错误 131　否定个别幼儿的活动需求 ·········· 228
错误 132　漠视晚接幼儿的情感 ·········· 229
错误 133　不能准确说出幼儿被谁接走 ·········· 231
错误 134　让家长的"等"缺乏温情 ·········· 232
错误 135　没有慎重对待班里的插班生离园 ·········· 234
错误 136　将幼儿间的矛盾延伸到家长身上 ·········· 235
错误 137　当众向家长告状 ·········· 237
错误 138　不会与爱面子的家长沟通 ·········· 238

第九章　其他活动 ·········· 241
错误 139　缺乏参与教研活动的热情与目标 ·········· 243
错误 140　教研活动中评价他人的语言欠妥 ·········· 245
错误 141　以照抄文章作为提升经验的捷径 ·········· 246
错误 142　忽视幼儿年龄特点，匆忙开展社区活动 ·········· 248
错误 143　社区资源利用缺乏选择性和合理性 ·········· 250
错误 144　家长助教活动的准备、组织不到位 ·········· 251
错误 145　顾忌安全，只允许部分幼儿参与社区活动 ·········· 253
错误 146　社区资源利用缺乏层次性和持续性 ·········· 255
错误 147　不善用网络环境为家园服务 ·········· 256
错误 148　过于依赖网络搜索，不思考、不加工 ·········· 258
错误 149　为了技术而技术 ·········· 259
错误 150　信息素养低，学习无方法 ·········· 261

第一章

晨间接待

　　晨间接待是教师一日工作中的首要环节，是与幼儿家长沟通的重要窗口，更是幼儿在园一日生活的重要开端。如何让孩子拥有一天的好情绪、如何让家长放心地离开、如何有效地做好一天的工作准备，是晨间接待的重要价值所在。

　　本章分别从与幼儿家长沟通、对幼儿的回应、师幼关系、教育理念、接待方式等多个方面对晨间接待中存在的 14 个典型问题进行分析，希望通过这些探讨，引起教师们的反思，使他们能熟知晨间接待的基本理念，掌握晨间接待的基本方法，有目的、有计划地开展好此环节的活动。

错误1　被动回应幼儿，敷衍家长

案例呈现▶

寒气逼人的早晨，小班教室里一个小朋友也没有，李老师坐在位子上边吃早餐边等待孩子来园。正在这时，乐乐小朋友来了，乐乐妈妈说："乐乐，快向李老师问好呀。"李老师听到声音，瞟了一眼乐乐，随后眼睛看着碗继续吃，头也没抬地说："乐乐来了，老师在等你呢。"乐乐妈妈紧锁着眉头一脸担忧地说："今天早上，乐乐起床有点流鼻涕，请老师关照一下！"李老师边吃边说："噢，没什么，我会注意乐乐的。""谢谢李老师。"乐乐妈妈一步三回头依依不舍地离开了教室，赶去上班，而乐乐则自己坐到座位后边玩玩具去了。

分析与建议▶

案例中，李老师的做法在以下几个方面存在不妥之处：

（1）教师不宜在活动室中进餐。在早晨进入活动室之前，教师应做好个人的生活准备，而不能影响到活动室中其他教师或幼儿的生活与活动。正是因为李老师在活动室中进餐，导致了后面她无暇顾及正常的晨间接待工作。

（2）俗话说"一日之计在于晨"，幼儿入园的情绪会影响其一天的心情。这虽然与幼儿的身体状况相关，但更受外在环境的影响，教师就是这外在环境中最重要的人员要素。面对来园的孩子和家长，李老师没有表现出应有的热情、关心和责任心，态度敷衍，忽视了孩子和家长的心理感受，也影响了家长对教师、对幼儿园的信任感，案例中家长的"依依不舍"便印证了这份不信任、不安全的感觉。

孩子是家长心中的"宝贝"，家长们希望自己的孩子在幼儿园能够得到教师的关心和爱护。能做到这一点的教师才能受到家长的欢迎，才能构建和谐的家园（家庭与幼儿园）关系。那么，在晨间接待环节，幼儿教师应该怎么做呢？

晨间接待时，幼儿教师应该精神饱满、充满热情地接待每一位家长和孩子。比如，案例中乐乐来园时，教师应该站起来笑容可掬地迎接孩子："乐乐宝贝，来了！老师正在等你，快到老师旁边坐坐一起聊聊天吧！"也可以拉拉乐乐的手，摸摸他的头，拥抱着亲亲他的小脸蛋询问孩子的身体状况。当得知来园的孩子身体不适时，教师首先应该换位思考，理解家长的心情和感受，详细地询问孩子的身体状况，及时提出一些利于孩子康复的方法，表明会悉心照顾孩子，让家长放心。比如，教师可以对乐乐妈妈说："乐乐可能患感冒了吧！在幼儿园，我会注意让乐乐多喝水，体育活动时让他少活动，坐在老师旁边多休息一下。这样他的身体会恢复得快一些。有什么情况我也会及时打电话告知您，请您放心！"家长听到教师的这番话后想必会安心地去上班；同时，对教师的信任才会加分，对教师的责任心才会认可。

（湖北工业大学幼儿园　冯爱学）

错误2　忽视幼儿的主动问好

案例呈现

作为一名幼儿老师，同时又是一名学龄前孩子的母亲，王老师经常会从自己孩子的身上发现自己工作中的一些问题。

前段时间她的女儿还在上小班的时候，一天早上，王老师送孩子入园，站在教室门口迎接孩子的是她女儿很喜欢的张老师。她女儿很愉快地向张老师问好，但张老师正在和另一位家长交流着什么，注意力没有投向她女儿。她女儿站在老师旁边等了一会儿,张老师还是没有注意到她。她女儿回头看了看她,就去放书包了,王老师也没太在意,直接走了。当天晚上,女儿和她躺在床上,女儿突然说道:"妈妈,张老师不喜欢我了,我也不喜欢她算了。""怎么了,是不是张老师今天没表扬你啊?""我叫她,她不理我。"哦!早上发生的那一幕立时浮现在王老师的脑海中,孩子当时脸上的表情确实是不开心。原来教师一个不经意的举动就会让孩子有这样的想法呀!王老师发现自己平时也是这样,在晨间接待幼儿时,有时和家长交流或是有其他事情,她也会忽视孩子们的主动问好。

分析与建议

陶行知先生曾说:"爱是一种伟大的力量,没有爱就没有教育。"教师一句温馨的话语、一个温暖的眼神,都传达着对孩子的爱,体现着对孩子的关切和关注。当孩子兴高采烈地来到幼儿园,看到老师,满怀欣喜地打招呼时,教师置之不理,即使是因为正当的理由,也会给孩子造成一种不愉快的心理暗示,导致孩子认为老师不喜欢自己,进而影响孩子一天的心情。

每天朝阳升起的时刻是一天中最具希望的时刻,教师怎样在如此美好的早晨让孩子拥有快乐的心情开始一天的活动呢?

(1)要重视晨间接待的准备工作,专注晨间接待的对象与内容。因为晨间接待的时间相对有限,入园的孩子和家长又比较多,教师应关注大多数幼儿,与家长的交接也只能简单快捷,不能把精力全部放在个别孩子或家长身上,以免影响对其他孩子和家长的接待。也许,大多数教师都遇到过几位家长同时来与自己交流的情况,亦或在自己最忙碌的时候家长来反映幼儿情况,教师不要喋喋不休地与一名家长较长时间地交流而影响其他孩子的晨检,针对幼儿情况确实需要交流的,可与家长预约,让家长早点送孩子来或在自己不当班有充裕时间的时候再交流,或者请家长在孩子离园时与自己进行沟通,也可以采用打电话或带纸条的方式与家长交流。

(2)要对孩子的主动问好给予足够的重视和充分的肯定。即便是当时确实有事在身不便于打招呼,也应做到表情、动作上的回应。尤其是在事后必须主动地与孩子沟通问好,表达出真诚交流的意愿和对当时不能直接回应的歉意,让他们能恢复快乐的心情。

（3）变被动问好为主动问好。早晨，当孩子离开亲人时，多少会引发他们的分离焦虑。这时，教师要主动亲近孩子，送上一个亲切的微笑、一个充满爱意的拥抱、一句关切的问候或是一句欣喜的夸奖，比如，"哇！你今天穿得真漂亮！"对于一些害羞、被动的幼儿，教师更是要主动出击，用轻柔的动作、关切的神情减少孩子内心的恐惧感，让孩子感受到教师是可爱、可亲的。

（4）在问好的同时要耐心、细致地观察孩子。孔子曾说过："视其所以，观其所由，察其所安。"教师应该做到关注每个孩子的快乐、惊奇、疑惑、恐惧等情绪反应，并及时采取必要的干预措施。有些孩子不擅长或不敢用语言来表达自己的心事或情感，便会闹情绪，这就要求教师能时时观察每个幼儿的行为及表情，从中发现问题并解决问题，不让孩子憋在心里，尽量地满足孩子，让他们的情绪释放出来。

让幼儿在教师灿烂的笑容和亲切的问候中感受到教师的温暖和关爱，也愿每天朝阳初升的时刻，能成为幼儿快乐的起点。

（湖北省武汉市武昌区育红幼儿园　孙庆华）

错误3　要求幼儿先打招呼

案例呈现

刚开学没有多久，李老师发现每天孩子们来到幼儿园后急匆匆地放下书包，就跑去参加晨间活动了，只有个别孩子来了会喊"老师早"。于是，李老师在全班孩子面前强调，早上来园了一定要喊完"老师早"后再去参加晨间活动，以此来培养孩子们使用礼貌用语。

从那以后，李老师便每天开始等着孩子们先喊早，再微微一笑或者答应一声，表示回应。一天，小宇来到教室门口，看到其他孩子都主动喊"老师早"，就嘀嘀咕咕地。他奶奶让他喊老师，他像是没听见一样跑开了。李老师觉得很奇怪："小宇今天怎么了？平时都会主动喊老师的。难道在家里和家人闹别扭了？"等吃完早餐，李老师就走到小宇跟前问他原因，他说："老师，你怎么不叫我呀？""我在小区里玩时，有时玩得高兴，没注意到熟人，他们都会先叫我的。为什么你先看见我了却不理我？每次都是等我喊了你后，你才答应我呢？"……小宇平平淡淡的话语，虽然刺耳，却让李老师陷入了深思。

分析与建议

　　我们都生活在社会大集体中，都需要遵循社会生活的基本规则。中华民族又是一个礼仪之邦，礼貌礼仪的规范教育是我国各阶段教育的重要内容。在幼儿阶段进行礼貌教育启蒙是非常有必要的，有助于幼儿在社会生活中进行顺畅的人际交流、形成和谐的人际关系，对幼儿的社会生活有极其重要的价值。

　　本案例很有代表性。在理论上，我们总在不断地强调平等的师幼关系；在教育改革中，我们更是一再强调师幼的平等地位；然而在生活中，我们又会遵从"长幼有序"的道德规范，这容易让人感觉矛盾与困惑。本案例中的教师以为在晨间接待环节或是在某些特定场所中，幼儿应该先向教师打招呼，教师再回应幼儿的招呼才是正常的，这实际上是成人先入为主的观点，是不对的。要确立在幼儿心中受尊重的地位，树立起教师的威信，首先教师应提供良好的行为示范并在实践中以身作则，而不是通过强制性的规定来"欺负"年幼的孩子。

　　在礼貌礼仪教育中，师幼关系是平等的，因此，本案例中的教师应主动与小宇沟通，承认自己的错误，同时也请小宇小朋友坚持积极主动地向教师或其他小朋友问早，那样会得到更多积极的回应。同时，教师自己也要理解"教师是师幼平等中的首席"，应重视教师作为幼儿成长的引导者、支持者、合作者的角色定位，不放过一日活动中的任何一个教育细节，积极主动、平等地参与幼儿的活动，与幼儿一起成长。

（湖北省武汉市武昌区教育局康乐幼儿园　李娜）

错误4　问候形式刻板、单一

案例呈现 ▶

每天早上晨间接待时，教师都会主动地和小朋友互相问好或问早。一天，贝贝小朋友一来，就喊："吴老师好，见到你真高兴！"吴老师立刻回应："贝贝好，见到你，我也很高兴"。随后，亮亮来了，看到老师也喊道："吴老师早！"吴老师回应："亮亮早，见到你真高兴！"亮亮回应："见到你真高兴。"一会儿，果果来了，看到老师不做声，吴老师说："你怎么总是不先主动喊'老师早'呢？"果果这才小声地说："吴老师早！"吴老师接着说道："果果早，见到你真高兴！"果果又不做声了，这时老师要求果果也说："见到你，我也很高兴！"果果这才小声地复述了一遍："见到你，我也很高兴。"

分析与建议 ▶

晨间接待是幼儿教师上班后站的第一个岗，也是孩子们入园的第一步。别小看这个小小的环节，其中蕴涵着很大的学问，教师在晨间接待上下点小工夫，就可以消除孩子的消极心理，带给孩子一天的好心情。上述案例中的吴老师主动向小朋友问好，这点很好，但是她过分强调晨间接待时要师生互说"××好，见到你真高兴"，或者"吴老师早，见到你真高兴"，语言形式单一、刻板，缺乏表情、动作等肢体语言的交流。

《幼儿园教育指导纲要（试行）》（简称《纲要》）指出："教师要以关怀、接纳、尊重的态度与幼儿交往。"这就要求幼儿教师在每天的晨间接待中，一定要善于观察孩子，捕捉孩子的特点，针对不同的孩子采取不同的接待策略，并且充分运用语言、表情和动作等来形成自己的一套晨间接待风格。

（1）深入了解每个孩子的个性特点、喜好等，丰富问候语。面对案例中果果这种内向、胆小的孩子，教师要用积极鼓励的方式主动和他打招呼，对他的点滴进步进行表扬，让孩子慢慢地变得自信、活跃起来，不再把向老师打招呼当成负担。比如，教师可以说："果果，早上好。你每天都能坚持自己走来，真棒！"还可以根据孩子的外形特点打招呼，夸夸孩子的穿着打扮，比如："小帅哥来啦""你今天的辫子真好看"，等等。

（2）使用变化的肢体语言，丰富问候形式。在晨间接待时，幼儿教师不要拘泥于口头语言，还可以适时地利用肢体语言来拉近和孩子的距离，比如，给孩子一个温暖的微笑，蹲下身来抱一抱孩子，亲一亲孩子的额头，轻轻地摸一摸孩子的头，等等。

久而久之，孩子们就会开心快乐地来上幼儿园，主动真诚地向老师问好，讲礼貌的良好品德行为和习惯也会随之形成。

（湖北省武汉市武昌区机关幼儿园　陈雯）

错误5　主观上忽视个别幼儿的心理需要

案例呈现

早上，刘老师正在忙着接待入园的孩子，只见聪明又漂亮的朵朵小朋友开心地跑了过来。刘老师一看见她，马上亲热地迎了上去，抱着朵朵，由衷地说了一句："朵朵今天真漂亮！"说完还不忘亲她一下，朵朵高兴地进了教室。紧跟在朵朵后面的浩浩小朋友这天穿了一件新衣服，他大声地叫了声："刘老师早！""你早！"刘老师回了一句，就去接待其他入园的孩子了。浩浩走进教室，趴在桌子上哭了。小朋友们奇怪地问他为什么,他说:"刘老师不喜欢我。"

分析与建议

《纲要》中健康领域的第一条目标即是要培养幼儿"身体健康,在集体生活中情绪安定、愉快",这就要求幼儿教师在照顾孩子身体的同时,还要顾及孩子的情绪和心理健康。上述案例中,由于平时表现一般,浩浩小朋友较少得到教师的关注,心里有些不自信。看到老师对朵朵小朋友那么亲热,自然而然产生一种亲近老师的欲望,希望老师也能夸夸自己的新衣服。可是,就连这点小小的要求也没有得到满足。由此不难看出,案例中的刘老师违背了《纲要》精神,忽视了对孩子心理健康与个体差异的关注。

晨间接待工作与幼儿一天的情绪、生活息息相关,教师的一句问候、一个表情,甚至是一个不经意的动作,都会给孩子的心灵带来抚慰或伤害。浩浩小朋友的表现让我们深思:教师的角色定位是什么?我们怎样做才能兼顾到每一个孩子,让他们开心地入园?

(1)教师是幼儿生活的照顾者。儿童早期身心发展水平较低,自主学习能力较弱,而在情绪情感上有很强的依恋心理。儿童早期的依恋心理,要求幼儿教师不仅是教学工作者,还要是幼儿的照顾者,它意味着对幼儿良好情绪情感状态、健康人格、个性发展、社会品质与行为等多方面发展都要给予积极的关注与呵护,要给幼儿以鼓励、支持、理解和尊重。因此,晨间接待时,建议教师尽量蹲下来与孩子交流,微笑打招呼,给每个孩子一个爱的拥抱。

(2)教师是幼儿发展的促进者。幼儿在幼儿园里不仅要学知识,还要学做人、学做事,教师的一言一行无不在潜移默化地影响着孩子,影响着他们的个性品质、社会性等的形成。案例中浩浩小朋友渴望的是老师对自己说一句赞美的话、对自己的一点点关爱以及与其他孩子平等的待遇,幼儿教师应该尽量满足他。

(3)教师是研究者、反思者。针对幼儿的表现,幼儿教师要找出教育过程中出现的伦理、道德问题进行反思,并及时做出决策,引导幼儿朝正确方向发展。

(湖北省咸宁市交通实验幼儿园 徐荷兰)

错误6　重语言，忽视面部表情交流

案例呈现 ▶

小鱼儿早上来到幼儿园，刚到教室门口就站着不走了，撅着小嘴不肯迈进教室。

"你怎么了？"王老师问，小鱼儿一声不吭。

"你是不是忘带什么东西了？"王老师接着问。

"嗯，我忘带彩笔了。"小鱼儿嘟哝着，紧张地看着妈妈，又看看王老师。

王老师说："不要紧，下次再带吧。唉，你真是个小笨笨。"

听到王老师说自己是小笨笨，小鱼儿顿时号啕大哭起来。小鱼儿的妈妈也指责王老师："昨晚是宝宝的爷爷来接的宝宝，所以我不知道孩子今天要带彩笔来幼儿园。再说忘带东西是很正常的，你干吗这样说我们家宝宝！"

王老师赶紧解释说："我是爱小鱼儿才这样逗逗她的。"

小鱼儿的妈妈生气地说："那你笑着说呀！"

分析与建议 ▶

上述案例中，王老师原本表示亲昵的一句话，非但没有带来预期的效果，反而引起了幼儿的误解和家长的不满，为什么会出现这种情况呢？归根结底，是教师在和孩子及其家长进行交流的过程中，没有恰当地把内心的情感转化成面部表情配合语言进行交流。案例中，家长的那句"那你笑着说呀"，说明家长从王老师的脸上读不出她对孩子的爱。如果王老师在说话的同时脸上带有微笑，或用手拍拍幼儿的背，也许幼儿、幼儿家长就不会对教师产生误会，也不会造成不必要

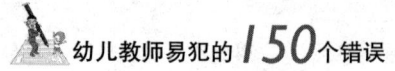

的矛盾了。

美国心理学家艾伯特·梅拉比安认为,语言表达在沟通中起方向性和规定性作用,非语言沟通才能准确反映出人的思想感受。非语言沟通在一些特定的环境中显得尤为重要。那么,教师该怎样正确运用语言、面部表情与幼儿及其家长交流呢?

(1)保持微笑。微笑是人类最美好的语言,自然而真诚的微笑具有多方面的魅力,它展现了真诚,体现了关爱。幼儿教师在与幼儿及其家长进行交流时要保持微笑,以增强幼儿及其家长对教师的信任感,在微笑中为幼儿及其家长营造出一种愉快、安全和可信赖的氛围。

(2)运用眼神。"眼睛是心灵的窗户",通过眼神可以把内在的品行、情操、审美情趣等传递给别人,以达到互相沟通的目的。不同的眼神可以起到不同的作用,如关爱的眼神可使人感到愉快,鼓励的眼神可使人感到振奋,责备、批评的眼神可使人产生内疚的感觉等。教师温和的眼神可使幼儿消除顾虑,亲切的眼神可使幼儿感到温暖,镇静自若的眼神可使幼儿获得安全感,凝视的眼神可使幼儿感到时刻受到关注……从而达到有效交流的目的。

(湖北省武汉市武昌区机关幼儿园　许丽华)

错误7　忽视幼儿的情绪变化

案例呈现

肖老师班上有一个胖墩墩的小男孩,名叫壮壮,很懂事,也很能干,老师们都很喜欢他。运动会上壮壮表现得也很不错,什么项目都积极参加。可开完运动会后,壮壮连续几天都来得很晚。这不,这天早上还是妈妈把哭哭啼啼的壮壮推进来的。肖老师笑呵呵地迎接他时,他却一直哭着、闹着说:"我要妈妈,我要和妈妈在一起。我不上幼儿园……"肖老师听他说完后，很严肃地对他说："你都上中班了，还这样哭着要妈妈，羞不羞！"壮壮根本不理会，哭着往外跑，肖老师使劲拉着他，一把把他拽过来对他吼道："你要是再哭，就到里面一个人待着，别跟小朋友在一起……"壮壮只好擦干眼泪乖乖地回到自己的位置上坐好。

分析与建议

上述案例中，面对一向表现不错的壮壮突然不肯来幼儿园的反常情况，教师没有观察到孩子的情绪变化，也没有考虑孩子为什么不愿意来幼儿园，就训斥孩子，强制压抑孩子的情绪发泄，这种做法是不妥当的。

（1）案例中的幼儿不是一直都存在入园焦虑或哭闹的情况，反而是一直表现得还不错，而且已经至少有过入园一年多的经验。由于幼儿的情绪带有明显的易变性、易感性，教师在晨检中应仔细观察幼儿，及时察觉幼儿的情绪变化，特别在幼儿的情绪处于消极状态时，更应及时给予抚慰和调整，使之尽快摆脱不良情绪的影响，以求达到相对稳定的情绪状态。教师不能简单粗暴想当然地"一拉、一吼、一恐吓"了之，而应观察壮壮的反应和在园活动中的参与情况，有针对性地选择适宜的安抚方法。

（2）幼儿在成长的过程中受年龄发展特点所限很难做到控制自己的情绪，更难以掌握调控自己情绪的方法，因此会直接采用成人不太认同的哭闹的方式。此时，作为有调控情绪能力的教师就不能以威胁、压制的方法来教育幼儿，那样只会给幼儿做出"粗暴"的消极示范。教师应关注幼儿在成长过程中的情绪波动，了解幼儿出现这种反常的行为是不是情绪周期的原因，再根据不同的原因采用不同的处理方法。

如果教师观察后发现，壮壮是因为别的原因，诸如运动会上表现得不满意而产生不自信，或者因为教师或家长的负面评价导致他感到不舒服、不安全等，则可以采用热处理的方法，比如教师可以亲切地抚摸壮壮的头，温和地询问他有什么不开心的事；适当的时候还可以给孩子一个温暖的拥抱、充满期待的表扬，让孩子感到被呵护和关爱，感到在幼儿园生活有安全感，才会放心地入园。

（3）幼儿的情绪变化与家庭生活是紧密相关的，教师还应及时与家长进行沟通，单独向家长了解幼儿在家的表现、询问家庭生活中是否发生了什么事情，与家长商量如何采用适宜的方法来疏导幼儿的情绪，帮助孩子快乐地入园。

（湖北省十堰市政府机关幼儿园　郭娟）

错误8　只了解，不记录

案例呈现

周一早上豆豆入园时，幼儿园正在举行升旗仪式。豆豆妈妈没有让豆豆参加升旗活动，而是直接把他送到活动室，并对当班的保育员王老师说："昨天，豆豆冰激凌吃多了，拉肚子，今天好些了。但昨天没吃什么东西，人还是有点儿虚，希望老师多注意观察，不让他参加运动量大的活动，有事给家长打电话。"

这天上午晚些时候的户外活动内容是玩大型玩具。小朋友们特别高兴，有的玩滑梯，有的钻山洞，有的爬高……带班的李老师在一旁不停地提醒小朋友们要注意安全。突然，她发现正在玩滑梯的豆豆脸色苍白，全身发抖，一下子倒在了滑梯上。"豆豆，你怎么了？"李老师边喊边爬上滑梯，一把抱起豆豆就往医务室跑。

随后，李老师和豆豆妈妈取得了联系。豆豆妈妈了解清楚情况后生气地说："我跟王老师交代了呀，不让孩子剧烈活动的……"

分析与建议

上述案例中，豆豆妈妈已经向王老师叮嘱过了，为什么还会发生这么危险的情况呢？

分析原因，首先，教师在晨间接待时没有做好记录。幼儿园每周一升旗时，各班都会留一名教师在教室里接待晚来园的小朋友和家长。案例中，豆豆妈妈向王老师说了豆豆的情况，但由于王老师当时正在接待另一名家长，就没有及时做好晨检记录。其次，教师之间没有做好交接班工作。王老师是保育老师，该幼儿园的保育老师通常是上午9:30下班。下班时，她忘了把豆豆的情况告诉另外两名当班教师，当班教师也没有在晨检记录本中看到豆豆的名字。最后，当班教师观察不够仔细。豆豆在晕倒之前一定有一些不正常的"前兆"，当班教师却没有发现。

晨间接待是幼儿园一日生活的重要组成部分，它不仅是幼儿一日愉快情绪的开端，更重要的是及时消除一切对幼儿健康和活动不利的因素，也是幼儿一日活动顺利进行的有效保证。为了杜绝上述情况再次发生，幼儿教师应该做到以下几点：

（1）做好晨间接待及记录，有效预防安全意外，及时消除安全隐患。《纲要》明确指出："幼儿园必须把保护幼儿的生命安全和维护幼儿的健康放在工作的首位。"在晨间接待中，一看（幼儿的咽部、皮肤和精神面貌等）、二摸（幼儿有无发烧）、三问（幼儿的饮食、睡眠、大小便情况等）、四查（幼儿有无携带不安全物品）的晨检工作是非常重要的环节。对于有特殊情况的幼儿，教师一定要做好记录，随时观察。

（2）教师之间要做好交接班工作。当班教师应及时认真地完成当班的各项任务，并对幼儿的健康、学习等情况做好记录。对当班时发生的问题妥善处理，如还有未解决的问题（如关注患病幼儿等），应向接班教师做好口头、书面交代，以免发生意外。接班教师应首先清点幼儿人数，及时、仔细地查看交接班记录本，掌握班上幼儿的情况，对遗留问题妥善地处理。

（3）细心、耐心地观察幼儿。意大利著名幼儿教育家蒙台梭利曾指出："作为一名教育工作者，应有一双敏锐的眼睛。"一个不会观察的幼儿教师是不称职的幼儿教师。实施教育，观察先行。观察力是幼儿教师必备的能力，也是新时期合格幼儿教师的重要专业技能之一。幼儿教师应密切观察儿童，留意儿童的活动情况并及时地给予帮助。

（4）制定家长接送幼儿留言制度。幼儿的保教需要幼儿园、家长携手完成。双方都要明确责任，家长有什么需求，可以在当天的留言簿上说明，这样也方便教师落实。

（5）教师要主动反馈家长反映的问题，让家长感觉到教师的工作是认真、负

责的，为营造良好的家园关系创造条件。

（湖北省枝江市幼儿园　张小梅）

错误9　只顾哄幼儿进班，忽视对幼儿的晨间检查

案例呈现

星期一的早上，一向爱笑的洋洋撅着小嘴巴，藏在妈妈的身后不肯进教室。当班的徐老师说："洋洋，跟老师进教室，我们去玩玩具。"洋洋依然躲在妈妈的身后，听到老师的声音，反倒大声地哭了起来，并且不停地咳嗽。洋洋妈妈对老师说："星期六，我带她去江滩玩了，宝宝出了好多汗，弄湿了衣服，当晚便不舒服、发烧了，这几天她都在喝感冒药，所以才会不高兴来幼儿园的。"

听了家长的话，徐老师说："不要紧，我等会儿劝劝她，她就会乖的。"家长听到徐老师这样说，把孩子从背后拉到前面塞给老师，就匆匆地离开了幼儿园。

分析与建议

晨检是幼儿园晨间接待工作中很重要的一项内容。晨检工作的目的是了解幼儿的健康状况、检查幼儿的个人清洁卫生，以便做到对疾病早预防、早发现、早隔离、早报告、早治疗。上述案例中，教师只顾哄幼儿进班，却忽略了对幼儿身体状况的检查，并未真正做到一看、二摸、三问、四查，为幼儿在园的一天护理工作带来了很多麻烦，也给幼儿园的疾病防控工作留下了隐患。

那么，在每天的晨检工作中，教师应该怎样做呢？

（1）仔细地看。教师要注意看小朋友的脸色是否正常，眼神是否呆滞。在手足口病等疾病传染期间，还要仔细查看幼儿的手掌心、口腔是否有小疱疹。对于可疑者，教师应及时报告，以便及时隔离、观察、确诊和治疗。

（2）准确地摸。教师要摸幼儿的额头，看其体温是否正常；还要摸幼儿腮腺的地方是否有肿大等。

（3）关切地问。教师要和小朋友及其家长沟通，询问幼儿在家吃饭的情况、其睡眠是否正常、大小便有无异常等。

（4）温柔地查。教师要检查幼儿的手上是否拿着、衣裤兜里是否携带着不安全的物品上幼儿园，发现问题应迅速处理。

（湖北省武汉市武昌区机关幼儿园　许丽华）

错误 10　安抚情绪止于表面

案例呈现

已经上中班的菲菲这段时间在早晨入园时爱闹情绪，不是别别扭扭，就是哭着说不上幼儿园。丁老师每次都用转移注意力的方法来哄菲菲，今天说："看，我们的娃娃家里添置了新玩具。"明天说："你不哭，今天请你当值日生，给老师当小帮手。"后天又说："呀！你头上的蝴蝶结真漂亮，谁给你买的呀？"……直到有一天，丁老师再也想不出高招了，不知道再把幼儿的注意力"转移"到哪里去，真是黔驴技穷呀！

分析与建议

案例中，丁老师的注意力转移法只治标不治本。菲菲持续的情绪困扰，被丁老师一次又一次设计的"花样"给暂时转移了注意力，哭闹的根源并没有得到彻底的清除。长此以往，会给菲菲带来很大的心理负担和压力。《纲要》指出："幼儿园要创设一个能使幼儿感受到接纳、关爱和支持的良好环境，让幼儿在集体生活中感到温暖，心情愉快，形成安全感、信赖感。"这就要求幼儿教师在重视幼儿身体健康的同时，高度重视幼儿的心理健康，不能忽略幼儿的情绪、情感发展。

（1）影响孩子入园情绪的因素有很多。比如，暂时失去家长的依靠而产生的不安，孩子的需求没能得到家长的满足，幼儿园里的某个特定环境让孩子感到不适，幼儿园一日生活中的某个环节让孩子感到压力，等等。教师应主动询问孩子为什么不高兴，只有真正了解孩子闹情绪的原因，才能从根本上解决问题。

（2）家庭是幼儿园重要的合作伙伴，应请家长配合教师对孩子进行引导和教育。教师对孩子的情绪进行观察和判断后，发现问题应主动与家长沟通，探讨直接有效的解决方案，达成共识，共同帮助孩子稳定情绪。不能让家长产生怀疑和焦虑，认为孩子上幼儿园闹情绪是教师对孩子照顾不周导致的，要让家长觉得教师在用心地关注自己的孩子，这样家长才会放心地将孩子交给老师。

（湖北省黄冈市代代红幼儿园　祁芳）

错误11　重晨间检查，轻情感交流

案例呈现

每天小朋友们进幼儿园后的第一件事就是接受晨间检查。这天，刘老师照例穿上白大褂、戴上手套，准备接待小（二）班的宝宝。刘老师迎来的第一个孩子是刚满3岁的小贝贝，她背着书包，拉着奶奶的手，有说有笑地朝班级走来。隔老远,贝贝就发现了穿着白大褂站在教室门口的刘老师,她连忙躲到了奶奶身后。刘老师走过去,轻轻地拉过贝贝,准备进行晨间检查,谁知贝贝紧紧地抓住奶奶的裤子,边躲边说:"我不打针,不上幼儿园。""贝贝,我们不打针,老师只给你检查一下。"任凭刘老师怎么解释,贝贝就是不相信,一直哭着、躲着不肯接受检查。但晨检工作不容忽视,刘老师只好强制性地对她进行了看、摸、查的工作,并详细地询问了奶奶。贝贝被动地接受着这一切,哭泣声并没有因检查工作的结束而停止。

分析与建议

对于学前阶段的孩子来说,去医院看病、打针并不是愉快的经历,而穿着白大褂的医生则给孩子留下痛苦的印象。因此,案例中看到穿着白大褂的教师,贝贝可能想起了自己的"痛苦"经历,因而对教师产生了排斥心理,拒绝教师的检查。而教师强行检查,则加剧了幼儿对教师的不良印象,影响了幼儿一天的心情,也不利于师生之间的情感交流。

晨检的目的在于防止幼儿将传染病及危险物品带入园所,具有维护幼儿健康、保障幼儿安全的双重意义。对于幼儿园这样一个儿童的聚集地,晨检是一项不可或缺的保健措施,需要我们高度重视。但针对幼儿园的孩子年龄小、辨别意识不强的特点,在进行晨检时教师的衣着和检查方式也应该有所变化。

(1)脱下白大褂,缓解孩子的紧张情绪。幼儿园毕竟不是医院,幼儿教师面对的也不是病人,所以教师没有必要为了让自己显得专业而穿上令孩子紧张、害怕的白大褂,在自己和孩子之间筑一道墙。

(2)注重与孩子间的情感交流,在交流中悄悄地检查。晨检工作中,为了避免引起幼儿的抗拒心理,教师可以改变工作方式。比如,教师不妨俯下身来,轻轻地抱抱孩子,并甜甜地说上一句"宝宝早上好",趁机在孩子的额头印上一个吻以测试孩子的体温;双手抚摸孩子的耳垂下面,看看是不是有肿大时,可以送上一句:"宝宝今天真漂亮";想看孩子的喉咙是否发炎时,可以称赞孩子:"你今天的牙齿刷得真干净,来,让我看看口腔里面干净了吗?"……一切检查工作都可以在与孩子的情感交流中悄悄地进行。这样不仅能让孩子愉快地接受检查,同时也让孩子深切地感受到老师对自己的爱,从而喜欢上老师,自然也会喜欢上幼儿园了。

(湖北省咸宁市交通实验幼儿园　刘玲敏)

错误12　晨间接待,教师集体缺岗

案例呈现

这天早晨,小(一)班教室里聚集了好多送幼儿入园的家长。这些家长送完孩子后为什么没有离去呢?原来班上的三位老师都没有来上班。家长们焦急地互相询问:"现在是晨间接待的时间,老师在哪儿呢?""老师怎么还没来?我们上班要迟到了。"……值班领导知道情况后,马上赶到小(一)班,一边向家长们道歉、劝家长们放心地离开,一边联系班上的三位教师。但是,由于家长们没有看到本班教师,仍然不肯离去。

8:15,班主任严老师才走进教室。一看到这种情况,她连忙把孩子们接过来,不停地向家长道歉,然后手忙脚乱地开始为幼儿准备早餐。不一会儿,另外两位老师王老师和袁老师也相继赶来了,家长们很不满意地摇摇头,这才陆续离去。

当天晚些时候,园长向三位教师了解集体缺岗的原因。原来,袁老师是早班教师,因为身体不适,就给班主任严老师发了一条短信,请她代替自己一下;而严老师手机没电了,没看到短信。严老师以为袁老师在班上进行晨间接待,进班前,在园内正好遇见幼儿家长有事咨询,就和家长多交谈了几句,以致进班迟到。而另一位教师王老师是下午班老师,她认为上午上班时间只有一个小时,班上还有两位教师,平常大家也相互这样照应过,今天自己偶尔不去,应该也没关系。这种侥幸心理最终导致了教师集体缺岗。

分析与建议

上述案例中教师集体缺岗的行为，追根溯源，还是教师自由散漫、无视幼儿园的规章制度所致。

当班教师集体缺岗，这种失职行为给家长们的工作带来了不便，也给幼儿园带来了不好的社会影响，更严重的是，这种失职行为会造成极大的安全隐患，因而，每一位幼儿教师都要严格要求自己，切不可忽视规章制度，心存侥幸。那么，幼儿教师怎样做才能避免类似事件发生，赢得家长信任，让家长把孩子放心地交给幼儿园呢？

（1）幼儿教师要认真学习幼儿园的岗位职责和规章制度，严格要求自己，不要随意违反规章制度。

（2）"幼儿园无小事"，一件看起来微不足道的小事很有可能会影响到幼儿的健康成长。教师要落实好每一个工作环节，做有责任心的好老师。

（3）班主任要以身作则，经常提醒班上的其他教师坚守自己的岗位，发现问题时要严肃指出，不能碍于情面互相庇护，以免小问题变成大问题。

（4）班上教师之间要多交流、多沟通。幼儿园工作非常烦琐，很多时候会出现意想不到的情况。这就要求幼儿教师早上上班前1小时和下班后1小时保持手机畅通。如果出现紧急情况，班上教师间可以共同想办法解决问题，以避免工作出现差错。

（湖北省潜江市机关幼儿园　朱延华、张军红）

错误13　只看身体情况，忽视心理疏导

依依小朋友平日里是个很乖巧的女孩，别的孩子吵闹着要妈妈时，她都会非

常懂事地帮助老师安慰他们。可是这天，依依早晨一来到幼儿园就皱着眉头，一副非常不开心的样子。袁老师一边给她做检查，一边仔细地询问原因："为什么今天不高兴啊？"问了几次，依依都不回答，看到后面还有几个孩子等着晨检，袁老师虽然很想继续安抚依依，但又怕影响其他孩子的晨检，只好让依依回到座位上去。之后的时间里，依依都无精打采的，不愿意参与区域活动，洗手时因情绪不好还将前面的小朋友推倒在地。

分析与建议

幼儿来园时的消极情绪会直接影响他们参加各项活动的兴趣，继而影响其在园一天的生活。幼儿园的晨检工作中，大多数教师只顾检查幼儿的身体情况，却忽视了幼儿的情绪等心理方面的检查；即使发现幼儿有不良情绪，有时也会因为时间原因而未能做进一步的疏导工作，导致幼儿一整天情绪不佳。

《纲要》指出："幼儿园必须把保护幼儿的生命和促进幼儿的健康放在工作的首位，树立正确的健康观念，在重视幼儿身体健康的同时，要重视幼儿的心理健康。"这就要求幼儿教师在晨检时既注重幼儿身体的检查，又注重幼儿心理健康的检查。

（1）用微笑和积极的话语迎接孩子入园，感染幼儿，使幼儿形成积极的心理情绪。在晨间检查时，教师应该以一种轻松快乐的状态迎接幼儿来园，面带微笑，亲切地和他们拉拉手，蹲下来和他们聊几句。对于家长所描述的孩子在家的良好表现，表达激励和赞美，让幼儿产生积极向上的心态、喜欢上幼儿园。

（2）合理定位晨检的价值，充分认识晨检的目的，注重幼儿身体和心理的双重检查。晨检最基本的目的是及早发现幼儿健康方面的问题，防止把传染类病菌带入园或班中，通过检查还可防止幼儿携带危险性的物品，是一种"及早发现，及早处理，及早隔离"的处理方式。因为身体的检查相对容易发现，也比较好查，而幼儿的心理状态则变化不定，又因为幼儿不善于表达，要深入了解他们情绪、情感波动的原因需要花费大量的时间，所以教师往往只关注到幼儿身体的检查，而忽视或轻视其心理情绪的疏导。

(3) 积极与幼儿进行直接的沟通。就本案例来说，教师已经发现了依依情绪上的问题，就不能因为要完成晨检任务而放弃对依依的关注。如果确因晨检时间有限，教师可以请另一位配班教师先带依依到一边代为了解；若没有配班教师在场，可暂时先接待其他幼儿，但在晨检之后的其他活动环节中，应适时与依依进行个别沟通，询问依依为什么不理人、不说话，尤其要抓住洗手时她推倒了别的小朋友这个时机，耐心地了解她情绪变化的原因，如果实在无法了解到，应采用多关注、多鼓励的方法，引导她调整自己的情绪。

(4) 通过向家长了解，达成促成幼儿心理健康成长的目的。家长是幼儿成长中重要的支持者与引导者，教师发现幼儿产生持续性的情绪波动，尤其是消极情绪时，应及时与家长进行沟通、了解情况，多鼓励家长在家里带幼儿玩一些有趣的亲子游戏，共同促进幼儿形成积极、乐观、开朗的心理情绪，家园合力帮助幼儿度过情绪波动期。

因此，晨间检查不仅要观察、发现问题，更要用心去处理、解决问题。

(湖北省黄冈市红安县直机关幼儿园 袁小琴)

错误14 忽视对早到幼儿活动的指导

案例呈现

每天，班里总会有一些孩子早到幼儿园。这天，又有七八个孩子比规定的入园时间提前进入班里。袁老师让先来的孩子玩桌面游戏和进行区域活动，自己则忙着接待其他孩子。这时，明宁拿着积木跑过来说："老师，我不想玩积木，可以玩别的吗？"张扬也跑过来说："我好想玩大型玩具啊！"而文文和刚刚也围过来说："老师，我们想去玩滑滑梯。"这些早到的孩子厌烦了单调的活动，时不时就跑过来提出这样或那样的要求。

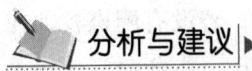 **分析与建议**

晨检时，由于幼儿到园的时间不一，晨检与晨间活动的间隙成了幼儿园普遍存在的"教育盲区"。出于对幼儿安全的考虑，教师往往会限制幼儿的活动，或组织一些相对安静的活动。此外，由于幼儿园事务繁杂，教师们往往没有太多的精力、时间对桌面材料、区域材料等进行及时更新，再加上接待来园幼儿的压力分散了教师对这一部分早到幼儿的注意力，导致幼儿在这一段时间活动积极性不高，问题较多。

晨检与晨间活动的间隙蕴涵着积极的教育因素，比如它让教师有机会个别了解孩子，有机会了解自己的材料投放存在的问题以及有的放矢地锻炼孩子。具体说来，教师应该如何把握机会合理地安排活动，并让这些早到的幼儿积极地参与活动呢？

（1）在"说"中给予温情。早来园的多数孩子是由祖辈家长照顾的，缺乏温馨的"亲子故事"时间，缺乏与父母的畅快沟通。因此，教师可以陪这些孩子看看书、聊聊天，弥补他们在这方面的缺失。

（2）在"添"中培养兴趣。轻薄的纸张、吸管、随意而就的简易材料、拼图、一成不变的积木、玩具等，会很快使孩子失去操作的兴趣。教师应及时关注幼儿的兴趣动向，在幼儿对材料的取舍中看到补充、变化材料的新方向，提供他们喜欢的、能挖掘他们新思维、提高他们新能力的材料。

（3）在"练"中提高能力。教师可以请幼儿做一些力所能及的事情，并根据完成的情况适时地给予奖励。比如，让幼儿摆杯子、擦桌子，充当小小值日生；或者让幼儿对操作材料进行分类整理，培养幼儿的良好习惯和整理能力。

（4）在"玩"中不断反思。早到的幼儿人数一般较少，教师可组织幼儿玩一些手指游戏或者数字游戏，如"用手搭高楼""你放我拍""遇七拍手"等，不仅可锻炼幼儿数数的能力，也能锻炼他们的反应能力。此外，教师还可以借此检验幼儿对儿歌、手指游戏等的掌握情况，以便对自己的教育行为及时做出调整。

《纲要》指出:"应关注幼儿在活动中的表现和反应,敏感地觉察他们的需要,及时以适当的方式应答。"它告诉我们,早到的孩子也需要教师的积极关注。

(湖北省黄冈市红安县直机关幼儿园　袁小琴)

第二章

晨间活动

晨间活动是幼儿"每天户外活动不少于2小时"的重要保障，也是促进幼儿身体健康发展的重要手段和环节。教师应有目的、有计划地组织幼儿开展丰富多彩的晨间活动：提供的活动器材应操作简便、数量充足、安全有趣；活动场所的布置应安全灵活；活动的时间应充足有保障（40分钟左右），活动的强度要适宜。教师要根据晨间活动内容有针对性地进行动作示范与规则讲解；活动结束，要引导幼儿参与必要的器械收拾整理工作，以使他们养成良好的习惯。在晨间活动中，教师的精神状态要积极、饱满，要确保幼儿安全，同时，也应邀请保育员到场配合，并及时提醒幼儿增减衣物。

本章呈现的11个案例分别从晨间活动的组织方式、指导效果、师幼关系、收拾整理等方面纠正了教师的各种不妥做法，从重视晨间活动的内容更新、提升晨间活动的健身效果到培养幼儿良好的健身意识、习惯等方面进行了分析、提出了建议，供大家参考。

错误15 放羊式的晨间活动组织方式

案例呈现

冬日的一个清晨,早锻炼的音乐响起,李老师率先带领班里的孩子来到了操场上,她们班来了5个孩子,算是人数最多的班。李老师带着孩子们围绕操场慢跑,配班的王老师闲得无聊,径直走到大型玩具旁边拨弄着刚买不久的新手机。

"孩子们,快跟上!"随后到来的张老师拍拍自己班里两个孩子的头,指着还没有跑远的李老师的队伍。两个孩子箭一般地飞奔而去,张老师见他们跟上了队伍,转身走到王老师旁边拉起了家常。

后面到来的老师纷纷效仿。

临近早操时间,孩子逐渐多了起来,操场上出现了这样的画面:孩子们排成一条长龙围绕操场在跑步,有的在嬉笑,有的在拉扯;操场中间,教师们三五成群地凑在一块儿,有的在评论彼此的衣饰着装,有的在玩手机……

分析与建议

冬季晨跑是一种很好的早锻炼方式,它能够锻炼幼儿的心肺功能,增强幼儿对寒冷的适应能力,增强幼儿的免疫系统机能,迅速达到热身的效果,但是所有这些都必须在教师有效组织的前提下才能实现。倘若如案例中的某些教师那样采取放羊式的早锻炼组织方式,只会带来一些负面作用。首先,教师无组织、无监管、放任孩子自由练习、不对孩子的动作加以提醒和指导,存在着诸多安全隐患,易造成幼儿的身体受伤等;其次,教师懒散的态度以及不能以身作则的形象不能对幼儿起到很好的示范作用,也容易给来园的家长留下教师不负责任的印象,进而影响家园关系。

案例中的情况之所以会发生,原因不外乎两点:管理上的松懈和教师自我要求的放松。在幼儿园加强规章制度建设的同时,幼儿教师还应该在晨间活动中做到以下两点:

(1) 有效组织与指导,师生共同参与。幼儿晨间活动中,教师科学有效的组织与指导,不仅能减小运动伤害事故发生的概率,而且能够使幼儿晨间活动的积极性高涨。户外活动时,所有幼儿必须在教师的视线范围之内,这样教师可以观察到幼儿的违规行为并及时制止;可以观察到幼儿的脸色、出汗量,进而调整活动的强度;可以在锻炼时传授基本的运动常识和运动规则,比如在本案例中,告诉幼儿跑步时正确的呼吸方法和技巧(用鼻子吸气,用嘴巴呼气)、呼吸节奏以及运动中不准嬉笑、打闹等。此外,还可以通过师生共同参与促进师生间的感情。

(2) 定位个人角色,言行举止得宜。一日活动皆教育,教师的一言一行都是幼儿模仿的对象。教师要认识到晨间活动也是幼儿教育的重要组成部分,是幼儿在园一日活动中一个重要的环节,具有重要的教育价值;教师不只在教育活动中才是幼儿成长的引导者、支持者,在一日活动的所有环节中都是幼儿学习参照的对象,教师的言行举止会对善于模仿的幼儿造成直接影响。晨间活动是开启幼儿一天积极情绪的重要环节,而教师们三三两两、懒懒散散地闲聊,会给幼儿造成晨间活动不重要、教师们不喜欢活动、晨间活动就是聊天时间的不良印象,幼儿自然不会认真、投入地参与到集体锻炼中去。

此外,教师的言行举止是幼儿园的一张名片,在晨间活动这个相对开放的场合中,家长通过教师的言行举止可以大致判断这个幼儿园在管理和保教服务质量方面的水平。教师作为幼儿园集体的一分子,应该时刻铭记自己的角色身份,注意自己的言行举止对幼儿园的影响。

(湖北省宜昌市卫生幼儿园 代卫国)

错误16 晨间活动指导缺乏灵活性和创新性

案例呈现

清晨，张老师急匆匆地赶到幼儿园，放下提包，拿起教室门口的塑料圈就奔向晨间活动场地，她把塑料圈摆成了惯有的竖排方式。小朋友来园后，张老师指挥他们把书包放在固定的位置，然后对他们说："自己去跳圈吧。"孩子们有的双脚跳，有的单脚跳，有的跳完没有归队，有的跳完又站在前面继续跳。有的孩子不愿意跳，张老师说："不行，每个小朋友早上都要锻炼身体。"孩子在老师的要求下只好不情愿地跳了起来。

分析与建议

从上述案例中可以看出，教师在组织晨间活动时缺乏规则意识，指导没有目的性，缺乏灵活性和创新性。在幼儿对跳圈活动不是很感兴趣的情况下，依然强迫幼儿进行锻炼，打击了幼儿活动的积极性，没有达到愉悦幼儿身心的目的。

在晨间活动中，除了强调活动的规则和纪律外，教师更要开动脑筋，开发同一种游戏材料的不同玩法，并根据不同幼儿的能力进行个别化指导，兼顾不同幼儿的活动兴趣和水平。具体说来，教师应该遵从以下几点建议：

（1）应有计划地明确每日晨间活动的内容和玩法，以及指导的重点。切忌不按计划行事，想玩什么就玩什么。比如，孩子们在初次接触垫子时最喜欢手、膝、脚着垫在上面爬。在练习一段时间之后，可以让他们练习仰着爬、在垫子上打滚。在孩子们对这些动作都非常熟悉之后，教师可以再教他们学习匍匐前进，学习坐在垫子上用两脚蹬垫子倒退着在垫子上活动。再过一段时间之后，再教孩子们学习毛毛虫一耸一耸地爬过垫子，继而再学习翻一个跟头……难度不断增大。幼儿觉得有挑战性了，参与活动的兴趣也会保持下来。

（2）创新同种材料的不同游戏玩法。比如，在组织幼儿玩圈的活动中，教师不仅可以让幼儿跳圈，也可以让幼儿滚圈，还可以让幼儿用双手将圈从头顶套到脚下拿出，然后放到身体前面继续行进，这样不仅增加了一物多玩的乐趣，也提高了幼儿投入活动的积极性。

（3）指导因儿童的能力水平而异。幼儿的能力不一样，掌握技能的速度也不一样。就拿一个简单的跳来说，有的孩子已经会单脚跳了，可有的孩子还不会双脚一起跳。因此，教师在对幼儿的练习指导上就应当因人而异。可以先组织幼儿集体练习跳后，再分组练习——能力强的幼儿一组练习更难的技能，能力弱的幼儿接受教师有针对性的指导，这样开展活动才有目的性。

（湖北省潜江市江汉油田公共事业处广华幼儿园　王长英）

错误17　晨间活动中让部分幼儿消极等待

案例呈现

这天早上的晨间活动内容是跳圈，王老师拿来四个圈摆成一排，组织孩子们站成一列纵队依次跳圈。刚开始孩子少，他们在教师的监控下还能认真有序地跳。随着小朋友越来越多，队伍也越排越长，轩轩和小宇开始在后面打闹，莉莉、欣怡和鹏鹏脱离了队伍在聊天，蕾蕾、婷婷玩起了"石头、剪刀、布"，小朋友们乱成了一锅粥。王老师一会儿忙着组织前面的孩子，一会儿忙着催促后面的孩子："赶紧过来排队，快点快点！"排在队伍前面的小朋友无可奈何地被老师推着往前跳，可是跳完后排到队尾，一切又恢复成原来的样子，这样反反复复直到晨间活动结束。

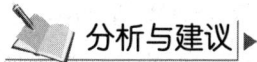
分析与建议

《纲要》指出："教师指导的集体活动要能保证幼儿的积极参与，避免时间的隐形浪费。"晨间活动是幼儿每天入园后的第一项集体活动，这项活动既是为了锻炼幼儿的身体，更是为了让幼儿体验到锻炼的快乐。作为一项集体活动，需要教师有目的、有计划地组织开展，以确保活动的有效性。本案例中，教师手忙脚乱地开展跳圈活动，不仅没有使幼儿达到锻炼身体的目的，还无形中造成了对有限活动时间的浪费。探究其原因，大致表现在这样几个方面：一是跳圈活动的设计缺乏趣味性；二是材料单一，且数量不充足；三是参与锻炼的幼儿数量不断增加，集体轮流的方法不合理；四是活动规则不明确，教师引导不到位。

针对这些原因，有如下改进建议：

（1）有目的、有计划地变换花样开展晨间活动。晨间活动有益于幼儿的身体发育、动作发展、情绪愉悦和心理上得到满足，高质量的晨间活动可以让幼儿获得一天的好情绪，他们会精力充沛、注意力集中、对活动充满热情，因此教师在做晨间活动安排时，既要考虑到促进幼儿身体成长的目的，又要考虑活动的趣味性，变换材料样式、活动场地、活动形式等，吸引幼儿投入到晨间活动中来。

（2）根据参与活动的人员数量投放充足的活动材料。集体活动的成员数量相对较多，应根据幼儿活动的需要适当多投放一些备用材料。在本案例中，还应进一步丰富材料样式，可以选择大小不同或颜色不同的圈以吸引幼儿的注意；在圈的摆放上，也可变换不同的摆距，拼合成不同的线路，调整跳圈的不同难度；增强材料运用的变化，这样既发挥了材料的作用，又可吸引幼儿。

（3）分组开展，鼓励小组之间互相帮助和管理。在孩子不断增多的情况下，继续采用大集体排队轮流跳圈的方法是不合适的，人数越多，排的队越长，等待的时间就越久，幼儿很容易分散注意力，出现开小差甚至是离队自由打闹也就很正常。因此，教师应及时增加跳圈的材料，根据孩子数量或性别或先来后到的顺序划分出2~3组同时进行，或者采用小组比赛的形式进行，让所有的孩子都有事情可做，都有自己的关注点，比如让先跳完的幼儿为自己小组的成员加油，他们就不会游离于活动之外。

（4）制定简便可行的规则，让活动有序地开展。教师在开展晨间活动时，既可以根据活动的目标制定明确的活动规则，提供示范让幼儿学会基本的玩法，也可以在幼儿掌握了材料的运用方法、积累了一些锻炼经验之后，与幼儿一起商量制定新的玩法。在本案例中，可让幼儿商量出分组、摆圈、比赛的规则，还可快速分组轮流进行锻炼，以减少混乱局面的产生。

（湖北省钟祥市机关幼儿园　谭帅敏）

错误18　忽视与家长的沟通

▶ 案例呈现 ▶

早操的集合音乐响起，孩子们跟以往一样，来得早的小朋友都争着站到前排。"孩子们，今天按器械操编排的队形站。"王老师说。随后，老师们开始帮着孩子们调整队形。"贝贝，你站这里，丫丫你应该站在最后一排……"丫丫奶奶见自己的孩子被安排到了后面，不乐意了，一边说"我的孩子来这么早，为什么要站在后面"，一边硬把丫丫推到了前面。王老师告诉奶奶："我们是按照体操队形站的，丫丫个子高，所以让她站在后面。"说完，王老师把丫丫牵到了她应该站的位置上。这下丫丫奶奶更不高兴了："我觉得不应该这样站，站在后面看不见老师的动作，我孙女都不愿意做了。"说完，丫丫的奶奶就把孩子拉到了自己怀里，等王老师把其他小朋友的位置按体操队形安排好后，发现丫丫还在奶奶的怀里，就问："丫丫，你为什么还在这里啊？""我的孩子手冷，我帮她捂手。"丫丫的奶奶说。王老师很无奈，只好转身走了。丫丫的奶奶气得去向园长投诉。

分析与建议

案例中，丫丫的奶奶为什么对王老师有很大的意见？原因很简单，王老师忽视了与家长的沟通。幼儿园要开运动会，王老师为孩子们编队形是为器械操表演作准备，虽然出发点没有错，但是忽视了事先应与家长做好沟通工作。家长不理解教师的行为，面对家长的疑问和抵触情绪，王老师采取了不理睬的态度，激化了与家长间的矛盾。

《纲要》指出："家庭是幼儿园重要的合作伙伴。应本着尊重、平等、合作的原则，争取家长的理解、支持和主动参与，并积极支持、帮助家长提高教育能力。"家园共育是幼儿园工作的重要环节。针对上述案例中存在的问题，幼儿教师在工作中应该注意以下两点：

（1）与家长沟通要注意方式方法。当教师与家长在孩子的教育问题上发生"分歧"时，教师不能回避，以为对家长不理不睬就可以息事宁人，其结果最终会导致矛盾和误会加深。其实，教师和家长对孩子的教育可以"求大同，存小异"，教师应该热情主动地与家长沟通，耐心地倾听他们的心声，分析家长的需求，寻找适宜的解决方案。比如上述案例中，通过奶奶的话，我们可以了解到，奶奶之所以不愿意让丫丫站在后面，是担心教师会忽视自己的孩子。了解了家长的想法之后，教师就可以引导家长理解自己的想法，最终实现教育目标。在这个过程中，教师的态度应谦和、不卑不亢。

（2）理解家长是做好沟通工作的必要条件。大多数家长都希望自己的孩子比别的孩子强，不愿意自己的孩子落后于他人。教师应理解家长的心情，与家长沟通的时候，应多站在家长的立场上换位思考。比如上述案例中，教师可以告诉丫丫的奶奶："无论孩子站在什么位置，我都看得见。"委婉地请求家长配合幼儿园的教育，让家长感受到教师对自己孩子的关注和培养，相信家长会理解并支持教师的工作。

（中国人民解放军61699部队幼儿园　文多娇）

错误19 催促多于提醒

案例呈现

早操时间快到了,老师带领大班的孩子来到操场,这几天孩子们在练习新器械操——圈操,孩子们对圈圈非常感兴趣,来到操场上就自行玩了起来。涵涵把圈放在手臂上转个不停;阳光把圈放在地上转,边转边对喜子说:"瞧,我的陀螺转得真快。""我的小汽车比你的开得快。"喜子快速地把圈转了两圈。孩子们沉浸在游戏中……老师看看手表,马上要做早操了,便着急地大声催促道:"别玩了,快来站队,马上要做操啦!"孩子们在老师的催促下很不情愿地站好了队。

接下来,孩子们跟着老师学做圈操。时间长了,阳光趁老师不注意,把圈当方向盘转。有几个孩子看见了,觉得很好玩,也模仿阳光的玩法。老师忍无可忍地说:"你们干什么呀?快跟着我好好做操。"阳光听后小声地嘀咕道:"老师做的操真没意思!"

分析与建议

在幼儿玩圈玩得正起劲的时候,早操时间到了,教师便急着催促幼儿站好队。孩子们意犹未尽,却被教师的催促抹杀掉了主动学习的欲望。

《纲要》明确指出:"教师应该关注幼儿在活动中的表现和反应,敏锐地察觉他们的需要,及时改变教学方法,形成合作探究式的师生互动。"上述案例中,幼儿对圈的玩法很感兴趣,教师可以在规定的时间内让幼儿想出圈的多种玩法,然后提醒幼儿时间到了,让幼儿按队形站好,这样,不仅满足了幼儿玩圈的需求,也让幼儿在游戏中站好了队。

对于个别幼儿的行为，教师应引起重视，了解孩子的真实想法，做出正确的判断，给予孩子正确的引导。其实，教师可以提醒阳光先做完操，之后请他把他的玩法介绍给大家。如果大家都觉得老师教的操没意思，教师应考虑幼儿的想法和需求，让幼儿积极参与创编圈操，主动地探究学习。

总之，教师要尊重幼儿，少催促、多提醒，让每个幼儿都得到富有个性的发展。

（湖北省荆州市实验幼儿园　熊荆玲）

错误20　不注重空间场地对早操活动的影响

案例呈现

周一早操时间，大（四）班的孩子们照常来到户外熟练地找到自己的位置站好。这时，小宇叫起来："老师，我站的地方有水！"小宇的叫声引发了孩子们的围观，站在旁边的乐乐马上凑过去踩了下脚，溅起一片水花；形形一见也准备跑过去模仿，教师见了连忙大声制止："大家快站好！都不要踩水，小宇你换一个地方做操。"这时做操音乐响起来，孩子们开始听着音乐做早操，可处在孩子们队形中的小小水洼却像磁铁一样吸引着他们的视线。后面的菲菲边做操边对小涵说："昨天早上下的雨，肯定是太阳小了没晒干。""不对，是前面有树荫挡住了，太阳没晒到才有水的。"这时，教师走过来说："别说话，认真做操！"做操结束后是基本动作的练习时间，虽然老师一再强调不要踩水，可总有几个孩子有意无意地跳过去，装做"不小心"踩上去，看到溅起了水花，他们偷偷地笑了。活动结束后，教师批评了几个踩水的孩子。

分析与建议

很显然，案例中孩子们活动场地上的小水洼吸引并分散了部分孩子的注意力，影响了早操活动的有序进行，但也正是小水洼引发了孩子们的思考，这是难得的教育契机。可是案例中的教师只是一味地强调纪律，没有抓住孩子们思维的闪光点引导他们思考和分析，也没有对场地上的小水洼进行处理，以至于这次早操活动总有幼儿注意力被分散。

其实，教师可以在孩子报告场地上有水洼时马上找来拖把将水拖干，先让活动顺利进行，以免有幼儿不小心弄湿衣鞋；在听到孩子们的分析议论时不应该一味地强调不让讲话，而是应该告诉幼儿："你们说得很有道理，现在请你们认真做操，等活动结束了再把你们的想法告诉大家，好吗？"在活动结束后的小结中，教师可以把孩子们对小水洼的猜想提出来，作为延伸的讨论话题布置下去，充分发挥孩子的逻辑思维能力和想象力，让生活中的现象成为孩子们发现问题和学习的契机。

（湖北省荆州市实验幼儿园　李雅青）

错误21　疏于纠正幼儿的动作

案例呈现

早操时间，孩子们站好队，听着音乐跟着老师做完了操，开始了操后的体能运动——就是利用身体或小桶练习走、跑、平衡、跳和钻等动作，以发展幼儿基本动作的协调性和运动能力，这是孩子们都很喜欢的活动。

轮到小蒙和乐乐做青蛙跳了，他俩铆足了劲儿往前跳，只见小蒙双脚并拢往前一跳，遇到积塑腾空跳起，稳稳落地。乐乐呢，则张开两腿一个劲儿地往前蹦，遇到积塑就跨跳过去。一位教师在一旁带领其他小朋友大声地喊着："加油！加油！"另一位教师在小蒙和乐乐身边，随时注意他俩的安全，以免积塑绊倒他俩，还不时地表扬他们："真棒！跳得很快哦！"其他的小朋友也开始青蛙跳了，他们有的和小蒙一样跳得又快又好，有的和乐乐一样跨跳，教师则依然只顾着孩子们的安全和速度。

分析与建议

　　幼儿园早操活动在一定程度上影响着幼儿体能锻炼和身体发展的情况，对幼儿的身心和谐发展有着重要的作用。《纲要》提出，幼儿园的健康活动应"充分尊重幼儿成长发育的规律"，"用幼儿感兴趣的方式发展基本动作，提高动作的协调性、灵活性"。上述案例中，教师在早操过程中比较关注幼儿是否在运动和他们的安全，而忽视了对幼儿错误动作的纠正。案例中小蒙的青蛙跳是正确的，而乐乐的动作是错误的，教师对乐乐的错误动作视若无睹，长此以往，将会影响乐乐的动作发展。因此，教师不但要关注幼儿的安全和速度，也要对幼儿的基本动作有所要求，帮助幼儿规范动作，真正起到锻炼幼儿身体的作用。

　　在早操活动中，建议主、配班教师协调指导，主班教师带领幼儿掌握动作，起示范、模仿作用；配班教师则在幼儿身后注意观察，发现幼儿有动作不到位或情绪不适时，及时地用语言提示或提供具体的帮助方法加以纠正。上述案例中，教师在发现一些小朋友动作不到位时，可以用语言提醒他们，比如，可以说"这只小青蛙跳得又高又轻松"，这句话可能会激励那些故意把地板蹦得砰砰响的小朋友自觉规范动作。教师再接着使用榜样激励法："哟，这个小朋友跳起来的样子真像小青蛙。瞧，他先蹲着，然后两脚一蹬，跳出去……"这样，幼儿在教师的鼓励下就能逐步规范青蛙跳的动作。还可以请其他小朋友指出问题，并进行示范，让那些动作错误的孩子明白问题所在并加以练习。

（湖北省荆州市实验幼儿园　田卫平）

错误22　早操活动内容缺乏变化

案例呈现

早操前，教师习惯性地对幼儿说："小朋友们，我们去做早操吧，大家要认真地做操锻炼身体哟！"萌萌磨磨蹭蹭地不肯出门，军军对朋朋小声地说："又做操，没劲！"

队列练习时，孩子们走路拖拖沓沓，漫不经心。豆豆嘴里小声嘀咕着："唉！老是这样走，一点儿也不好玩！"做操音乐响起了，小朋友们齐刷刷地站在自己的位置上。听着熟悉得不能再熟悉的音乐声，孩子们心不在焉：队伍中间的雯雯偷偷地和旁边的瑞瑞挤眉弄眼；后排的泽泽正呆呆地站着，发现教师看他，才胡乱地挥挥手、踢踢腿；平时表现不错的嘉琪茫然地盯着领操的小朋友，嘴里嘟哝着，不知道心里想什么……

分析与建议

为什么孩子们在早操活动中会有这些表现呢？我们采用了随机调查的方法，以了解幼儿的想法。针对"你们喜欢做早操吗？为什么？"这个问题，我们得到了这样一些答案："我不喜欢，做操没意思""我不喜欢，天天做一样的，一点儿都不好玩，好累哟"……是的，这套早操从学期开始一直做到学期结束，一成不变，天天重复，没有新鲜感，幼儿感到枯燥乏味，自然提不起参与的兴趣。因此，教师在组织早操活动的时候，要认真分析幼儿的需要，丰富幼儿早操锻炼的内容。

上述案例中，教师可以对单纯的队列练习内容加以丰富，首先征求幼儿的意见，了解他们对怎样的队列练习感兴趣。有的幼儿可能喜欢圆圈的、方形的、三角形的，有的幼儿可能喜欢长条形、波浪形的，还有的幼儿可能喜欢花瓣形的等；对于走队列时的动作，孩子们更是七嘴八舌：有想学小猫、小狗的，有想学老虎、大象的，还有想走模特步的……教师和孩子们一起讨论，哪些队形和动作适合，就编入队列练习中，以增加早操的趣味性和游戏性。

针对幼儿"喜新厌旧"的年龄特点，基本操节应做到一学期更换1～2次，以提高幼儿做操的积极性；早操活动中除基本操节外，其余几部分可作为机动内容，每月更换一次。比如在准备活动的时候，可以先带领他们扭扭腰、摇摇头、模仿小动物的动作，然后隔几天就变化动作。在音乐开始前几分钟，教师可以告诉他们："今天我们做的操与以往有一点点不同，可能是比原来的节奏快了，也有可能是动作比原来的幅度大了，或者有一个动作被老师悄悄地改掉了。现在，我们就来玩个游戏，看看谁像侦探柯南一样，能最先找到不同的地方！"

总之，在做操的过程中，为幼儿提供富于变化的早操内容，你会发现幼儿更活泼、更能干、更认真的一面。

（湖北省荆州市实验幼儿园　田卫平）

错误 23　操节活动中疏于对幼儿间合作意识的培养

场景一

早操时间，孩子们在教师的带领下开始做操。但是总有个别孩子东张西望，不能专心做操；有些调皮的男孩子时不时地会和旁边的孩子说话，有时还故意打扰其他做操的孩子。当教师批评他们时，他们小声嘀咕道："做操时老是这几个动作，真没劲，我想和我的好朋友一起做操。"有的小朋友牵着旁边小朋友的手，

试着一起做，可是教师担心影响秩序，制止了他们。

场景二

每次做轻器械操时，教师总是请队长给每个孩子发器械；做操结束后，队长再将器械收好。孩子们拿着轻器械，非常想探索一下新玩法，或者和旁边的小朋友共同来拼搭。教师却阻止了这样的合作和尝试，或者视而不见。

通过以上案例，我们发现在操节活动中，幼儿常常会有和同伴合作的意愿，这也是培养孩子合作能力的契机。教师或许是担心影响纪律，也可能是觉得在做操这个环节，幼儿合作意识的培养不那么重要，于是就出现了在日常的操节活动中，幼儿教师重技能和秩序，却忽视孩子的需求和合作意识的培养，错过了培养孩子学会合作的好时机。

"一日生活皆教育"，操节活动是培养幼儿合作能力的重要时机。教师应想办法为幼儿创造或提供与同伴合作学习和游戏的机会，让幼儿在实践中学会合作。具体到操节活动，可注意以下几点：

（1）在操节的形式和动作编排上，教师应多编一些需要幼儿间合作完成的动作。

（2）一套操节做一段时间后，可以邀请全班小朋友共同来创编新的操节，让每个孩子在做这套操时都有一种成就感。

（3）在编轻器械操时，让孩子的动作中有利用对方器械才能完成的动作。比如，在创编伞操时，可以让两个孩子把伞并在一起，围着伞跳一圈；在爬板操中，让面对面的两个小朋友爬到对方的位置，再爬回来等。

（4）发放轻器械时，可以从第一个孩子开始发，逐一往后传下去，这个过程会促进孩子合作能力的发展，同时也更具趣味性。在收拾轻器械时，还可以利用小游戏。比如，在筷子操中，最后可以让孩子们一个一个地跑到自己队伍的最前面，将筷子按照一横一竖的方式层层摆放，最后每一队的筷子合起来都摆成一个小方形。这既挑战了孩子们的合作能力，也使收拾的环节轻松有趣。

（5）在操节活动中，教师还要善于引导幼儿合作，教会幼儿合作的方法。教师要用积极的态度鼓励幼儿体会合作的快乐。比如，在站队时，以共同游戏的方式,鼓励幼儿找到自己所站的位置;每隔一段时间,让幼儿共同商量,选出新的队长;每天的操节活动中,提醒能力强的幼儿照顾能力较差的幼儿;当幼儿和同伴因做操发生小纠纷、小矛盾时,教师应及时引导他们共同商量使大家都玩得愉快的方法,协调关系,确定共同的目标,使活动顺利进行。

总之,只要教师做有心人,就能通过操节活动既培养幼儿的合作能力,同时也让幼儿对做操的兴趣大大增强。

(湖北省荆州市实验幼儿园 杨彩霞)

错误24 早操中缺乏积极的师幼互动

案例呈现

在熟悉的早操音乐声中,大班的小朋友们都排好队,站到自己的位置上做起操。张老师在前面领操,李老师在后面指导。李老师像往常一样巡视着所有孩子的动作。大部分孩子都很认真,但部分孩子的注意力不集中,不是和旁边的小朋友挤眉弄眼,就是胡乱地挥舞手脚。看到这些,李老师很生气,她大声地喊道:"有些小朋友做操很不认真,等会儿早操结束后我会请他们留下来重做一遍。"说完,她顺着队形慢慢地往前面走,边走边点那些不用心做操的孩子的名字,不停地强调手要举起来,脚要抬高一点,动作要有力。终于,被点到名字的孩子开始认真地做操了。可好景不长,李老师离开这边,那边又有孩子注意力开始转移,李老师只得大声地叫着孩子们的名字,不停地提醒和纠正动作。早操做完了,李老师也累坏了。

分析与建议

上述案例中,李老师在组织早操的过程中做到了对幼儿的表现和反应的观察，但缺少同幼儿间的积极互动。由于缺乏心灵的沟通和语言、眼神的互动，幼儿对老师的常规要求不认同，不愿意接纳，也就不能产生锻炼的积极性。

《纲要》指出："培养幼儿对体育活动的兴趣是幼儿园体育的重要目标。"在早操活动中，教师应将动作指导和幼儿的快乐体验结合起来，抓住幼儿的心理特点，因人施教，培养幼儿对早操的兴趣。早操的组织过程也是师幼之间的互动过程，要体现出教师的激励和爱心。

（1）做操时，教师应用环视的目光与幼儿对话。教师应打量每一个幼儿，让他们感到自己的表现会进入教师的眼中，这是一种眼神与心灵的激励和互动。对表现好的幼儿予以表扬，向积极认真的幼儿投以赞许的目光，并辅之以微笑、点头等动作，让幼儿知道老师在关注着自己的表现。

（2）让幼儿领操也是激励幼儿的有效方法。教师有时可以请认真做操、动作有力的孩子，有时请表现一般、甚至能力较弱的孩子当小小领操员，让孩子感受自己的能力，增强信心，快乐地锻炼。

（3）充分发挥幼儿的积极性和表现欲，变幼儿的被动管理为自我管理。调皮的幼儿自控力弱、好动、好表现，在早操中常常会干扰别的小朋友，教师可以请他们扮演"监督员"，帮助老师"监督"小朋友的早操活动，这样，满足了他们爱表现的欲望，调皮幼儿的积极性就被调动起来了，同样他们也会较好地约束自己，从而带动其他小朋友认真做操。

（湖北省荆州市实验幼儿园　沈易京晶）

错误25　操节活动后轻视对幼儿收拾能力的培养

案例呈现

今天大（一）班的户外轻器械操是新换的彩绳操。孩子们情绪高昂，兴趣浓厚，动作完成得很规范。随着做操音乐的结束，孩子们迫不及待地要进入户外游戏了。高老师整理好队伍，示意孩子们将彩绳放在玩具箱中，孩子们一拥而上将彩绳放在箱子里后就跑开了，有的彩绳落在了箱子的边缘，有的彩绳缠绕在一起被丢在箱子里。配班的李老师一边捡起地上被丢弃的彩绳，一边叹气道："每天得花上10分钟帮助整理这些绳子，高老师，下次我们班可别做这个麻烦的彩绳操了，看隔壁班的纸棍操多省心啊！""可不是，我们班的孩子年龄小，让他们自己收拾整理还不止10分钟呢，只有自己收拾了。"下二个星期，大（一）班的轻器械操被换成了纸棍操。

分析与建议

著名教育家叶圣陶说："教育就是习惯的培养。"整理能力是幼儿日常行为规范中关于良好习惯培养的一项重要内容，让幼儿学会收拾整理，有助于幼儿形成生活有序的良好习惯。上述案例中教师的消极做法导致了孩子整理能力的低下和整理习惯的缺失。每天的操节活动其实是培养幼儿收拾整理能力的好时机，如果教师能抓住这一良好的教育契机，坚持下去，必将有利于幼儿良好整理习惯的形成。教师在习惯培养方面往往比较重视学习习惯、生活习惯的培养，对收拾整理能力的培养比较忽视，有时为了怕麻烦，甚至包办代替、消极教育。教育无小事，我们要注重教育中的细节，让孩子在这些看似平常的小事中逐渐养成良好的习惯。幼儿教师如何帮助幼儿养成良好的收拾整理的习惯呢？结合上述情况，以下几点策略供教师们参考：

（1）"拟人法"。教师可以用游戏的口吻、形象生动的语言，把孩子整理的兴趣调动起来。比如，在收拾整理玩具时，可以这样对孩子说："彩绳宝宝很累了，它们想回家休息了，请你们把它们送回家。""瞧，彩绳宝宝被丢在盒子外面了，它们会迷路的，快把它们送回家。"孩子们感兴趣了，就能很快地养成自己收拾的习惯。

（2）"冷处理"。如果孩子们玩完玩具之后，没有收拾整理的习惯，教师也不要急着包办代替，可以先让玩具散落在地上，然后召集大家一起来观察讨论"怎样让游戏更方便、让活动空间更整洁"，再和孩子们一起收拾，将玩具放回原处，教师先陪同整理，再慢慢放手让他们自己整理。

在这个过程中，要教给孩子正确的收拾方法。比如，跳绳比较长，不收拾好就容易纠结在一起，再玩的时候难以解开。针对这种情况，可以教幼儿将跳绳的两个手柄合拢并在一起，然后将跳绳顺着手柄绕起来，这样就不会打结了。

(3) 榜样法。教师可以通过竖立好的榜样，逐渐培养幼儿形成良好的习惯。比如，可以通过参观邻班幼儿整理玩具的过程，让他们以邻班的小朋友为榜样，看一看、说一说、学一学、做一做。教师也可以在本班群体中有意识地寻找榜样，发现能力强的幼儿，要及时地鼓励他们，在集体中多表扬他们。比如，"今天豆豆又帮老师做了许多事，他有一双能干的小手，老师很喜欢他。"每周评一次"整理小能手"，孩子会更加有兴趣。通过这些措施，慢慢地班级中就会形成良好的收拾整理的氛围，会出现更多的榜样。

(4) 做一半，留一半。将每一类物品都整理一半，已整理好的部分，也就是幼儿模仿的榜样，它暗示着一定的方法或操作要点。在幼儿整理的过程中，教师主要以观察为主，只在幼儿遇到困难时给予指导，切不可干涉和代替幼儿操作。

(5) 家园合作力量大。培养幼儿整理的能力还需要家园形成合力。首先，应该把培养孩子整理能力的重要性向家长阐述清楚并向家长介绍培养的具体方法，家长之间还可以讨论交流。

让幼儿学会收拾整理的过程，包含了培养幼儿有始有终认真做事的态度、井然有序的生活习惯、分类整理物品的系统观念和爱美的情操等多种教育因素。幼儿园注重的是孩子的养成教育，把培养幼儿的整理能力作为幼儿园的教育目标之一，将为他们今后的生活和发展奠定良好的基础，使其终生受益。

(湖北省荆州市实验幼儿园　朱晓燕)

第三章

饮水、如厕与盥洗

作为在园的重要生活环节，饮水、如厕和盥洗是幼儿生活中出现频率较高的活动，也是养成幼儿良好生活习惯的重要环节，教师应懂得这类活动的常规要求，并能采用适宜的方法组织实施。在对幼儿进行指导时，教师既要关注集体活动的效率，又要关注个体差异进行个别指导。

饮水环节。一般来说，教师要引导幼儿懂得饮白开水的好处，示范取放杯子、接水以及喝水的正确方法，指导幼儿安静、有序地喝水，督促幼儿形成主动喝水、适量喝水和按时喝水的好习惯。教师应积极创设良好的饮水环境，提供温度适宜的白开水（30℃左右为宜）；不干扰、不强制幼儿喝水；对于个别饮水情况特殊的幼儿应积极关注并给予指导。教师还应知道关于饮水的注意事项，切不可让幼儿在剧烈运动之后马上饮水、饮与体温相差太大的凉水或过量饮水，这些都会损害幼儿的身体健康，甚至危及幼儿的生命安全。本章呈现的6个饮水方面的案例，从不同角度强调了教师在饮水意识、组织方法、指导策略等方面应如何做。

如厕环节。引导幼儿以正常的心态看待在园如厕的问题，不紧张、不害怕；掌握基本的如厕方法，会自己脱裤子、提裤子，能够大小便入池、便后冲水和洗手；养成有如厕需要时能及时如厕、不憋尿、不在厕所嬉闹等良好的如厕习惯。这些都是教师在组织幼儿如厕时需要落实的活动要求。教师在指导幼儿如厕时，要能正确指导不同性别的小朋友不同的小便方法，处理好集体如厕和随机如厕的关系，能正确对待尿湿裤子的孩子，有耐心、不包办，还要留心幼儿大便的颜色、次数等。本章针对这些问题提供了案例，可供参考。

盥洗环节。与漱口、洗脸、梳头等其他盥洗活动相比，洗手是盥洗环节中最重要的内容，也是教师们需要特别关注并重点组织实施的内容。对于这个环节，教师既要认识到洗手的重要性，会开展"六部洗手法"（手心、手背、指尖、指关节、指缝隙、手腕），示范"湿、搓、冲、捧、甩、擦"的"六步洗手法"，还要能重视培养幼儿有序洗手、饭前便后洗手、手脏及时洗手以及节约用水等生活习惯。但在实际工作中，教师们经常表现出对洗手环节认识不到位或不能坚持落实的情况，在本章相应的案例后面提出的解决办法值得教师借鉴。

错误26　组织幼儿集体排队饮水

案例呈现

又到了集体饮水时间了，因为班上女孩比男孩少很多，所以每次都是女孩先去。女孩子们自觉排好队，很快便喝完了水。轮到男孩子了，只见教师一声令下，男孩子们一窝蜂地涌进了饮水间，使原本就不大的饮水间拥挤不堪。他们刚开始还能遵守纪律排队接水，可是有的孩子很快便接完了水，有的孩子则速度较慢，没过几分钟，后面的孩子就等不及了，有的孩子开始插队，有的孩子用手把玩着杯子，有的孩子交头接耳小声聊天，排在最后面的孩子甚至嬉笑打闹起来。尽管教师不停地大声训斥："是谁在插队？女生比你们乖多了，看看你们男生连队都排不好。排好队再接水，后边的不准讲话、疯闹，大家快点！"可是，饮水间里还是乱糟糟的。

分析与建议

上述案例中的集体饮水时间，男、女生是分开进行的。女孩子们都能遵守纪律，难道真的像教师说的，男孩连队都排不好吗？其实问题出在男孩太多，排队饮水中出现了消极等待的现象。上述案例中的教师没有发现问题的根本原因所在，在问题出现时只是一味地强调排队喝水的纪律，而没有采取切实有效的办法。

其实，在幼儿园一日活动的各个环节，只要我们稍加留意，便可以见到大量的让幼儿消极等待的现象。幼儿园的常规培养目标之一是教幼儿学习必要的等待，但是教师应该努力避免让幼儿消极等待。因为消极等待不仅浪费孩子的时间，更会让一部分孩子以叛逆的举动应对老师制定的规则，扰乱正常的活动秩序。长此以往，孩子的"不听话"和教师的"挫败感"会极大地阻碍师幼间良好关系的建立。

通常，消极等待出现在幼儿的集体活动时间。那么在饮水环节，怎样尽量减少幼儿的消极等待呢？

（1）将幼儿分组进行饮水活动。教师可将全班幼儿分成4～5组，这样一来每次饮水的幼儿人数减少了，饮水间不会显得拥挤，饮水环境得到改善，进而使得因幼儿长时间的无聊等待而引发的无秩序和冲突现象大为减少。

（2）班级教师分工合作。爱游戏是幼儿的天性，他们是以游戏为基本活动的。教师们可以分工合作。保育老师负责维持饮水间孩子们的秩序，另一位教师组织喝完水的孩子进行有趣的游戏活动，从而促使做事速度较慢的幼儿自觉地加快速度，避免其他幼儿消极等待。

（湖北省咸宁市温泉幼儿园　黄梅）

错误27　组织幼儿剧烈运动后喝水

案例呈现

户外活动时间，许多孩子玩得满头大汗。这时，诚诚走到李老师面前说："老师，我要喝水！"李老师见状，立即组织孩子们回到教室喝水。孩子们洗完手，就直奔饮水机接凉水喝起来。李老师巡视一圈后，大声说："请小朋友们多喝点水，你们都流了许多汗，需要多补充水分！每个小朋友都要喝满满一杯水才行啊！"许多小朋友见自己没有达到老师的要求，又拿起水杯去排队了。

分析与建议

案例中，李老师要求幼儿在剧烈运动后立即回教室喝"满满一杯水"，这种做法无论在饮水的时间，还是在饮水量的把握上都是十分危险的，严重的甚至有可能导致幼儿休克。这是为什么呢？因为剧烈运动时，人体内盐分随汗液大量排出体外，饮水过多会使血液的渗透压降低，破坏体内的水盐代谢平衡，影响人体正常的生理功能。

幼儿运动后大量出汗，适时地补充水分是十分必要的。但是在补充水分的时间和饮水量等方面，幼儿教师应注意以下三点，才能保证幼儿的安全：

（1）运动结束10分钟后再饮水。剧烈运动后，若短时间内饮水过多，虽然能抑制口渴的感觉，但同时也增加了机体的排尿量和排汗量，使肾脏的负担加重，会使体内的盐分进一步丢失，导致电解质紊乱，影响机体的功能。所以，教师在组织幼儿喝水时，要注意把握饮水的时间，一般运动结束10分钟后组织幼儿有序饮水比较适宜。在这期间，教师可以先组织幼儿开展一些放松活动，如散步、听故事等，来充实饮水前的等待时间，避免幼儿消极等待。

（2）运动后喝水要"少量、多次、慢喝"。一次性喝水过多，胃肠会出现不舒适的饱胀感，若躺下休息更会因挤压膈肌影响心肺活动。所以，剧烈运动后，口再渴也不该一次性喝水过多，而应少量多次，而且要慢慢地喝，喝得太快会使血容量增加过快而加重心脏的负担，影响身体健康。在量上，教师要提示幼儿一次喝幼儿杯的半杯即可，如果感觉不够，可以稍休息一会儿后再喝小半杯。

（3）运动后不宜喝凉水。运动后身体会发热，血管扩张，体温升高，胃部的温度也比平时高一些，如果此时喝比体温低很多的凉水，会影响胃部散热，引发胃部不适，甚至会造成呕吐；由此还可能产生连锁反应，导致幼儿感冒、腹痛，严重的还会引发其他严重疾病。因此在幼儿运动后，应为幼儿提供温开水，温开水相对凉水更有助于幼儿身体散热。

（湖北省潜江市江汉油田公共事业处广华幼儿园　张丹）

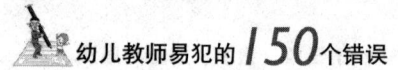

错误28 错失培养幼儿饮水兴趣的良机

案例呈现

天气热了起来，活动后，孩子们都去喝水。这时，水桶旁传来了争执声："你把水都洒到地上了！""没有，我只是在和桐桐干杯呢！"雷老师走过去一看，地上全都是水，原来是乐乐与桐桐在用水杯碰撞着玩。雷老师马上批评了乐乐："喝水就喝水，干什么杯？以后不准干杯了！小朋友踩到水摔倒了怎么办？"雷老师边说边拖地。下午起床后，又有小朋友告状："雷老师，他们都在干杯，地上洒了好多水！"雷老师走过去发现平时最不爱喝水的小贝竟然也迫不及待地倒了半杯水，学着乐乐的样子，高举着杯子与乐乐装得满满的杯子相碰，将乐乐杯里的水溅得满地都是。雷老师见状大声训斥道："不准学乐乐，快点喝，喝完水马上到教室里去。"贝贝见老师批评自己了，不情愿地放下了杯子。

分析与建议

喝水是幼儿园每日生活中的重要环节，同时也是孩子们比较自由的时候，有的孩子把喝水时间当做避开教师监管的快乐时光。本案例中几个孩子正沉浸在自己模仿的喝水游戏中时，却被教师的呵斥吓得趣味全无。在某些教师眼中，孩子总是本着破坏的目的在玩乐，其实，在本案例中，教师如果稍有一些耐心，就不难从中发现非常有价值的教育契机。

（1）借助"干杯"的游戏，激发不爱喝水的幼儿主动饮水。现在好多孩子都不爱喝水，教师应巧妙地抓住孩子们感兴趣的"干杯"游戏，引导孩子们干杯、喝水。在这一过程中，教师也从原来是喝水的"检查者、督促者"变成孩子的

"游戏伙伴",在这样一种宽松的氛围里,孩子会慢慢养成自己主动喝水的习惯。

(2) 明确指出水洒落在地上的危险性,及时邀请干杯的幼儿和教师一起来打扫地面,即便幼儿过小不会拖地帮忙,也可请幼儿帮忙找到打湿的地面,力所能及地参与到清理工作中,让他们意识到水洒到地上会使人滑倒,并通过参与打扫活动提醒大家避免水洒出来的方法,比如可以将水少倒一点,轻轻地碰杯等。

(3) 根据孩子的不同年龄开展丰富的活动来引导他们饮水。孩子喝水的问题,看起来微不足道,其实是很重要的,教师应该根据每个幼儿的身体状况以及气候的变化,适时调整策略;要善于捕捉日常生活中幼儿感兴趣的事情,并采取孩子乐于接受的方法和手段积极引导。当然,除了这种游戏外,教师还可以用其他方法培养幼儿饮水的兴趣。比如小班幼儿年龄小,让孩子在游戏中喝水,会令孩子感觉喝水是件快乐的事情,从而主动喝水。比如"小水桶"的游戏,"小水桶,大肚皮,里面藏着小水滴。小水滴,别着急,宝宝马上来接你。咕嘟嘟、咕嘟嘟,水滴跑进肚子里。"孩子们一边念着儿歌,一边模仿儿歌的内容,一下子就将水喝完了。再比如"给小车加油"的游戏。因为平时小朋友们特别喜欢玩车,也很喜欢玩有关汽车的游戏,所以,教师可以抓住孩子们的兴趣点,将喝水比做给汽车加油,孩子们则是一辆辆的小汽车,谁的小汽车油加满了,谁的汽车就开得快。这样孩子们就很乐意地去喝水了。

中、大班的孩子已有主见,他们更愿意相信自己,按自己的主张行事。如果能让孩子直观地了解饮水与健康的关系,有主动喝水的愿望,则有利于他们在获得亲身经历和体会的同时构建新的经验。比如组织小朋友们观看饮水与健康的影像资料,让他们了解喝水的好处。可以利用一次性的塑料杯,请他们观察自己和同伴的尿液,告诉他们尿液的颜色与喝水的多少有关系:水喝得多,则尿液是浅黄色,是健康的;水喝得少,则尿液是深黄色,说明身体"上火了",这样容易生病,就需要吃药、打针、多吃水果、多喝水。另外,还可以与孩子们一起制作喝水记录表,喝完一次水就在自己的图标下插上一张小卡片,看看自己每天是否喝够5杯水。这样喝水的问题就得到圆满解决了。

(湖北省鄂州市实验幼儿园 雷敏、涂云岚)

错误29 缺乏个体差异的因需饮水

喝水环节中,李老师说:"小朋友们从第一组开始,一组一组地去杯架前拿水杯,然后到饮水桶前排好队,按顺序喝水。"轮到第二组的小朋友喝水了,小朋友们站成一队,只有洋洋拿着水杯站在队伍旁边玩。

洋洋说:"我不想喝。"

明明报告说:"老师,洋洋说他不喝水。"

李老师说:"洋洋站到队伍中去,小朋友都在喝水,你也必须把水喝了。"

分析与建议

在班级管理中,教师习惯于整齐划一的安排。因为大多数幼儿是需要在教师的引导下才能达到喝水的次数和量的,因此基本上各园都是在教师的提示中开展幼儿的喝水环节的。但是,现在的教育改革已经开始反思教育如何尊重幼儿个体的差异性,并在实践中做到力所能及的区别对待。

本案例中,洋洋小朋友为什么不想喝水呢?教师应询问洋洋不想喝水的原因,应关注到不同个体的不同需要,不能要求所有的孩子同时喝水、都喝一样多的水。如果洋洋刚刚才喝过水了,那就的确不需要再喝一次了。教师不能因为管理的便利而忽视幼儿的个体差异,一刀切地要求"必须把水喝了"。

以下方法有助于教师做好饮水指导工作:

(1)开展活动,引导幼儿了解水对身体的重要作用。教师可以带领幼儿去给种植区的花草浇水,让他们通过自己的观察发现浇过水的花朵和叶片更精神、更鲜亮，这是吸收了水分的缘故；通过放映动画片让幼儿了解，水是生命的源泉，是维持生命必不可少的物质；还可请家长配合，帮幼儿积累一些饮水的常识。

（2）制定饮水的规则，坚持灵活的方法。教师要制定明确的饮水规则，并着重指导一些关键时段的饮水，比如早晨、午睡起床后以及运动后，而其他时段则可以采取统一组织与自愿相结合的原则，既保障重要时段的饮水量，又给予幼儿一些认识自己需要、按需取用的权利与自由。即幼儿既可以在集体组织的饮水环节中饮水，也被允许在口渴的时候自行饮水。

（3）根据活动情况，适当调节饮用水的量。教师要根据情况灵活地调整幼儿的饮水量，比如，在天气变化时适时增减饮水量；在幼儿生病时，适当指导其饮水；在空调房中时，多提醒幼儿适时饮水；对于饮水量大的幼儿，给予正确的饮水指导；对于饮水量极少的幼儿，应多予以鼓励，促使其饮水，并提供充足的时间给饮水较慢的幼儿。

总而言之，水对身体很重要，但也要按需取用；教师组织幼儿集体饮水，既要讲求管理的效益，也要尊重幼儿的个体差异，灵活处理，在把握重要的饮水时机之余，尽量给予幼儿一定选择的权利。

（湖北省武汉市武昌区机关幼儿园　许丽华）

错误 30　灌输给幼儿错误的饮水观念

案例呈现

"秋天到，秋天到，秋天天气真干燥……"中班的邢老师正在教小朋友们读儿歌。坐在后排的小明突然跑上台："老师，我要喝水！"邢老师眉头紧锁："刚刚不是喝过水了吗？怎么又要喝？""老师，我不要喝水，喝多了要尿裤子！"坐在前排的小聪高声说。

"小聪真棒!"邢老师不失时机地表扬小聪。于是,班里其他小朋友都异口同声地说:"老师,我也不要喝,喝多了要尿裤子的。"连小明也不例外。邢老师顿时眉开眼笑:"我们班的小朋友真乖!"

分析与建议

幼儿需要适时地补充水分,一天当中成人应有意识地提醒幼儿适量饮水;在幼儿园中,教师更应引导幼儿认识到水对身体的重要性,在组织饮水的环节让幼儿饮水或者提醒不爱喝水的幼儿喝水。本案例中的邢老师却因为怕幼儿尿裤子而教给幼儿"应少喝水"的错误观念,这是有损幼儿身体健康的。然而,在实际调查中我们发现,类似于邢老师这样因为偷懒、怕辛苦而随意误导幼儿的教师还真不少,应引起教师们的重视。

教师应端正认识,坚守"开展任何活动都以不损害幼儿的身心健康为前提"的原则,作为专业人员,不能随口胡说误导幼儿,要坚定地做幼儿成长的支持者和引导者,学会科学保教的知识与方法,掌握卫生保健方面的基本常识,才算一名合格的幼儿教师。

相比尿床、尿裤子来说,饮水对于幼儿的身体健康更为重要,尤其是秋天,天气干燥,容易上火,喝水过少不仅容易引起便秘、上火、皮肤干裂等身体的不适,甚至还会引发一些疾病。因此,教师不仅要合理安排、有计划地组织幼儿饮水,对于主动要喝水的小朋友更应给予必要的支持:一方面,这说明幼儿可能真的渴了,需要饮水,教师不允许就意味着可能损害幼儿的身体健康;另一方面,在幼儿主动提出要喝水时,教师应给予肯定,适时地引导大家以他为榜样,允许集体饮水与个别饮水的方式并存,给那些不爱饮水、饮水习惯不好的幼儿以正面的示范。

(湖北省仙桃市杨林尾镇蓝天幼儿园 许又红)

错误31 认为喝水是"小事情"

案例呈现

下午快放学的时候,李老师想起来,早上岚岚妈妈说岚岚最近大便干燥、小便很黄,请老师给岚岚多喝点儿开水,便问岚岚:"你今天喝了几杯水?"岚岚想了想,对老师说:"我书包里有牛奶,我喝了牛奶。"

分析与建议

日常工作中,很多幼儿教师习惯把注意力和精力放到教学活动之中,放到幼儿一日生活的大环节之中,他们重视幼儿在园的学习、游戏情况,重视幼儿吃饭、午睡的质量,但是对于喝水这样的"小事",往往忽略。案例中,李老师没能及时观察幼儿的喝水情况,并进行适时的监督和提醒,从根本上反映了她对幼儿喝水环节的不重视。

《幼儿园教育指导纲要解读》强调幼儿每天需要保证一定的饮水量。幼儿处在生长发育阶段,新陈代谢尤其旺盛,及时补足水分是非常必要的。为了避免上述案例中的情况再次发生,教师除了提高自己的认识之外,还要帮助幼儿养成爱喝水的好习惯。

(1)做好入园接待工作,登记家长的交代,或者请家长把要求写在家长簿上。晨间接待的时候,家长会对教师提一些小要求,比如给孩子喂药、测量体温、让孩子多喝水、观察孩子大小便,等等。教师要养成随手记录的习惯,以免遗忘疏忽。

(2)引导幼儿发现喝水的重要性。结合健康教育活动,让幼儿了解自己身体的器官，知道小朋友的身体缺水时容易生病，只有多喝水，才能保护好自己的身体。另外，还可以让幼儿观察、比较喝水前和喝水后小便的颜色，了解不喝水会对身体产生什么影响。

（3）榜样示范法。可以利用故事、动画片中活泼可爱、爱饮水的形象来向幼儿树立一些喜欢喝水的"榜样"。比如，让不爱喝水的幼儿看一看小白兔在体育锻炼后是怎样开心、主动地喝水的；让小乌龟告诉孩子们不喜欢喝水的害处，等等。教师的榜样示范作用也很重要，在提醒幼儿多喝水的同时，教师自己也要多喝水。此外，还可以动脑筋让白开水变得有吸引力一些，比如切一些水果片，放进透明的水壶中；夏天的时候冻一些形状有趣的小冰块，放一点儿在孩子的杯子里，等等。

（4）固定喝水时间。幼儿在园一日生活中，应该有固定的喝水时间，比如上午课间操后，下午游戏活动后。这些时间段可固定为幼儿的每日集体饮水时间。久而久之，幼儿就会形成喝水的习惯。尤其是年龄小的幼儿，更需要教师这样的专门提醒。

（5）表格记录法。教师可以通过引导孩子们使用表格记录法，让他们自我监督每天喝了多少水。比如，带领幼儿动手制作"今天你喝水了吗"插卡记录表。每喝一杯水，孩子们就在自己的记录表里插上一张小卡片，这样一天下来就很清楚自己喝了多少水。

（6）做好家长工作，提高家长的认识水平，不要用甜味饮料代替白开水。甜味饮料比白开水更受孩子欢迎，这是不争的事实。可如果家长一味迁就，每天给孩子喝甜味饮料，孩子自然就不会去喝白开水了，所以家长的配合也很重要。

喝水看似简单，可是让幼儿自觉地喝水却非常困难，这离不开教师的教育策略，也离不开家长的配合，教师可跟家长多沟通，共同培养孩子把喝水变成一种习惯。

（湖北省黄冈市黄州区幼儿园　汪宏英）

第三章 饮水、如厕与盥洗

错误32 男女生同厕，忽视引导

案例呈现

午睡前，小丽老师要求小朋友先上厕所再去睡觉。突然卫生间里传来一阵嬉笑声，蕾蕾飞快地跑过来对小丽老师说："老师快去看啊，妞妞站着尿尿了，裙子都湿了。"小丽老师来到厕所，很生气地批评妞妞："你不知道你是女孩子啊？女孩子怎么能站着小便呢？你这孩子怎么这么笨啊？"

分析与建议

上述案例中，小丽老师完全没有站在妞妞的立场考虑她为什么要站着小便，更没有意识到指责、挖苦远不及亲切、安抚的话语以及正确的指导更能让妞妞意识到自己的错误，从而主动改正自己的行为。现在，很多幼儿园由于条件限制和出于安全考虑，让男女生一同如厕，以方便老师照看和管理。在这个过程中，孩子们会发现小朋友上厕所的方式是不一样的，有的站着小便，而有的蹲着小便。于是，好奇心强的孩子可能就会尝试其他小朋友的如厕姿势，结果弄湿了裤子。

妞妞就是其中一个例子。面对这种情况，教师应该怎么做呢？

（1）帮助孩子正确如厕。在上述案例中，教师不要轻易批评孩子，要及时给尿湿裙子的幼儿更换衣裤，同时向幼儿讲清楚男生和女生是不一样的，男生可以站着尿，女生应蹲着尿，那样才不会尿湿衣服。要让孩子明白不能随意模仿异性上厕所。此外，对于孩子提出来的关于性别的各种问题，教师不要因为不好意思就随意敷衍过去，而应该以一种平和的口吻、以幼儿能理解的方式讲解。

（2）尊重孩子的隐私。同厕是一种自然、开放的教育方式，通过这种方式，可以让孩子了解男女生生理构造不同、小便姿势不同等，很好地满足幼儿对异性身体的好奇。但是孩子虽然小，隐私权也应受到尊重。4岁左右的孩子已经懂得害羞了，这时教师应教育他们在上厕所时要注意保护自己的隐私部位，也要尊重他人的隐私，不偷看别人上厕所。

当然，有条件的幼儿园可以采取半隔断式厕所，没条件的幼儿园可以让男女宝宝在不同的时间段上厕所，这样既保证了孩子的安全，也尊重了孩子的隐私。

（湖北省鄂州市实验幼儿园　王芳）

错误33　爱帮助，烦引导

案例呈现

到如厕的时间了，大多数男孩子都排队小便完离开了厕所，只剩下贝贝和亮亮两位小朋友。贝贝在大便，而亮亮小便完站在一旁用小手扯着裤子，用求助的眼神看着程老师。程老师见状一把拉过亮亮，三下五除二地帮他把裤子提了起来。贝贝大便拉完了，撅着小屁股慢慢跨过便池，请老师帮忙擦屁股。程老师虽然嘴里说着"贝贝应该自己擦屁股"，手里还是快速地扯过卫生纸，帮贝贝擦干净。

分析与建议

上述案例中，教师在幼儿如厕的时候包办代替，没有引导幼儿学习穿裤子、擦屁股。久而久之，幼儿就容易产生依赖心理，不愿意自己做。教师不可能每次都能顺利地帮到孩子，下次帮不到的时候怎么办呢？因此，比起直接帮助小朋友，教师的引导才是真正的帮助。"幼儿园一日生活皆教育，"如厕环节是一个非常好的教育契机，教师应该抓住这个时机引导幼儿学习自己穿脱裤子、擦屁股。教师对孩子的爱，不是单纯在行动上帮忙，而是要指引孩子学习基本的生活技能。以下几种方式供大家参考：

（1）使用图片、儿歌和故事。教师可以和幼儿一起绘制正确穿裤子的步骤图片，然后把它们张贴在厕所的墙壁上，作为"温馨提示"引导幼儿学习穿裤子。还可以和幼儿共同创编"擦屁股"和"穿裤子"的儿歌，让幼儿在动一动、说一说中学会自己独立上厕所。

我会擦屁股

擦屁股，擦屁股；卫生纸沿线撕，撕两条，对对折。
从前向后擦，小屁股，干净啦！

我会提裤子

提裤子，提裤子。拇指插进裤腰里，两手拽着往上提，
上衣塞在裤子里，裤缝对着小肚脐。
提前边，提两边，后边也要提整齐。裤子提好真舒服。

（2）引导幼儿在区域活动练习。教师可以在"娃娃家"准备一些布娃娃和卫生纸等，引导幼儿帮娃娃擦屁股、穿裤子，幼儿通过模仿、操作进一步巩固正确的擦屁股和提裤子的方法。

（3）家园共育。教师可以通过多种方式（家长会、家园宣传栏、家园联系册、班级网站等），向家长宣传培养孩子独立如厕习惯的重要性和方法，并邀请保健老师为家长开设相关的知识讲座，让家长了解一些培养幼儿如厕的措施与方法，使幼儿在家也能养成良好的如厕习惯。

（湖北省鄂州市实验幼儿园　叶海湄）

错误34 刻板守时致幼儿内急难耐

案例呈现

午餐刚开始一会儿,文文就举手说:"老师,我想小便!"王老师有些生气地说:"饭前不是才带你们去过厕所嘛,怎么这么快又要去?"文文还是坚持说:"我想小便!"王老师没办法,只好说:"那你快点儿吃饭,吃完再去厕所!"文文只好不情愿地坐下来继续吃饭。没过一会儿,就听有人喊道:"老师,地上有水!"王老师过去一看:文文尿裤子了,座位下面有一摊尿,她赶紧去拿干净裤子给文文换。

这时,又传来小朋友急促的喊声:"老师,好臭啊!有人把屎拉在裤子里了!"王老师顺着喊声看去,发现平时听话能干的蕾蕾正哭丧着脸站在椅子旁,她又急忙帮着蕾蕾擦换、洗裤子。王老师问蕾蕾:"要拉屎为什么不跟老师说啊?"蕾蕾说:"我想等吃完饭再去,可实在憋不住了。"

分析与建议

上述案例中,由于教师在进餐时间拒绝了幼儿的如厕请求,直接或间接地导致两名幼儿弄脏了裤子,说明教师在幼儿常规培养中过于刻板,不知变通。幼儿神经系统发育还不完善,不可能像成人那样长时间憋便,所以弄脏裤子是很正常的。在幼儿园,个别幼儿在集体如厕时因为玩性大、当时需求不明显等各种原因并没有排泄,在其他活动时间就可能有排泄的需求。

《纲要》明确指出:"要培养幼儿良好的大小便习惯,不得限制便溺的次数、时间等。"那么,教师如何正确对待这类现象呢?

（1）集体如厕时督促、提醒每个幼儿排泄。教师可以采取现场观察并及时提醒的方法，也可采取幼儿之间互相督促的办法，保证每个幼儿在如厕时都进行了排泄，避免或减少幼儿短时间内有如厕的需求。

（2）特殊情况特殊对待，为个别幼儿的需求开"绿灯"。幼儿间的成长发育情况差异大，有的孩子排泄时间间隔会比较短，教师应该给这些幼儿开"绿灯"。事实上，教师稍微留心一下就能很快地了解班上哪些孩子如厕间隔时间短，增强对这部分孩子的关注。

（3）以游戏化的方式吸引幼儿主动如厕。如厕时间，教师往往用很直白的语言告诉幼儿："小朋友们，现在请大家去上厕所吧！"幼儿听多了会觉得很没意思，不如换种方式刺激他们的大脑，让他们主动如厕。比如，创设游戏情境："小鸟们，现在鸟妈妈带你们去上厕所吧！"此外，教师还可以在便池的底部贴几个圆心，男孩子小便时可对准圆心"射击"，玩"打靶游戏"。

（4）家园合作。教师应及时和家长沟通，了解幼儿在家的如厕情况，并请家长积极配合，逐步训练幼儿养成定时大小便的好习惯，幼儿在家大小便时间最好与幼儿园的如厕时间同步。教师还要了解幼儿近期的身体情况，如有的孩子在家没排便，在园就要对他重点关注；有的孩子肚子疼或在家就有些拉肚子，也要特别留意。

（湖北省潜江市江汉油田公共事业处广华幼儿园　黄桂梅、陈云枫）

错误 35　未能对幼儿大便进行观察

案例呈现

星期一下午离园的时侯，诚诚奶奶来接他，问陈老师："陈老师，我想问一下，我们家诚诚今天拉了几次大便？""好像只拉过一次。"陈老师不是肯定地回答。"那拉的是干便还是……"陈老师支吾着:"奶奶,不好意思,我没太注意。"诚诚奶奶有点儿失望,随后解释说:"诚诚周末在家有点闹肚子,不太厉害,已经喝过药了,我只是想了解他大便的情况,看他拉肚子好了没有?"

分析与建议

案例中,教师对于孩子大便的情况不清楚,说明她忽视了对孩子如厕的观察,特别是对孩子大便的观察,这显然是不对的。孩子在园的吃、喝、拉、撒都应是教师关注的内容。

为了避免发生陈老师这样的尴尬,教师每天都应细心观察上厕所的孩子,及时了解他们的大小便情况,在提醒孩子如厕完冲水之前,教师一定要仔细观察幼儿大便的情况并做好记录。对于每天习惯在幼儿园大便的孩子,教师应督促他们定时大便,养成"每天一便"的习惯;还要跟家长交流沟通,让每天在园大便的孩子将大便时间尽量调整在晨起后,那才是最好的排便时间。对于不在园排便的孩子,如果偶尔在园排便,教师应注意观察其身体是否有不适的反应。

总之,在离园时,教师应将孩子的大便情况作为孩子在园表现的一项重要内容向家长反馈。

(湖北省鄂州市实验幼儿园 熊淑芳)

错误36 粗暴对待尿湿裤子的幼儿

新学期开始了,接连几天"宝宝班"都有孩子不同程度地尿湿裤子。这天下

午，小丽老师正在组织教育活动，忽然发现牛牛的小凳子下有一摊水，她连忙走过去用手摸了一下牛牛的裤子，果然湿透了。小丽老师生气地用手戳了一下牛牛的脑袋："你怎么这么笨啊，一天要尿湿几次，不知道小便要到厕所去啊？真是丢死人了！来，小朋友一起来羞羞他的脸。"望着生气的小丽老师和嬉笑的小朋友们，牛牛无助的眼睛里盈满了泪水。

分析与建议

上述案例中，教师当众讥笑、指责尿湿裤子的幼儿，给幼儿心理带来压力，伤害了幼儿的自尊心，让幼儿产生胆怯和自卑心理，影响了幼儿的心理健康。

初入幼儿园的孩子，由于还没有养成良好的如厕习惯，加之对新环境不适应，出现尿裤子的情况是很正常的，教师要做的是给予他们帮助，而不是嘲笑和讥讽。教师应做到：

（1）及时帮助幼儿清洗、更换衣裤，同时态度一定要温和，不埋怨或批评幼儿，并要设法消除这件事在幼儿心理上造成的不良影响，告诉他这没有什么大不了的，很多人小时候都有过这样尴尬的经历。让幼儿从中吸取教训，勇敢些，下次就知道该怎样做了。

（2）告诉初入园的幼儿，大小便是很正当的要求，应该大胆地告诉老师，老师是不会因此而责怪宝宝的。特别是对于那些胆小内向或贪玩的幼儿，教师要多询问、多提醒。有的幼儿尿了裤子不敢告诉老师，这就需要教师多检查，早发现。

（3）及时与家长沟通，了解幼儿的性格特点、生活习惯，同时建议家长给幼儿穿的裤子最好是松紧带式的，以便于幼儿脱穿。幼儿经常会玩得忘了大小便，直到憋不住时才想起去厕所，如果裤子不便于脱穿，就很容易使其陷于困境。

（4）提供必要的支持和帮助。小班幼儿初入园，有时会出现不敢、不喜欢在园如厕的情况，尤其是大便，教师可以在厕所的墙壁上贴一些鲜艳的装饰品、有趣的图片，使幼儿感到放松。有的幼儿不会或者不敢蹲坑，教师要及时伸手扶一把，使幼儿逐渐适应蹲坑，必要的时候还要准备便盆。教师还可以在墙壁上的小扶手上缠绕柔软、好看的布，使幼儿蹲坑时更加舒适。通过这些措施，帮助幼儿

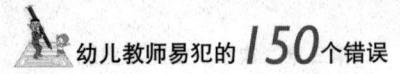

逐渐养成自主如厕的良好习惯。

（湖北省鄂州市实验幼儿园　王芳）

错误37　如厕环境不适宜个别幼儿

案例呈现

　　新的学期开始了，原来小（一）班的孩子们升到了中（一）班。近几天，欣欣小朋友在幼儿园老是尿湿裤子，每天早上来园时还哭个不停。这天，晨间活动结束，大部分孩子都陆续去如厕、洗手了。欣欣却站在厕所门口，一动不动、闷闷不乐地看着别的小朋友。保育员张老师有点烦了，冲她喊道："快去小便呀，不然，又拉到裤子里了！"可欣欣还是不动，小声地说："老师，我害怕！"张老师急了，大声说："怕什么？别的小朋友都不怕。你都中班了，还爱拉尿在裤子里，羞不羞呀！"小王老师连忙走过去，牵着欣欣的手来到厕所，扶着她跨过便池，发现她的手、腿都在发抖。欣欣紧紧抱着小王老师的腿，慢慢地蹲下，拉完后，就像完成了一项很重要的任务似的，紧紧地拉着老师的手，收回跨出的小脚，高兴地和小王老师一起回到教室。小王老师告诉张老师，欣欣确实是很怕上这个厕所，因为中班的厕所里没有扶手。

分析与建议

　　在幼儿如厕时，教师常常只考虑如厕的结果，而忽视对幼儿如厕的指导、缺乏营造良好的如厕环境的意识。本案例中的张老师主观上误解了欣欣不上厕所的原因，对其害怕新厕所不安全的心理也缺乏必要的心理疏导，忽视个别幼儿如厕的特殊性，还错误地加以评论，这些做法都是错误的。

幼儿适应新环境的过程是有较大差别的。缺乏安全的环境更易让幼儿产生害怕甚至是恐惧的心理，教师尤其应关注这些对环境比较敏感的孩子，要多鼓励他们熟悉新环境。

针对欣欣这样的孩子，教师可以从以下角度入手来正确引导、消除其恐惧感：

（1）做细心的教师，关注如厕教育。幼儿如厕的表现和需求不同，对其采用的如厕指导也应有所区别。教师不仅应在如厕的方法上给予幼儿指导，更应对幼儿的如厕心理进行合理的关注和指导，应重点关注个别幼儿的特殊需要，要耐心地帮助幼儿；对于个别自理能力较弱的幼儿，尤其应悉心地指导。当孩子出现尿裤子的情况时，应及时了解原因，认真地教孩子如何避免尿裤子，并及时地帮孩子换上干净的衣服。

（2）营造安全的如厕环境。本案例中，中班的厕所没有扶手是造成欣欣不安全感的主要原因，教师应在了解欣欣害怕上厕所的原因后，及时引导全班孩子一起观察新厕所，了解正确的如厕方法，让幼儿心理上感到安全。

（3）正确对待尿湿裤子的孩子。对待个别爱尿湿裤子或偶尔尿湿裤子的孩子，教师不能不耐烦，切勿训斥、吼叫或讥笑、鄙视孩子，这样只会导致孩子更加紧张，增加尿湿裤子的频率。教师应给尿湿裤子的孩子更多的关爱，及时给他们以安慰；平时要细心观察，找出孩子尿湿裤子的原因，对孩子进行心理疏导，消除孩子的顾虑；同时，对尿湿裤子的孩子有必要做如厕记录，以全面了解孩子的大小便规律。当孩子有进步，能主动告诉老师小便时，要及时表扬。

在一日活动中，教师可以利用故事、儿歌、童话剧等形式使幼儿知道：不能尿在裤子里，要独立、大胆上厕所。另外，教师可通过家访、家长会、家长园地等途径，及时与家长沟通，了解幼儿在家的生活习性、如厕要求，使之与幼儿园的教育保持一致。

（湖北省鄂州市实验幼儿园　徐秋平）

错误38 缺乏卫生意识

▶ 案例呈现 ▶

马上就要到吃中饭的时候了，孩子们都安静地坐着，准备用餐。这时，周园长走进大（五）班教室。只见她弯下腰对一个孩子说："请把小手给我看看，洗手了吗？"孩子看看老师，又看看自己的小手，不做声。老师连忙过来解释道："天太冷，今天下雨，孩子们又没有进行户外活动，所以我就没有提醒孩子洗手。"

▶ 分析与建议 ▶

《纲要》中强调，健康教育的根本目的是促进幼儿的健康，充分调动和发挥幼儿的主动性和积极性，努力把幼儿的兴趣、行为与必要的习惯相结合，帮助幼儿把外在的健康认知逐步内化为自觉的健康行为，养成良好的生活卫生习惯。本案例中的教师严重缺乏卫生意识，应积极改正并应做好以下几方面的工作：

（1）认识到卫生防范意识的重要性。有句话说得好：幼儿园无小事，处处彰显大教育。"饭前便后要洗手"，我们是这样给孩子说的，但为什么一定要洗手，教师心中要非常清楚。所有的教师都应知道幼儿园是群居场所，孩子们在交往过程中容易出现交叉感染，"病从口入"，为了孩子们的健康着想，应坚持将"洗手"的环节作为一日活动的重要工作加以落实，开展专门的教育活动，让孩子们知道洗手方法、洗手的重要性以及何时应洗手，养成从小讲卫生的好习惯。

（2）洗手是幼儿园教育的重要内容，不能随意跳过。但在这个环节中，幼儿可能表现出不好管理或不好好洗、不会洗等多种问题，教师应及时给予示范和指导，而不能怕麻烦，更不能偷懒，让幼儿不洗或少洗，更不能像本案例的教师那样心存侥幸心理,置幼儿的卫生教育和身体健康于不顾。教师应坚持提醒幼儿在餐前便后洗手,督促幼儿养成良好的习惯。

(3)有目的地开展卫生习惯养成活动,巩固幼儿的卫生习惯。教师还可以采用儿歌、图片、故事等教育手段指导孩子学会正确的洗手方法,并坚决落实。

(湖北省黄冈市黄州区幼儿园　汪宏英)

错误39　因怕麻烦而减少幼儿洗手的次数

案例呈现

美术活动结束了,许老师让孩子们在座位上等待欣赏与点评。就在她整理作品时,一抬头,活动室里竟然空出许多座位。人呢?许老师走出活动室看个究竟,原来,孩子们都挤在卫生间里洗手。洗手池边,里三层、外三层,密密麻麻的小手从前面孩子的头上、肩膀上伸向洗手池。

许老师顿时火冒三丈,大喝一声:"谁叫你们来的?现在不准洗手!"

孩子们惊恐地望着老师,慢慢地回到了活动室。

许老师火气未消,找出始作俑者狠狠地"教育"道:"谁叫你们洗手了?现在不准洗手!吃饭前再洗!"

几个孩子使劲地搓着手,说:"手上不小心沾了颜料。"

许老师愣了一下,果然看见许多孩子手上沾了颜料,红的、绿的、蓝的,小手掌上开满了"小花"。

许老师沉思了一会儿,组织孩子们洗了手。

分析与建议

作为幼儿老师,我们都知道在饭前便后要组织幼儿洗手。但日复一日,我们渐渐开始嫌组织幼儿洗手次数太多、太麻烦，以致疏于组织幼儿洗手。孩子有洗手要求时，教师总是用一句"现在不洗手"来掩饰自己的惰性而没能组织幼儿在游戏后、玩玩具后、美工活动后、户外活动后及时洗手，甚至还把幼儿自发的洗手行为定位为"捣乱"。长此以往，一定会影响孩子们对洗手活动的认知和良好习惯的培养。

那么，在培养幼儿洗手习惯方面，幼儿教师应该怎样做呢？

（1）必须克服惰性，把培养孩子的良好卫生习惯牢记在心。在组织活动时，充分考虑到幼儿将要接触到的所有物品，组织幼儿及时洗手，而不能怕麻烦。

（2）加强幼儿对洗手时机的正确掌握。让幼儿熟记什么时候应该洗手，并教会幼儿正确的洗手方法。在幼儿园，通常幼儿遇到以下七种情况时要及时洗手：饭前便后、吃东西前后、劳动后、玩游戏后、触摸脏东西后、从公共场所回来后以及触摸传染病人的东西后等。

（3）在备课时，把需要洗手的活动环节附在相应的活动后。哪个环节需要洗手，在进行到此环节时，就会和课程流程一起被记住。

（4）要持之以恒，不要紧一天、松一天。幼儿良好的习惯不是一朝一夕就能够养成的，要坚持不懈，不要想起来就教，忙起来就忘了。

（5）发动家长配合。教师应利用家园联系栏等向家长宣传正确的洗手知识，让家长积极地参与到培养幼儿良好的洗手习惯中来。

（湖北省黄冈市英山县直机关幼儿园　许子斌）

错误40　忽视对幼儿洗手的细节指导

近来，陈老师发现本班幼儿洗完手后，盥洗室、走廊以至活动室的地上都湿

湿的。陈老师反复叮嘱他们洗手时水龙头要开小些，不要把地面溅湿，但这天，陈老师一走进盥洗室，就看到湿漉漉的地面，还有在地上踩来踩去的幼儿以及他们湿漉漉的鞋子，一股无名之火涌上心头，"算了，都别洗了，回教室！"陈老师生硬地将幼儿们拽回了活动室。当着全班幼儿的面，陈老师生气地说："平时老师是怎么教你们的，不是教你们洗手的儿歌了吗？"……几个平时胆大的幼儿马上回应："老师，我们洗手时就是按照你教的儿歌做的。"说完，他们轻声地念起了儿歌："清清的水，哗啦啦，卷起袖子洗手啦，先洗小手心，再洗小手背，五个指头都要洗，最后甩三下。"念完儿歌，他们还把手向身体两侧各甩了三下。看到孩子们的动作，陈老师终于知道问题的原因所在了。

分析与建议

孩子把地面弄湿了，这不能全怪他们，还有一部分原因是教师在教儿歌时只注重于洗手的过程——洗手心、洗手背、洗指头，而忽视了对细节的指导，没有告诉幼儿"最后甩三下"时，要将手上的水甩在哪儿。幼儿的年龄小，规则意识和理解能力不强，这就要求幼儿教师在对幼儿行为进行引导的时候要细致，要有耐心，应注意以下几点：

（1）以宽容的心去接纳幼儿的错误。幼儿缺乏生活经验，而他们的天性又是好奇、喜欢探索的，因此，在学习的过程中难免会犯一些错误，教师应该以宽容的心接纳他们。

（2）重过程，更要重视细节。在教幼儿正确的洗手动作后，教师还要告诉幼儿如何将手上的水处理掉，不能滴在地上，可以对着池子轻轻地甩干。

（3）随机生成儿歌。收到幼儿的反馈后，教师可以把之前的洗手歌改为："清清的水，哗啦啦，卷起袖子洗手啦，先洗小手心，再洗小手背，五个指头都要洗，最后甩三下，小小水滴进池里，人人见了把我夸。"

（湖北省黄冈市英山县直机关幼儿园　陈中媛）

错误41 剥夺幼儿解决问题的机会

案例呈现

李老师正在洗手间照顾几个孩子上厕所,一个孩子跑过来说:"老师,有人打架。"李老师连忙赶到教室,只见南南和聪聪两人拽着同一把椅子,你不让我,我不让你,脸红脖子粗地对峙着。

李老师冲过去问:"怎么回事啊?"

南南说:"这是我的椅子,是我先拿到的。"

聪聪说:"是我的,我先拿到的。"

李老师一把抓过椅子:"教室里那么多椅子,干吗非要抢这把?这椅子归老师了。"

南南和聪聪望望老师,双双耷拉着脑袋,转身寻别的椅子去了。

分析与建议

在幼儿园里,孩子们一般不会坐很久,而是坐一会儿就四处转悠,等想再坐到椅子上时,有些孩子会去搬离自己最近的椅子,有些孩子则会搬自己原先坐过的椅子,因此就容易发生冲突。另外,幼儿园还常常有抢玩具、抢书籍等现象发生。对于这种纠纷,案例中的李老师"快刀斩乱麻"的处理方式显然有些武断,因为对南南和聪聪来说,表面上他们之间的矛盾不存在了,可是,两个孩子都没有找到解决问题的真正方法,只是暂时屈服于教师的权威。下次再遇到类似的问题,他们依然会争执不休,而不能与他人有效沟通,找不到有效的解决问题的方法,只能是习惯性地等权威力量来解决。

教师是幼儿生活中的引导者、合作者，幼儿才是主体，教师应该尊重他们的身心发展规律，尊重他们的人格，相信他们的力量。由于幼儿年龄小、生活经验有限，因而在人际交往中不免缺乏社会交往的基本技能。《纲要》也指出："引导幼儿体验与教师、同伴等共同生活的乐趣，培养幼儿对人亲近、友爱、合作的态度，学会和睦相处，帮助他们正确认识自己和他人，学习初步的人际交往技能。"这就要求教师在处理上述事件时，注意以下几点：

（1）尽量避免当裁判。在面对孩子之间的纠纷、争执时，教师先不要急于"救火"，可先问问孩子发生了什么事，让孩子学会用语言表述。问题呈现后，再鼓励孩子们一起商量解决问题的办法。

（2）给孩子机会，让他们学会面对纠纷。教师要从心底相信孩子、尊重孩子，教师的态度对幼儿来说很重要。孩子会从教师的处理方式中明白，出现问题不可怕，因为"我们自己可以想办法解决"。比如，对于"抢椅子"的纠纷，有的孩子就想出用"剪刀、石头、布"的游戏比赛决定；有的孩子想出用"丢硬币"的方法来解决。这样的机会和经历对幼儿来说是非常宝贵的。

（3）提高幼儿的自我管理能力。教师可以就一个案例引导幼儿讨论。比如"抢椅子"事件后，教师可组织幼儿讨论，为什么会去抢椅子？怎样才能不抢椅子？引导幼儿给自己的小椅子设计、制作标签。这样就能有效地防止争抢椅子现象的出现，同时还让孩子们学习了如何保护自己的物品，增强了他们的自我管理能力和责任感。

（湖北省黄冈市黄州区幼儿园　汪宏英）

第四章

进餐活动

"今天吃得怎么样""今天吃了多少"这类问题最常从家长的口中听到。可见，进餐是家长们最为关心的幼儿生活活动之一。而回答这些问题，需要幼儿园给孩子们提供科学合理的营养分析和膳食搭配，还需要教师组织好进餐环节。进餐环境、进餐速度、餐盘的收拾整理、教师的指导等都关系到幼儿进餐的效果。在实际工作中，教师们的行为存在许多不尽如人意的地方。比如，催促幼儿快速进餐，忽视幼儿食量差别强制幼儿进餐，变进餐时间为批评幼儿的点评时间，面对挑食、偏食的幼儿无计可施，人为制造比较紧张的进餐氛围，等等。本章挑选的 10 个案例集中表现了进餐活动中，教师在理念、准备、组织、指导、管理等不同方面的不当行为，并提出了改进建议。

通过这些案例我们可以发现，教师通过认真思考，是可能处理好进餐环节乃至其他环节中出现的问题的。比如，要懂得愉快的进餐情绪对幼儿的身体健康有益，尽量为幼儿营造一种轻松、愉快的进餐环境；坚持培养幼儿良好的进餐习惯，引导幼儿做好个人进餐卫生，会自己洗手、擦嘴、漱口；指导幼儿正确使用餐具、独立进餐；还应关注幼儿的年龄特点与个体差异，引导幼儿了解各种关于食物的营养知识，指导幼儿适量进食以及尽量不挑食、偏食，对于个别幼儿能提供有针对性的帮助和指导。

错误42　不断地催促幼儿进餐

案例呈现

午餐时间到了,幼儿们开始安静地进餐。教师一边观察正在进餐的幼儿,一边催促道:"我看看哪个小朋友吃得最快。谁第一个吃完,谁就可以优先选择玩具和图书。"在玩具的诱惑下,衡衡小朋友很快就把两碗饭吃完了,然后他把碗高高地举起来说:"老师,我吃完了!"那骄傲的神情中还透着自豪。教师及时表扬了他:"瞧!衡衡真棒,今天吃饭又获得了第一名。"在教师的赞许和表扬声中,衡衡挑选了一件最心仪的玩具,到活动区玩去了。他的离开使其他幼儿的情绪一下子高涨起来,很多幼儿也大口大口吃了起来。

在教师的不断催促下,幼儿们陆陆续续完成了进餐,最后教室里只剩下涵涵和林林两个小朋友还在慢吞吞地一口一口往下咽。教师见状大声地训斥道:"谁吃不完,下午就不用回家了。"

分析与建议

上述案例中,教师为了让幼儿在规定的时间内完成进餐,要求幼儿吃得越快越好,导致有些幼儿为了得到老师的表扬和心仪的玩具,在几分钟内便完成了进餐。在整个进餐过程中,教师只关注了进餐的速度,却没有顾虑到幼儿吃饭过快是否会影响对食物的消化吸收。此外,吃饭过快也容易将食物呛入气管,引发咳嗽,严重的甚至会堵塞气管,导致呼吸困难甚至窒息。

而对于吃饭较慢的幼儿,该教师则大声训斥,使整个进餐过程气氛严肃,幼儿的神经始终处于紧张状态,影响了幼儿的食欲。

《纲要》指出:"幼儿园健康教育应树立正确的健康观念,在重视幼儿身体健康的同时,高度重视幼儿的心理健康。"这就要求教师不仅要从身体健康的角度来看待教育中的问题,还应从幼儿身心健康发展的视角来审视教育行为。那么,应如何对待在进餐过程中吃得过快和过慢的幼儿呢?

(1)在进餐前,为幼儿安排一个安静有序的活动,唤起他们对食物的兴趣。比如介绍菜谱,教师向幼儿介绍饭菜中的原料,说一说每种原料对身体有什么好处。也可采用讲故事的形式,让幼儿了解各种食物的营养成分,从而刺激幼儿的食欲。教师还可以让幼儿来给各种饭菜取菜名,这种形式对他们来说更新鲜、更特别,不是吗?

(2)创设一个宽松的就餐环境,有助于促进幼儿的食欲。用餐的环境十分重要,用餐时给孩子播放一些轻音乐,不在用餐中批评、训斥孩子;对于吃得快的幼儿,要求他们做到细嚼慢咽,吃出食物的味道;对于吃得慢的幼儿要及时鼓励,使幼儿能够轻松、愉快地进餐。

(3)给幼儿添加饭菜时,可根据幼儿的个体差异而定。应先给用餐慢的幼儿盛饭,但不能盛太满,以消除幼儿视觉上的恐惧感,减轻他们的压力和负担,逐渐缩短他们和其他幼儿的差距。

对于用餐速度较快的幼儿,可先请他们为其他幼儿服务,如分餐、端饭等;为他们添饭时,给他们提出要求,要求他们吃出食物的味道。

(4)采取正面引导、积极鼓励的方法。设立"好孩子吃饭评比栏",每日进行一次评比,或采取奖励贴画等方法来激励孩子养成良好的进餐习惯。另外,也可尝试让用餐慢的幼儿介绍饭菜的名称和味道,来刺激他们的食欲,进而改变他们用餐的速度。

总之,进餐是幼儿一日生活中的重要环节,对幼儿的进餐教育表现出我们的教育理念和教育策略,每个有责任心的幼教工作者都应认真思考。

(湖北省十堰市苗苗幼儿园 李玲、张玉红)

错误 43　进餐过程中批评幼儿

案例呈现

　　午餐开始了,王老师的怒火还没有平息,她举起孩子们刚刚画完的作品,生气地说:"今天的画你们画得很不好,有些人根本没有听老师的话,画得乱七八糟!"孩子们不禁抬起头看着她,王老师抽出一张画:"明明,你这画的是什么东西啊?你听老师讲了吗?"再抽出一张:"小宇,你涂色怎么涂的?还看得见线条吗?下午再重新画一张!"……其他孩子看看这个、望望那个,也纷纷议论起来,都顾不上吃了。王老师一看又生气了:"怎么回事?老师一说话你们就不会吃饭了吗?快吃!"接着,王老师走到孩子们中间巡视,"青青,快吃!看你吃得多慢,还剩这么多饭!""小猫组的小朋友吃得最慢!""小兔组的有人在说话啊,一会儿请你们说个够!"听到老师的训斥与催促,孩子们安静了,赶紧低下头大口地吃起来。

分析与建议

　　本案例中,教师在幼儿进餐时完全忽视了对温馨进餐环境的营造,不仅如此,教师的言行还严重地影响了幼儿进餐时的愉悦心情,长此以往,势必导致幼儿丧失进餐的兴趣。

　　在幼儿进餐时,教师应该马上结束与进餐无关的所有事宜,并为幼儿营造良好的物质与精神环境。比如,尽量不与其他教师讲话或处理与进餐无关的事宜;用亲切的语言轻轻地提醒幼儿好好吃饭,切忌挖苦、训斥幼儿;正确对待不同饭量的幼儿,边巡视边对不同的幼儿提出不同的要求。对于咀嚼能力稍弱的幼儿不提过高要求，可以在其耳边轻声鼓励："看，你今天吃得真香！加油把饭吃完噢！"对于进餐速度快的幼儿，可以小声提醒："你吃得很快，但一定要细嚼慢咽才好噢！"对于个别食欲不好的幼儿，不要强迫其必须吃完所有食物。如果幼儿长期饭量不够大，但平常精神状态很好，应尊重幼儿的意愿，让他能吃多少就吃多少。

此外，幼儿教师还要耐心地对待偏食、挑食的幼儿：不要急于求成，要多正面引导，可结合文学作品或同伴的榜样示范慢慢地帮助幼儿纠正不良的饮食习惯，切不可采取威胁或强硬的手段逼迫幼儿。对于幼儿不爱吃的食物，可让他们先少吃一些，再逐渐添加。

（湖北省十堰市富康幼儿园　周平、张玉红）

错误44　对食物过敏的幼儿关心不够

案例呈现

在幼儿园，幼儿教师偶尔会遇到对某种食物过敏的孩子，如对牛奶、海鲜、鸡蛋、花生等过敏。对于这样的孩子，有的幼儿园借由拒收；有的幼儿园则会"有策略"地征求家长的意见，"如果午饭吃这类饭菜该怎么办呢？"家长只好说："不给他（她）吃。"有了家长的承诺，在日常生活中遇到这类食物，为了避免麻烦，教师只要不给孩子吃就好了。至于孩子能不能吃饱，营养是否达标那是孩子自身的问题。

分析与建议

接收对某种食物过敏的孩子对幼儿园来说确实是一件比较麻烦的事情，但是每个孩子都有接受教育的权利,从法律上讲幼儿园是无权拒收的。而家长为了让孩子能顺利地进入幼儿园,也只能承诺让孩子将就了。教师为了省却麻烦就顺水推舟地遵照家长的意见,简单地取消这些食物,而没有提供其他有营养的替代性食物,这对孩子来说是不公平的,对孩子的健康也不利,更不符合《纲要》中明确指出的"教师应该把保护幼儿的生命和促进幼儿的健康放在教育工作的首要位置"这一灵魂目标,不符合"关注幼儿的个体差异,促进每个幼儿身心健康成长"的教育理念。

因此,幼儿教师应从幼儿的健康角度出发,制定出切实可行的《食物过敏幼儿的进餐处理办法》。

(1) 对于食物过敏的幼儿,教师要和保健医生、炊事员沟通好,三方明确登记造册,做到心中有数。

(2) 在制订食谱时,要考虑到食物过敏幼儿的进餐问题。遇到有幼儿过敏的食物,尽量用同类有营养价值的食品代替。比如,可以为对牛奶过敏的幼儿提供豆浆;为对海鲜过敏的幼儿提供其他肉类菜肴等。

(3) 要严格掌握幼儿的进餐情况,多多关注有特殊进餐需求的孩子,不歧视、不厌烦,保证他们的健康成长。

总之,幼儿教师要将幼儿的健康放在首位,为每一个幼儿创造温馨舒适的进餐环境。

(湖北省十堰市政府机关幼儿园　李平)

错误45　进餐习惯指导不到位

开饭了,教师一句"排队端饭"后,小朋友们唰的一下就涌到了饭桶跟前,

你推我挤，争先恐后。结果，当芳芳小朋友端着饭碗小心地朝座位走去时，被冲过来的东东猛地撞掉了饭碗，芳芳哇哇大哭起来，东东吓得手足无措。教师一边给芳芳冷敷，一边训斥东东："抢什么抢！别吃了，站到前面去！"东东又委屈又害怕，也伤心地哭起来……突发事件总算让孩子们安静下来了。还好，芳芳并无大碍。一会儿，教师气也消了，东东也开始吃饭了。班里的几位教师开始聊天，小朋友们的窃窃私语也渐渐变成高谈阔论，他们甚至边吃边闹，导致饭菜乱飞。"安静！"教室里顿时又没有了声音。可每当教师一开始说话，小朋友们的声音马上又起来了，就这样在拉锯战中小朋友们吃完了饭。吃完饭后，小朋友们将碗筷朝洗碗盆里顺手一丢，用擦手毛巾把嘴巴一抹就跑出去了。等生活教师来清洗时，盥洗间里一片狼藉：碗筷放置无序，盥洗台上、地面上到处都是剩汤剩菜，一不小心还会滑上一跤。真是无奈！

分析与建议

　　从上述幼儿进餐的情况来看，教师的常规培养明显不到位，混乱无序。首先，幼儿端饭的来回路线不明确，造成冲撞，引发了安全事故。其次，在进餐的过程中，教师没有关注幼儿的进餐情况，也没有加强对幼儿文明就餐意识的培养，而是自己说话，导致幼儿"趁虚而入"，也跟着大声喧闹。最后，在就餐结束时，教师依然没有转移工作重心，没有关注和提醒幼儿注意摆放餐具、漱口及擦嘴，造成幼儿马虎对待，养成不良的卫生习惯。

　　针对上述问题，在幼儿进餐时，幼儿教师应注意以下几点：

　　（1）要时刻关注幼儿进餐的每一个环节，及时引导幼儿。教师自己不能聊天、干私事，要为幼儿树立安静进餐的良好榜样。

　　（2）设计科学合理的端饭路线，使来回的幼儿不致发生冲撞，避免意外事故的发生。

　　（3）在幼儿进餐的过程中，要细心地观察每一名幼儿的进餐情况，培养幼儿养成文明进餐的好习惯。比如，不狼吞虎咽；吃饭时不发出大的声音，不大声讲话；咳嗽或打喷嚏时，用手捂住口鼻，不对着饭菜和小朋友，等等。

　　（4）教师分工要明确。就餐结束时，要有专人负责指导幼儿餐后卫生习惯的养成教育。比如,餐具要轻拿轻放;碗筷要分放在不同的器皿里,以便清洗;提醒幼儿用正确的方法漱口,用餐巾擦嘴,等等。

(湖北省十堰市政府机关幼儿园　李平)

错误46　让幼儿捡起掉在桌上的饭菜吃掉

案例呈现

午餐时间,小朋友们正在安静地进餐。教师来回巡视,并不断地强调:"不要把饭撒到桌子上!看哪一组小朋友吃得最干净!"可是,对于这个年龄段的孩子来说,撒点饭菜在桌子上在所难免。见状,教师就说:"桌子是干净的,把掉在桌上的饭菜捡起来吃了。"时间久了,小朋友们也就习惯了,很自然地会把掉在桌上的饭粒捡起来吃掉,还把这种习惯带到了家里。家长于是提出了质疑:"不应该让孩子吃掉在桌上的饭菜吧?"教师向家长解释道:"我们的桌子都经过了消毒,是干净卫生的。另外,这也是为了让孩子养成爱惜粮食的好习惯。粒粒皆辛苦嘛!"家长听后觉得很茫然。

分析与建议

为了达到相关的要求,比如幼儿进餐要做到"四净"(碗里干净、身上干净、桌面干净、地面干净),也为了培养幼儿养成良好的进餐习惯以及从小懂得爱惜粮食的优秀品质,加之进餐前桌子都经过了消毒和擦洗,于是案例中的教师就提出了上述要求。这样的要求看似无可厚非,孩子也养成了爱惜粮食的良好习惯。可是,教师忽略了桌子虽经过消毒,是否还有消毒液残留?桌子在消毒擦洗过后是否被幼儿的脏手接触过？即便这些都做到了，空气中也到处都是尘埃，何况有的幼儿园根本做不到餐餐消毒饭桌。所以，幼儿教师不应该让孩子吃掉在桌子上的饭菜。

那么针对幼儿掉饭菜的情况，幼儿教师应该怎样做呢？

（1）创设良好的就餐环境。除了愉悦的心理环境外，还要有方便幼儿进餐的物质环境，比如，为幼儿准备餐巾和骨盘。幼儿可以将不吃的或不小心掉在桌子上的饭菜放进骨盘里，以保证桌面的干净、整洁。

（2）给予幼儿正确的引导。比如，在提要求时，可以这样说："请小朋友用手扶着碗，嘴巴挨着碗吃，不要把饭菜掉在桌子上。每一粒粮食都是农民伯伯辛辛苦苦种出来的，我们要爱惜粮食，不撒饭，不剩饭。同时还要讲卫生，不吃的东西请放进骨盘里。不小心掉到桌子上的东西也请小朋友捡起来放进骨盘里。"这样，既培养了幼儿良好的行为习惯，又渗透着浓浓的人文关怀。

（湖北省十堰市政府机关幼儿园　李平）

错误47　当众议论幼儿的家庭隐私

案例呈现

中午11：30，小（七）班三位教师正在组织幼儿进餐。教室门口来了一位年轻妇女，把班主任王老师叫了出去。两人交谈了几句，过了一会儿，王老师把小铮叫到教室外面。原来，小铮妈妈来看孩子了。大约五分钟后，王老师又把小铮送回教室位子上，让小铮继续吃饭。年轻妇女一步一回头地走了，还不停地抹眼泪。

同班两位老师都好奇地问王老师："谁呀？""怎么啦？"王老师叹了一口气："唉，那是小铮的妈妈，小铮半岁时，他爸爸在外面和另一个女人好上了，被小铮妈妈发现，两人就天天吵架，小铮1岁时，他爸爸妈妈就离婚了，孩子被判给了他爸爸。狠心的爸爸不让妈妈和孩子接触。小铮妈妈思念儿子，只好偷偷地跑到幼儿园来看孩子……""小铮爸爸真不是个东西……""小铮真可怜……""小铮妈妈也可怜啦……"三位教师你一言我一语地感慨着，再看看小铮，一碗饭几乎没动，眼泪一滴一滴地掉下来……

分析与建议

上述案例中，教师当着孩子的面毫无顾忌地议论孩子的家庭隐私，虽然语气充满同情，但是可以看出，教师们看似不经意的聊天已经给孩子造成了伤害。

幼儿园进餐时间，教师的主要任务是各司其职，照顾好孩子进餐，而不应该提及与进餐无关的话题，更不应该凑在一起议论有可能伤害幼儿的内容。"人前莫道他人是非"是做人的基本品质，更何况是为人师表的教师。

幼儿教师在聊天时一定要注意场合，注意身边对象，把握分寸，切不可由着自己的情绪毫不顾忌地对幼儿及其家人的隐私说三道四，而忽视幼儿的感受。教师们不当的聊天既可能伤害幼儿的自尊，也可能引发家长和教师之间不必要的矛盾。

针对案例中小铮的情况，为了孩子的健康成长，教师可以单独和孩子的爸爸妈妈沟通，做好家长的工作："虽然大人们分开了，但孩子是无辜的。要正确地处理大人之间的矛盾，多陪孩子，让孩子感受到爸爸妈妈仍像从前一样爱他，把父母离异对孩子的伤害减少到最低限度。"同时，在幼儿园里，对这样的特殊儿童，教师绝对不能歧视他们，要更加关心、爱护他们，鼓励他们多和同伴玩、多参加游戏活动，让孩子走出自卑，拥有童年的快乐。

（湖北省麻城市幼儿园　汪先霞）

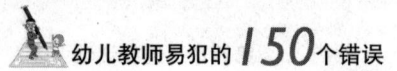

错误48 喂辣椒酱刺激幼儿食欲

案例呈现

午餐时,其他小朋友的饭都吃完了,可六六的饭还没吃完,剩了大半碗。这个孩子总是喜欢一边吃一边玩,要么就是看着别人吃,自己却不动筷子。眼看碗里的饭就要凉了,这可急坏了班上的老师们。

"不能让孩子不吃了呀,还有这么多饭,孩子肯定没吃饱呢!"李老师说。

突然,张老师看到前一天买的辣椒酱,想到了一个办法,她对李老师说:"给孩子吃点辣椒酱,孩子一觉得辣,就得大口吃饭啦。"李老师想,自己有时也是这样,于是同意了张老师的做法。

果然,六六很快就把一碗饭吃完了,当然也吃了对于他来说量不少的辣椒酱。

第二天,六六的妈妈找到张老师,说孩子回家后总是喊口渴,不停地咳嗽,晚上还有点儿肚子疼,并从孩子的口中得知白天在幼儿园老师给他吃了辣椒酱,可是孩子在家从不吃辣的东西……显然,六六的妈妈不高兴了,不过她还是用了比较委婉的语气要求张老师以后别再给六六吃辣椒酱了。

张老师想:辣椒酱我们大人平时可没少吃,也没什么问题,怎么孩子就不能吃了呢?

分析与建议

为了能让六六快点吃完饭,张老师的这一做法可谓是"别出心裁",但显然这种做法是不恰当的,不利于孩子身体的健康发展。辣椒属于强刺激性食物,容易对孩子的嗓子、食道、胃黏膜造成伤害，并引发咳嗽、胃部不适、嗓音发哑等。而且，从幼儿家长的叙述中知道孩子在家从不吃辣的东西，突然让孩子吃相对较多的辣椒酱，造成孩子身体上的不适，情况严重的可能会造成孩子过敏，甚至引起窒息。

从案例中我们看到，老师的"好心"却带来了"坏结果"。导致坏结果的罪魁祸首就是辣椒酱，辣椒辛辣有味，可以刺激味觉、打开胃口是事实，但对于年幼的孩子来讲，适量才是关键，食用过多会导致上火，引来全身的不适，所以要尽量少食用。

幼儿园的膳食是根据孩子的身体发育需要安排的，有一定的科学根据。教师不应该随意改变，即使需要改变也应同家长沟通，了解孩子平时的饮食习惯，在征得家长同意的情况下改善孩子的进餐状况。

那么，如果碰到类似上述案例中六六这种情况时，我们该怎么办呢？

（1）了解孩子不好好吃饭的原因。如果六六平时吃得多，今天反常，那教师就应该关注孩子是不是不舒服，所以吃不下，还是说今天的饭菜不合胃口，或者是饭太多孩子已经吃饱了……只有了解了六六不好好吃饭的原因，教师才能够"对症"处理，不能单方面地凭自己的主观判断来解决。

（2）针对孩子的进食情况适量添餐。孩子间的体质有差距，进餐习惯也各有不同，教师应该把握好班上孩子的进餐状况，尤其是在量的把握上要做到心中有数，这样给孩子分餐时就能做到更有针对性。食量大的孩子可以多给他们添一些饭菜，对于食量小的孩子，一定要先少给他们一些，尽量不要让孩子有"吃不完"的压力，这样孩子进餐就会积极些。若孩子吃完后还有要求，再适度添加就可以。

（3）多了解一些营养进餐的常识。幼儿园教师的任务是保教并重，有时"保"更为重要。除了熟练掌握教育教学技能外，教师还应该多掌握一些保育方面的知识，尤其在幼儿营养膳食、合理进餐等方面应多一些关注和学习，这样既有利于平时对家长的专业引领和沟通，更有利于精细化班级管理模式的打造。

保证孩子的身体健康是教师的首要责任，我们应当用正确的方法帮助孩子们健康成长。

（湖北省潜江市江汉油田公共事业处广华幼儿园　周常燕）

错误49 把个人情绪带到幼儿园

案例呈现

这天上班前，因为和家里人吵了几句，邹老师心情很不好。早上，小朋友们和往常一样高兴地吃着早点。就在这时，芊芊不小心把稀饭打翻了。大家顿时安静了下来，看着老师和芊芊。邹老师见状，大声地批评了芊芊，并且让她把地面打扫干净。芊芊看到平时很少发脾气的邹老师突然发这么大的火，吓得手足无措，什么话也说不出来，只是一个劲儿地号啕大哭。邹老师心情本来就不好，也没去哄她。

第二天早上上幼儿园时，芊芊躲在妈妈的怀里怎么也不愿意去幼儿园。后来，她妈妈问她："为什么不愿意上幼儿园啊？"她对妈妈说："我不敢在幼儿园吃饭！"妈妈疑惑地问："为什么啊？"她说："怕老师生气。"

分析与建议

教师的一言一行、一笑一嗔都在潜移默化中影响着孩子。因此，我们不能将个人的不良情绪带到工作中来，否则可能会发生许多遗憾的事情。

上述案例中，芊芊打翻稀饭本是一件简单的小事，却由于教师的个人情绪被无限地扩大化了。如果在事情刚刚发生的时候，教师能耐下心来教导芊芊，告诉她："没关系的，老师知道你不是故意的，不过，自己犯的错误要学会自己去处理。"那么，事情会以非常理想的方式得到解决。如果教师在芊芊大哭不止时意识到自己个人的不良情绪已经对工作造成了不好的影响，及时把情绪调整过来，第一时间去安慰芊芊，那么她也不会第二天连幼儿园也不敢上了。

由于教师没能控制住自己的情绪，给孩子的心灵留下了阴影，也让幼儿家长对教师产生不好的印象，这些都是难以弥补的损失。可见，将个人情绪带到工作中是一件多么可怕的事情。可是，生活与工作就如同手心与手背，是分不开的，工作上的得意与失意影响着生活中的喜怒哀乐，生活中的欢乐与悲伤也影响着工作中的情绪。那么，当幼儿教师觉得无法控制自己的个人情绪时，可以尝试从以下几方面做起：

（1）与同班另一位教师协商，请其代为管理，或是换班，等自己的情绪平复后再去面对幼儿。

（2）调整当日教学计划，多给幼儿安排一些自主游戏（如区域活动）或是安静些的活动（如绘画），给自己一个相对宽松的空间，让自己的情绪得以舒缓，等自我感觉好一些的时候，再把未完成的教学任务补上。

（3）向搭班教师或是好朋友倾诉自己的心情，及时排解心中的不快，以免把不好的情绪带给幼儿。

（4）作为幼儿教师，面对幼儿的时候要提示自己：一定要面带微笑，控制情绪。

（湖北省三峡大学幼儿园　邹兰芳）

错误50　无效的警告

案例呈现

科科是一名既聪明又淘气的男孩，带过他的教师都知道，他喜欢招惹别人，所以每天上幼儿园都不断有小朋友告他的状。

这天下午吃完饭，有小朋友报告说，科科把不吃的菜夹到别人的碗里……教师狠狠地批评了他，最后还加了一句："再惹事今天就不让你回家！"没想到这句话被文文听见了,他嘀嘀咕咕地说:"老师也会骗人。"教师一愣,问文文:"你这话是什么意思?"文文说:"你以前好几次都说不让科科回家,结果还不是让他回家了!"

分析与建议

　　从以上案例中,我们不难看到教师的警告无效,无效的原因是因为不适宜。从文文嘀咕"老师也会骗人"这句话中透露出教师平时无效警告的语言出现频繁,因为不能做到言出必行,所以随着孩子们的懂事,他们逐渐表现出对教师言语上的反抗和不满。从另一个角度讲,孩子们的不满也折射出对教师权威的认可和期望,可一次次的无效警告似乎渐渐消磨了孩子对教师的信任。这提醒我们:说话前要慎思,说出的话就要算数!

　　那么,面对类似科科这样的孩子,教师应该怎样调整更为适宜呢?我们可以从以下几方面进行尝试:

　　(1)分析幼儿调皮的原因。"他喜欢招惹别人",其实就意味着孩子想主动和同伴交往,想引起同伴的注意,可能是由于方法不当,让同伴认为他是故意捣乱。教师在分析原因后,可以告诉其他幼儿,这是科科想友好的一种表现,不要总怀着"敌意"去对科科,由此产生一种思维定式,科科的行为就会"愈演愈烈"。同时要引导和鼓励科科用适宜的方式与同伴交流,做一个大家都喜欢的人。

　　(2)给调皮幼儿安排更多为大家服务的任务和机会。一般调皮的幼儿精力更旺盛,他们也希望引起别人的注意,针对这些特点,我们可以安排这类孩子承担一些服务的任务,比如,为小朋友们分发餐具;和老师一起监督,看哪些小朋友进餐时有不好的习惯,等等。

　　(3)惩罚要具有针对性和实效性。对于科科这样的孩子可以来一点小惩罚,但不能是体罚,目的是让他明白错在那里。惩罚要讲究方法和艺术。比如:既然教师说了"再惹事今天就不让你回家",那么他的家长下午来接他离园时,就可以让他多待上三五分钟,让他明白自己所犯的错误,让无效警告变得有效。案例中科科把不吃的菜夹到别人碗里,事后教师发现科科有挑食的毛病。对这样的孩子,教师要引导其养成健康、合理的饮食习惯。

　　(4)与家长沟通,达成相互配合、共同努力的一致意见。孩子的成长离不开家园的通力合作，教师的及时反馈有利于家长及时了解孩子在园的情况，也能让家长与教师在园的教导步伐一致，产生更好的效果。

(湖北省十堰市政府机关幼儿园　熊桂兰)

错误51　不当的批评

案例呈现

鑫鑫是班里的小捣蛋，常犯一些小错误，教师批评教育后，不久他又会故技重施。对于他，教师是越来越头痛，其他小朋友也越来越排斥他，而鑫鑫自己却满不在乎。这天，吃午点时，教师看见鑫鑫气呼呼地要打天天，赶紧冲过去制止他："鑫鑫，你怎么又动手打人啦？"鑫鑫委屈地说："是他先……"又来了！平时鑫鑫总是说别的小朋友不好，自己一点错也没有。听到他的辩解，教师立刻提高了音调说："我现在说的是你，你怎么老是这样把错误推给别人呢？你再这样，老师和小朋友们都会不喜欢你了。"其他孩子听到后也跟着说："我也不喜欢你了。""我也是。""你不是好孩子，我们不跟你玩……"鑫鑫撅着小嘴巴，赌气地说："我不用你们喜欢，反正有妈妈喜欢我！"看着鑫鑫忍住眼泪的样子，教师意识到：也许是自己错了。

经过调查，教师了解到是天天自己没有搬小板凳，抢坐了鑫鑫的小板凳，鑫鑫急了才打他的。如果教师给鑫鑫说话的机会，那还会是现在的情形吗？教师深深地自责了。

分析与建议

幼儿年龄小，对同伴的评价和情感更易依赖老师的判断。教师对鑫鑫的批评会影响周围小伙伴们对他的看法，久而久之，在伙伴们的排挤下，鑫鑫会失去在集体生活中的信心，这对他将来的人格发展会产生不良影响。

一般说来，教师眼中的好孩子是那些能遵守各种规则、听话的孩子，而鑫鑫则是未被这些规则所"驯服"的孩子。在规则下，他总是不断地出问题，是个"特殊"人物。于是，教师脑海中形成了思维定式——凡是涉及鑫鑫的纠纷，过错方一定是鑫鑫，从而剥夺鑫鑫的话语权，给予鑫鑫否定的评价，伤害了鑫鑫的自尊心，破坏了师幼间的积极关系。那么，针对上述事件，教师应该怎样做呢？

（1）要理智地控制自己的情绪。不能控制自己的教师不能成功地引导幼儿。很多时候，我们往往把注意力集中到幼儿的问题和缺点上，习惯于用批评和责备去纠正孩子的错误行为，而忽视了情感上的交流。其实，孩子的情绪是波动、外显的，这要求教师要理智。失去理智的教师会被幼儿的情绪牵着走，使师幼矛盾激化，成为失败的教育者。了解孩子的一个重要途径就是听其言，而听其言的技巧就在于听孩子的话不能只听一半，以免误解或错怪孩子。

（2）不要轻易对幼儿使用否定性言语。绝大多数幼儿不是有意识地要做错、有意识地要与老师作对的。他们之所以做得不合要求，往往是因为还不知道或者没有能力做得更好。很显然，教师的责任不仅是告诉幼儿怎么不对或不好，还要教幼儿应该怎样做才符合要求，要培养其良好的行为习惯，防患未然。每个幼儿都有可能出现这样或那样的问题，就像学习走路时要经历无数次的跌倒和爬起一样，他们是在不断的错误和问题中学习与成长的。更何况，幼儿的发展水平不一致，个体差异很大，不可能全班幼儿都整齐划一地达到教师的要求。有时候，教师的宽容与耐心更能成为激励幼儿进步的动力。

（3）对于那些个性强、易冲动、不能控制自己行为的幼儿，教师的责任是为他们创造机会，培养他们自我控制的能力。这不是让教师去改变幼儿的个性，也不应当去改变，那不是幼儿教育要达到的目的。要学会让孩子主动地向教师表达他们的想法，教给他们自己解决问题的方法，使他们能够自行排除一些可能引起消极情绪的原因，与同伴更融洽地相处，并经常保持积极的情感体验。

（湖北省荆州小学实验幼儿园　丁婷）

第五章

教学活动

　　幼儿园的教育活动主要分为生活活动、教学活动和游戏活动三大类，而教学活动则是教师们最为关注、投入精力最多的活动。虽然"一日活动皆课程""生活即教育"的理念已深入人心，但在实践中，教师们往往是以教学活动的效果为最主要的评价手段来评判自己的专业水平的。幼儿的生活技能与习惯的培养需要较长的指导过程，而幼儿的知识经验的获得与教师有效的班级教学活动直接相关，因此管理部门也偏爱采用教学活动来判断教师的教育组织能力。

　　教学活动的设计、组织、实施、评价等方面集中展示的是教师的教育理论、教育方法、课堂组织管理能力、师幼关系处理能力和应对各种突发事件的能力等。好的教学活动的标准是：有目的、有计划、有预设方案；教具适宜，材料准备充分；适合幼儿的年龄特点和需要，能激发幼儿的兴趣、积极参与；教师指导与趣味游戏相结合；环节过渡流畅、没有让幼儿消极等待；评价语运用得当，促使幼儿获得积极愉快的体验。

　　教师在开展教学活动时需要处理的要素是非常复杂的，也是比较容易出现问题的。但是需要明确的是：世上没有完美的教育方法，而只有适宜的教育方法。教师不要害怕教学中出现问题，而应积极地面对并不断地解决这些问题。本章选录的39个问题只是涉及教学活动开展中的一部分内容，而分领域活动与主题活动的组织实施、课程资源的开发与利用、现代化的媒体手段与口头讲授的关系等多个方面还没涉及，权且以已经呈现的问题案例抛砖引玉，希望能引起幼教同仁更多的思考。

错误52 活动准备工作不到位

案例呈现

这是一节小班组的公开课,目的是让幼儿认识长方形、正方形、圆形和三角形,能正确说出这些图形的名称及其特点并进行分类。

为了让幼儿加深印象,巩固记忆,殷老师给每个小组分发了饼干,并请孩子们每人自由选择一块饼干品尝。孩子们顿时兴奋起来,纷纷挑选自己想要吃的饼干。突然,伊伊大哭起来,原来是灿灿吃完自己的饼干后,又抢了她的饼干。灿灿是个嘴馋的孩子,殷老师没有批评他,而是又分别给了两个孩子一人一块饼干。没料到,很快又有几个小机灵鬼模仿起灿灿来,他们"吞"下自己的饼干后,径直去抢同伴手里的;有的干脆举起小手说:"老师,我还要吃!"教室里一下子混乱起来。见此情形,殷老师连忙一边摇铃鼓一边说"请安静",可是丝毫不见效。孩子们依然兴奋不已。殷老师不知不觉中急得涨红了脸,眼泪都快掉下来了。

分析与建议

本案例中教师的行为表现出了教育活动准备过程中比较常见的两个问题,一是对幼儿的年龄特点把握不到位,导致选择教具不恰当;二是没有预料到活动中会出现突发情况,并且当小朋友抢饼干吃的情况发生时,教师采取再发一份的不当处理方法,给其他幼儿一个负面的暗示作用,导致教师收不了场。

建议教师从以下几个方面来调整思路,做好充分的活动准备:

(1)根据活动内容和幼儿特点来选择适宜的生活物品做教具。在园的活动都是教师有目的、有计划地组织实施的教育活动。教师应首先了解幼儿的年龄特点和能力水平，小班幼儿对食物的关注度较高，教师采用食物做教具就应考虑到孩子们的特点，要预见到可能产生的各种问题。因此，应尽量少用食物做教具。其实在一日常规活动中几何图形的物品是很多的，从积木玩具到桌面、卡片、图画书等都可以用于教育活动中，既形象直观，又经济适用，这些物品还与幼儿的生活息息相关，可以使幼儿记得更牢。

（2）根据活动中突发的情况进行灵活、适宜的处理。本案例中教师因为教具选择不当、对幼儿估计不足，导致出现突发的抢饼干风波，而教师错误的补给方式又把认识图形的教育活动引向了"品尝会"的方向。此时，教师应及时调整，区别对待两位小朋友，一方面冷处理灿灿，及时收回补发的饼干，并明确表示老师不喜欢抢别人东西的小朋友，让他意识到抢别人东西是不对的；另一方面向其他幼儿宣布获得更多饼干的新规则，即采用游戏的形式，让大家来玩"找一找"的游戏，从身边找到带有教师指定图形的物品，即可获得饼干作为奖励，尽快将幼儿对吃的注意力转移到寻找图形的活动内容上来。

（湖北省应城市实验幼儿园　曹翠芳）

错误53　完全按照教材内容，不敢逾越

案例呈现

"幼儿园像我家，老师爱我我爱她，老师说我是好娃娃，我说老师像妈妈。"自从"来来来，来上幼儿园"的主题活动开始后，小（一）班的孩子们可喜欢这首儿歌了。这天，在甜甜的带领下，课余时间全班孩子摇头晃脑地念诵起由甜甜改编的儿歌："小（一）班是我家，甜甜爱我我爱她，甜甜说我好娃娃，我对甜甜笑哈哈。"新来的小李老师听了可不高兴了："甜甜，谁教你的？乱改儿歌可不好。""我和妈妈

一起编的,我喜欢这么念!"甜甜解释说。小李老师严肃地说:"以后只能在家里这么念,在幼儿园还是按老师教的念,知道吗?"甜甜撅着小嘴说:"晓得了。"

分析与建议

小班幼儿刚刚入园,对幼儿园和老师还没有产生感情。他们的集体观念还不强,对与自己无关的事物兴趣不大,喜欢关注与自己有联系的事物。"改名换姓"后的儿歌接近幼儿生活、和孩子生活息息相关、有亲近感,应该说更有针对性,更符合教育教学实际。

小李老师应该鼓励孩子们大胆地创编自己喜欢的儿歌,而不是死搬教材。针对"来来来,来上幼儿园"的主题活动内容,教师可以引导孩子们创编更多的符合孩子心理和需要的儿歌。比如:"我爱我的小(一)班,小(一)班的朋友多,又唱歌来又跳舞,小(一)班里真快乐。"再比如:"小甜甜蹦又跳,走进小(一)班,先说老师早,太阳见了眯眯笑,明明见了跟着叫,老师早老师早,甜甜从小有礼貌。"

(湖北省应城市教研室幼教部　华小卉)

错误54　缺乏自主设计活动的灵活性

案例呈现

国庆节后的一天,张老师准备了科学认知活动课——"菊花"。根据教师指导用书的提示,张老师引导孩子们从观察根、茎、叶、枝、花开始了活动。提问的时候,当张老师问到菊花的根部是什么样子、叶子是什么形状时,孩子们答非所问地说:"我到武汉洪山广场看见了许许多多漂亮的菊花""我姑姑从云南带回来菊花茶呢""我奶奶家的野菊花开得可好看了""我喜欢黄菊花和白菊花"……听课的园长建议张老师把对菊花的认知活动改为关于菊花的交流与探究活动，张老师听后满腹委屈地说："教材计划是这样安排的，教师用书也是这么写的呀……"

分析与建议

菊花，对孩子们来说一点儿也不陌生。很显然，孩子们对认识菊花的根、茎、叶、枝、花兴趣不大，而对与菊花相关的话题却有极大的热情。案例中，张老师只顾准备教材却没考虑孩子的兴趣，所以出现了上述情况。幼儿在学习的过程中，只有感兴趣了，学习的积极性才会高，学习效果才会好。教师在组织教育教学活动时，只有关注幼儿的兴趣点，才能把"孩子是活动的主体"落到实处。

教师在组织活动前应对班上孩子的认知情况、兴趣和习惯做一些调查和分析，对孩子的生活经验有所了解。备课的时候，教师用书只能作为一种参考，而不能完全依赖它。教师应该根据本班幼儿的年龄特点和认知特点等，灵活地设计活动教案。教师用书好比一块布，教师是裁缝，幼儿是顾客，做什么样的衣服，裁缝要根据顾客的喜好、身材等情况来灵活把握，绝不是把一块布单纯地裹在顾客身上那么简单。

（湖北省应城市教研室幼教部　华小卉）

错误 55　以教师预设限制幼儿的想象思维

案例呈现

徐老师为中班幼儿上语言活动课——"分房子"。她出示了许多小动物的图片，让孩子们给动物分房子，想想谁和谁住在一起最合适，它们住在几楼最方便，以及为什么要这样分。孩子们都开始工作了。长颈鹿和大象在一楼，小猫和小兔住二楼，小鸭和小鸡住三楼。这些都是徐老师预设好的结果，按"常理"，孩子们也会这样顺利地完成任务。

几分钟后，徐老师让幼儿交流各自的分法，绝大部分幼儿都按老师的预设完成得很好，得到了徐老师的表扬。等到翘翘小朋友展示作业的时候，其他幼儿一下都笑开了，原来翘翘把大象分到了三楼住。徐老师启发性地说："大象这么大的身材，非常笨重，上三楼肯定不方便、不舒服，所以大象应该住……""住一楼！"孩子们抢先回答了这个问题。徐老师和其他孩子非常"自然"地进入到活动的下一个环节中……翘翘却一直游离于活动之外，他撅着嘴不服气地小声自言自语道："大象应该住三楼！因为他想减肥，天天爬楼可以锻炼身体。"

分析与建议

每一个孩子对待事物都有自己独特的见解，面对同样的情境他们会获得不同的体验和经验。上述案例中徐老师的做法不仅伤害了翘翘的自尊心，更扼杀了翘翘的想象力，扼杀了孩子获取经验和建构知识的能力。

在活动中，教师应该鼓励孩子大胆表达自己的想法、接受并承认孩子的想法、引导小伙伴为别人的不同想法喝彩。在集体教学活动中，教师既要做到"有心栽花花满园"，还要明白"无心插柳柳成荫"的道理，要能正确地处理好教师预设学习任务与幼儿生成学习任务两者间的关系。

（湖北省应城市教研室幼教部　华小卉）

错误 56　重视书本知识，轻视幼儿兴趣

案例呈现

一段时间以来，大班王老师发现班上不断有孩子带来怪兽卡和怪兽牌，任何时间和地点都会发现孩子们在议论怪兽。根据教师用书和教学计划安排，这天的

集体活动是故事人物辩论"我和《西游记》"。王老师问："你喜欢《西游记》中的谁，为什么？"左左小朋友回答："我喜欢炮弹兽，不喜欢妖精兽。"没想到以左左为首的一半以上的孩子还停留在怪兽的讨论中"不能自拔"，王老师一生气，采取了没收怪兽卡的办法，还对全班孩子说："以后谁也不能带这些东西来了。真不知道怪兽有什么好玩的。你们看，唐僧那么善良仁慈、孙悟空那么勇敢机智，猪八戒那么厚道、沙和尚那么忠诚……"这次集体活动在王老师的"引导"和"启发"下，总算是达到了预定的教学目标。

分析与建议

每一个时期的孩子都有自己特殊的爱好和兴趣。怪兽虽然没有作为教学内容纳入幼儿园教材，但其形象生动、色彩鲜艳、情节简单贴近幼儿生活，怪兽卡和怪兽牌夸张的绘画手法、游戏玩法非常符合幼儿的认知特点。所以，孩子们愿意主动观察、探索和交流，而且百玩不厌。

对于孩子们感兴趣的事物，教师应该支持，而不是限制。王老师不应该忽略和排斥幼儿的喜好，而应该从孩子感兴趣的事物开始，因势利导，灵活地将孩子们感兴趣的怪兽融入到集体辩论活动"我和《西游记》"之中，听听孩子们是怎么评价炮弹兽和妖精兽的，主动虚心地向孩子们学习，同时给孩子们充分的展示自我、表现个性的机会，走近幼儿心灵。教师只有成为孩子们的玩伴，才能真正引领他们健康地成长。

（湖北省应城市教研室幼教部　华小卉）

错误57　一言堂——以权威者的身份要求幼儿

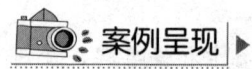

教师：小(一)班的小朋友？

幼儿：到。

教师：今天有位新老师要来给小朋友们上课，同时又有许多老师要来听课。你们都要表现好，不许和旁边的小朋友说话，不许随便离开座位。我在后面看着，谁要是不听话，待会儿不发大红花给他。知道吗？

幼儿：知道了！

教师：声音太小了，我没有听清楚，待会儿一定要大声回答老师的问题。你们重说一遍。

幼儿：知道了！（幼儿大声回答）

教师：这就对了。你们看看，你们怎么坐的？坐没有坐相，站没有站相。小脚并拢，不许分开；小手放在腿上，不许到处乱放。王老师，你看着谁要是没坐好，就打电话让他爸爸妈妈不来接他。你们记住了没有？

幼儿：记住了！

教师：这就对了！一动不动，等着老师们到来！

分析与建议

从案例中可以看出：这位教师的教育观念是比较传统的，将自己定位为幼儿的教育者、管理者，将幼儿置于被教育、被管理的地位，喜欢以指令的方式去"指挥"幼儿该干什么，用威胁的口吻告诉幼儿如果做错了，会受到惩罚。很明显这样做是不对的。

《纲要》总则中提出："教师应成为幼儿活动的支持者、合作者、引导者。教师始终要淡化教师的权威意识，尊重幼儿，以民主、平等、充满爱心的态度，对每个幼儿认真地进行教育和指导。"有新老师来给幼儿上课是个非常好的机会，教师首先要成为幼儿参与活动的支持者，抓住时机，创设宽松、和谐的交往氛围，与幼儿谈话，有意识地激发幼儿积极参与的意识，消除幼儿对陌生教师的恐惧、畏缩心理，使幼儿保持良好的心境，敢于接近新老师，并与新老师进行交流。其次，教师要成为一名活动的引导者，指导幼儿在课堂上应该怎么做。同时，作为一名活动的合作者，告诉幼儿，老师会和他们一起上课，给幼儿安全感，让幼儿觉得老师时刻在关注着他们。针对上述案例，教师怎样和幼儿交流是适宜的呢？请看下面的范例：

教师：今天我带来了一个好消息，你们想知道吗？

幼儿：想。

教师：我们班的小朋友个个聪明可爱，新来的老师决定来我们班和小朋友一起上课，你们高兴吗？

幼儿：高兴。

教师：我也很高兴，那你们说说应该怎么做呢？

幼儿1：上课不能离开座位，不能随便说话。

教师：说得好，上课时我们要认真听老师讲课，不能随便离开小板凳，也不能随便讲话。

幼儿2：上课时，要像我这样子坐好！

教师：你真棒，小脚并拢了，小手也放在腿上了，腰挺得直直的。我们都来学学这位小朋友。

教师：还有呢？

幼儿3：要大声回答老师的问题。

教师：对，如果小朋友声音太小了，别人就不知道你说的是什么。你们说是不是呀？

幼儿：是！

教师：这就对了，新老师一定会喜欢你们的。我待会儿给你们每人准备一朵大红花。

（湖北省应城市实验幼儿园　万杏萍）

错误 58　个别教育的误导

案例呈现

主题活动"有趣的饼干"开始了,张老师请每个孩子各带一种自己喜欢的饼干来园。"老师,老师,看我带的小熊饼干!"平时不爱说话的君君早上一进门就主动朝张老师叫开了。"哇,这么漂亮的饼干一定很好吃!"君君笑了:"张老师,你想吃吗?等会儿我分给你吃。"为了不影响君君的情绪,张老师笑着连连点头:"好啊,老师一定尝尝你的小熊饼干,等会儿你也分给其他小朋友一起吃,好吗?""好啊!"君君开心地跑到小朋友中间去了。集体活动时,为了鼓励君君大胆主动地和同伴交流、分享,张老师不仅表扬了君君,还奖给他一个苹果娃娃,末了还给了他一个甜甜的拥抱。

但是第二天的事情令张老师哭笑不得:孩子们带来了各种各样的小熊饼干,好多家长还问张老师:"今天开展什么活动呀?孩子非要买小熊饼干不可。"心心妈妈说:"我昨天跑了几个地方都没有买到小熊饼干,张老师你看这个小猪饼干行吗?"久久爸爸也说:"张老师,久久今天一定要带小熊饼干来幼儿园,可是我实在买不到,他就不肯上幼儿园了,说是跟小朋友说好的,不带这种饼干大家要笑话他的。他说张老师只喜欢这种饼干。"

分析与建议

张老师本以为自己成功地进行了一次个别教育,没想到竟然引起这么大的风波。小班幼儿有很强的趋众心理,喜欢被表扬和鼓励、肯定和赞同,把老师的表扬和鼓励视做最大的奖赏,把同伴的肯定和赞同当做信任。他们关注老师和同伴的喜好，愿意以讨好老师和同伴得到心理上的承认。很多时候，他们不明白老师表扬背后的用心。上述案例中，张老师因为表扬和鼓励方式不当，给幼儿以负面的暗示作用。针对上述情况，教师应该怎样做呢？

当平时不爱说话的君君主动和教师打招呼的时候，教师应该及时表扬他："君君今天好大方哦，真有礼貌！"而不是说："哇，这么漂亮的饼干一定很好吃！"教师应告诉君君，希望他每天来园都大方地和老师、小朋友打招呼、喊"老师早"。

当君君主动把饼干给同伴分享的时候，教师除了要对他进行表扬、奖励外，一定要向其他孩子说清楚为什么要表扬君君、希望大家向君君学什么，进而让其他小朋友明白：让同伴分享的是自己的快乐，而不是具体的东西；自己的新发现、好办法都可以和大家分享，而不仅仅是小熊饼干或玩具等。

(湖北省应城市教研室幼教部　华小卉)

错误59　将个别问题共性化

案例呈现

早餐后，孩子们把小椅子搬到阳台上去自由活动。教师注意到阳阳跪在小板凳上，双手扶着椅背不停地摇啊摇，真危险啊！教师赶紧上前阻止，"阳阳，快下来，这样很危险，会从椅子上摔下来的！"阳阳听话地把腿放下来，坐好。

进教室后，为了增强幼儿的安全意识，强化阳阳的记忆，教师当着全班小朋友的面把刚才阳阳的动作模仿了一遍，并且告诫其他小朋友千万不能学阳阳做这样危险的动作，孩子们当场纷纷表态："不能学阳阳""不能那样做"……没想到，下课后，居然有好几个孩子都跪在小板凳上摇，而且还摇得非常开心，仿佛发现了一个好玩的游戏。

 **分析与建议**

上述案例中,本来阳阳的做法只是一个孩子的偶然行为,其他小朋友都不知道跪在小板凳上有那么好玩,教师的"教育引导"适得其反,原来不知道摇凳子的小朋友都去模仿了。

幼儿天生喜好模仿,所以,对于个别幼儿偶然的错误行为,教师不要大肆宣扬,应该对个别幼儿进行个别教育。而集体教育应该多以正面教育为主,树立好的榜样,尽量减少反面教材的说教,避免幼儿模仿错误行为。

教师可以和阳阳单独谈话,告诉阳阳跪在板凳上可能发生的危险后果,提醒阳阳不要做危险动作,并在以后的活动中注意观察,适时提醒,相信一定能取得好的效果。

上述案例告诉我们,当一个"个性问题"出现时,教师应该个别教育,千万不要让个性化问题发展成为共性化的问题。

(湖北省应城市实验幼儿园 陈莲)

错误60 缺乏机智应变的能力

案例呈现

马上就要进行集体教学活动了,孩子们陆续回到自己的座位上坐好。教师开始讲述今天教学活动的主要内容。小宇坐在自己的位子上没有仔细听,他正用手摆弄自己的鞋子。小宇平时是个很倔犟的孩子,老师们都不怎么喜欢他,因此老师向他这边瞟了几眼，虽然有点不高兴，但没有说什么，仍继续给小朋友上课。

这时，小飞突然叫了起来："老师，你看小宇。"原来小宇已经坐在了地上，鞋子被放到了小板凳上，他左手按住鞋子，右手不停地在抠鞋底。教师再也忍不住，大声地对小宇说："小宇，你给我坐好，把鞋子穿好！"专心摆弄鞋子的小宇并没有被教师的呵斥声镇住，他瞪大眼睛看了老师一眼，又继续抠鞋子。教师生气地走过去，提起他的鞋子扔到地上说："叫你穿，你不穿。"小宇见状大哭起来："我要我的鞋子，我要我的鞋子。"哭声越来越大，教师只好又去把鞋子捡过来，不耐烦地说："好了，好了，快穿上。""鞋子坏了，我不穿。"小宇固执地说。教师低头一看，原来凉鞋底裂开了一个小口子。教师强忍住怒火，好言好语地说："回去叫你妈妈给你买一双新的。"可小宇并不领情，一边哭一边大叫："我要修我的鞋子，不要新的。"教师气坏了，大声呵斥道："不许哭了。"可小宇仍旧像没有听见似的继续哭，教师没有办法，只好喊来生活老师说："你看着他，让他哭个够，我带其他小朋友出去做游戏。"

分析与建议

从案例中可以看出，这位教师缺乏机智应变的能力，不能自如地处理课堂上的突发事件。此外，对这种有个性的幼儿，教师也缺乏爱心和耐心。在几次简单地与幼儿交谈失败后，教师最后想通过孤立的方式迫使小宇"改邪归正"。结果可想而知，一定会让小宇更加不听老师的话。

《纲要》指出："关注幼儿在活动中的表现和反应，敏感地察觉他们的需要，及时以适当的方式应答，形成探究式的师生互动。"针对案例中发生的事情，教师应该怎么做呢？

（1）了解倔犟孩子的行为特点，及时给予疏导。越是倔犟的孩子越需要给他讲道理，进行积极的疏导，强制性的阻止往往适得其反。本案例中，小宇摆弄鞋子的目的很明确，就是要自己修理破了的鞋子，教师在了解这一情况后，可立即请配班教师带他到其他地方去继续修理鞋子，这样既不影响他的行为，又可以减少他对其他孩子的影响。

如果小宇不愿意离开活动室，可以立即给予疏导，告诉他：活动室现在正在上课,不是修理鞋子的场所,要留下就必须先放下鞋子;并承诺活动结束后会请大家一起来看他修理鞋子。

(2)帮助小宇解决问题,建立互相信赖的师生关系。一位具有教学应变能力的教师会把自己当做修鞋匠,暂时用宽宽的透明胶带或者别的东西帮助小宇把鞋子修好,还可以当着小宇的面给他妈妈打电话,让他妈妈放学后接小宇去修鞋。

总之,对小宇这种很有个性的幼儿,教师不能因为急躁而出言不慎,甚至做出过激的行为来。

(湖北省应城市实验幼儿园　万杏萍)

错误61　无视教育保护

案例呈现

一位青年教师在组织大班数学活动时,要求幼儿举右手表示判断题的答案是正确的,举左手表示答案是错误的。突然,一个男孩子站起来说:"老师,哪个是左手?哪个是右手?"班里其他小朋友听到后笑了。教师在一刹那的惊讶之后,说:"这个都忘了吗?好好想想吧。"其他孩子立马用异样的眼光向小男孩看过去,小男孩羞愧地低下了头。

分析与建议

"这个都忘了吗"是在否定小男孩的提问,是一句极不人性化的问话。教师随口的一句话可能给男孩的自尊心带来极大的伤害。可以想见,男孩还会用心去想"哪个是左手,哪个是右手"吗?"保护是幼儿园教育的永恒主题。"也许这位青年教师关注幼儿的身体比较多，却忽略了对幼儿心理的关注，对幼儿自尊心、自信心的保护。针对上述案例中的情况，教师怎样做才恰当呢？

首先，应该冷静地制止其他幼儿的嘲笑，对提问的孩子说："请看好，这是左手，这是右手。"教师先后伸出左手和右手，然后对全班幼儿说："孩子们，这其实并不可笑，我们每个人都可能发生这种暂时性遗忘。有时候，还可能会忘记了自己的姓名呢！"紧接着，教师可以走到提问的孩子身边说："老师很佩服你哟。敢于提问是一种很好的学习品质，我相信有这种学习品质的小朋友一定能把数学学得很好。来，伸出你的右手，我们来握握手。"

（湖北省应城市教研室幼教部　华小卉）

错误62　指导语选用不恰当

案例呈现

科学实验探索课"神奇的淀粉"在教师的组织下开始了。教师事先用淀粉水画了一张画，然后用喷壶喷洒碘酒，通过变魔术的方式引出了活动的主题。"这个喷壶真神奇，里面装的是什么水？为什么一喷到纸上就变出画了呢？这个纸上有什么秘密？小朋友们想知道吗？老师今天为小朋友们准备了许多材料，有淀粉水、糖水、醋水和碘酒。小朋友们自己动手试一试，用淀粉水先在纸上画一些线，然后用棉签蘸糖水、醋水、碘酒在画过的淀粉画上再画线，试一试碘酒与淀粉水相遇能不能变成紫色。"于是，小朋友们开始操作了。只见孩子们拿起浸过碘酒的棉签直接在淀粉水上画起来，果然淀粉水变紫了，孩子们好兴奋，开始涂抹起来，对于糖水、醋水的实验操作已经不感兴趣了，这与教师事先预设的活动有了很大偏差，见状，年轻的李老师头上冒出了汗，一时没主意了。

分析与建议

是啊，该怎么办呢？孩子们对于教师事先预设的活动不感兴趣了，因为教师的一句"试一试碘酒与淀粉水相遇能不能变成紫色"，直接就把结果告诉了孩子们，帮他们省去了探索的环节，从而使这节课变成了结论性知识的灌输，而不是求知欲、探索欲和动手能力的培养。

由此可以看出，在科学探索活动中，教师的指导语选用的恰当与否，直接关系到幼儿参与活动的效果和操作的方向，影响到活动的整体效果。那么，教师应如何选择恰当的指导语来引导幼儿开展各种不同的活动呢？下面就科学领域的活动提出如下一些建议，供大家参考：

（1）指导语应为活动目标服务。教师在活动中所说的话都是有目的的，不是随便说的。科学活动中，激发幼儿的求知欲望，培养其亲身体验、探索科学现象的兴趣，使其参与科学观察、探索、发现、操作、小结的过程，获得科学的知识经验和科学素养，是基本的教育目的。不同的活动环节教师应采用不同的指导语，实现不同阶段的不同活动目标。比如在开始环节，指导语重点在于激发幼儿的参与兴趣；在过程环节，则重在引发幼儿思考和探索的欲望；而在结束环节，则是引导幼儿回顾探索的过程，能总结出活动中思考、探索的结果。

（2）多用开放式的提问，少用封闭性的指导语。教师的指导语直接指明幼儿活动的方向，有时需要进行陈述性讲解，有时需要抒情式的情感表达，有时需要总结性的告知，更多的时候，需要通过提问的形式来引导幼儿思考。在科学活动中，经常需要引导幼儿去观察发现生活中或小实验中的各种现象，探索现象背后的原因，因此更适宜采用提问式的指导语来引导幼儿投入到活动中，而要引导幼儿自由、独立、自主地探索，更应提供一些开放性的问题供幼儿思考。比如，在本案例中，在教师示范之后，可以提出激发幼儿探索的问题：为什么会变色呢？请小朋友将这些物品一种一种地试一试，看看是哪两种放在一起会变色，请把全部的物品试完以后再告诉老师答案。这样开放式的提问，没有直接给孩子们答案，但明确提出了探索的材料、探索过程的要求和探索的方法，不仅让孩子们带着问题去发现、去观察、去思考，而且符合孩子们的认知水平，激发了孩子们探

索的欲望，有助于幼儿获得成功的体验。

（湖北省十堰市政府机关幼儿园　许丽云）

错误63　操作示范不到位

案例呈现

科学认知课"指纹"开始了。导入教学后，教师出示了第一次操作的材料——印油和白纸，教师边用手指印上印油，边随意地在纸上示范印指纹，并交代小朋友："用手指蘸印油在纸上按一下，看看你们的指纹是什么样的，和别人的有什么不同。"小朋友印了一个又一个指纹，印满了一张白纸，却没有说出自己的指纹是什么样的？有什么不同……进行一番小结之后，教师接着又出示了许多材料：透明塑料袋、印油、毛巾块、一小节带螺纹的洗衣机用的软管。教师边出示边随意地在桌子上摆成一堆，要求小朋友再次尝试将指纹印在这些物品上，看是什么样的。于是，小朋友们又开始了第二次探索。只见孩子们一会儿按按毛巾，一会儿印印塑料袋，一会儿印印软管，桌子上的材料摆放得毫无顺序，显得杂乱无章。最后结束时，教师提问："你们发现了指纹的什么秘密？"孩子们你看看我，我看看你，说不清楚。当教师最后告知他们指纹在生活中的应用有指纹门、打卡机等时，孩子们才仿佛明白了一点。

分析与建议

上这节课，教师虽然准备了许多材料，但是在指导的过程中，教师思路不清，操作材料示范不到位。在第一次探索时，既然是让孩子们观察比较自己的指纹和别人的有什么不一样，教师就应该一边印上自己的指纹，一边出示班级其他教师的指纹，而案例中的教师随意地在纸上印指纹，这对孩子们来说是一个不规范的示范，他们也就只是模仿教师在纸上乱印指纹，不知如何对比。第二次探索时，教师的目的是让孩子们通过在不同的材料上印指纹，观察、比较、发现，得出结论。不同的材料由于表面的光滑度不同，指纹的呈现可能是清晰的，也可能是模糊的，还可能是不完整的。可是教师在出示操作材料时，边出示边将材料随意地在桌子上摆成一堆，造成了孩子们在操作探索时，一会儿按按毛巾、一会儿印印塑料袋、一会儿印印软管，桌子上的材料显得杂乱无章，从而无法进行观察和比较。

上述案例说明，教师自身的操作习惯很重要，自身的操作习惯不良，会导致孩子们在操作材料时盲目、杂乱和随意。在每一节课之前，教师要抱着很严谨的态度自己动手操作演示一遍，要能够站在孩子的角度去设想和预设可能会发生的问题。在第一次出示操作材料时，如果教师能够在示范时强调一边是自己的指纹，一边是班级其他教师的指纹，通过参照物，让孩子们观察比较，就能引导孩子们发现自己的指纹与同伴的指纹有什么不同，形成自己的认知，为后面的教学做好导入工作。

当教师出示第二次操作材料时，由于东西比较多，教师应该一一出示操作材料，并将其并排摆放在桌子上。教师自己养成良好的操作习惯，才能对孩子进行规范的操作示范，才能使孩子在科学探索活动中养成仔细、认真、严谨的认知和操作习惯。

（湖北省十堰市政府机关幼儿园　许丽云）

错误64　对幼儿做出负面的定性评价

在一次小班的小组制作活动中，小朋友们做的小制作被弄乱了。教师看到后

问:"是谁弄乱的?"孩子们异口同声地说:"是尧尧。"其实,那天尧尧根本就没有上幼儿园。教师又问:"你们怎么知道是尧尧弄的呢?""老师说过尧尧调皮又捣蛋,哪一样坏事都少不了他!"孩子们振振有词。

分析与建议

很显然,尧尧一定是个缺乏规则意识、做事耐心差(或者爱表现)的孩子。小班的孩子年龄小,缺乏是非观和客观分析的能力,他们对别人、对自己的评价往往依赖于成人。在幼儿园里,教师的言行就是他们评判是非的标准。孩子们对尧尧的看法,主要来源于日常生活中教师给予尧尧的评价,可以说是教师给尧尧贴上了"坏孩子"的标签。

这就提醒我们教师,不要轻易地给孩子贴标签,对个别调皮捣蛋的孩子,教师首先应该分析孩子调皮的原因,而不能一味否定和批评。其次,教师要努力寻找和发现这类孩子的闪光点,并以此为切入点帮助他们融入集体生活。比如,对做事缺乏耐心的孩子,可以安排他们当值日生、小助手为集体服务;对活动需求量大的孩子,在做手工(或其他操作活动)时让他们协助教师照管和收发材料;对缺乏规则意识的孩子,可以在制定活动规则的时候听听他们怎么说,并督促他们遵照执行……再次,教师对这类孩子的点滴进步应予以表扬和肯定,并及时让他们在其他小朋友面前展示他们的长处和优点。

只要坚持下去,这类孩子就能够被集体接纳,就能改变自己的坏习惯。作为幼儿教师,我们必须知道:每个孩子都应该得到爱护、得到理解和尊重。定性评价要不得。

(湖北省应城市教研室幼教部 华小卉)

错误65 教学中只关注能力强的幼儿

案例呈现

音乐游戏"熊和石头人"开始了,王老师提问:"这个游戏可以怎么玩?"清清飞快地举起手,王老师立刻请他来回答,他吐字清楚地说:"一个人当熊,几个小朋友当石头。听到熊出来的音乐时,石头就不动。"说得真是太好了!王老师让小朋友们按照清清说的方法玩起来,玩了一遍后,王老师接着问:"要让这个游戏好玩,我们需要制定哪些规则?"这时,清清又高高地举起了小手,嘴里还不停地叫:"我,我,我!"旁边几个小女孩也举起了手说:"老师,我要说!"王老师看了几个小女孩一眼,最终还是让清清回答了问题。

分析与建议

一次精彩的幼儿园集体教学活动,应该是教师讲解与幼儿互动的有机结合,并且让每个幼儿都参与到活动中来。上面这个活动中的教师,偏向于能力较强的幼儿,用他的思维代替全班幼儿的思维,能力较强的幼儿获得了数次回答问题的机会,而很多幼儿却连一次机会都没有得到。案例中,只有清清在活动中获得了快乐与成功的体验,其他幼儿则像是群众演员。试想,他们在这个活动中又获得了什么呢?他们只会觉得老师喜欢清清,不喜欢自己。那么,在教学活动中,教师应该怎么做,才能做到公平呢?

(1)根据问题的难易程度选择不同能力的幼儿回答。简单的问题请能力一般的幼儿回答,以鼓励他们增强自信和参与活动的热情;难度较大的问题请能力强的幼儿回答,作为对他们的挑战,进一步提高他们的能力。如果教师一味地只关注能力强的幼儿，那么被忽略的、能力一般的幼儿就会缺乏参与活动的积极性，也会产生一定的心理问题，如自卑，胆小等。

（2）敏感地察觉幼儿的需要，给幼儿以适宜的支持。在教学活动中，教师不仅要准备好有效提问，更应观察、了解幼儿的表现和需要，尽可能照顾到大多数幼儿，把机会给更多的幼儿。对于表现欲强的幼儿，既要给他们机会，也应有所节制，以避免这样的幼儿当"麦霸"。

此外，教师还应创设公平的师幼互动情境，在平等的师幼关系中支持幼儿的发展，引发幼儿主动学习的愿望，保持积极的互动。

（湖北省武汉市武昌区机关幼儿园　苏鸿）

错误66　分组教学中引导不到位

案例呈现

在开展语言活动"风在哪里"的过程中，为了进一步挖掘幼儿的创作灵感，激发幼儿的表达欲望，刘老师创设了"幼儿5人一组，分组讲述自己的绘画作品并创编儿歌"的分组教学环节。在分组前，刘老师交代了一句："请你们拿着画板，找自己的好朋友，把自己的画讲给好朋友听吧。"小组活动中，刘老师到各小组观察，并和蔼地问："你画的是什么呀？说给我听听。"一个幼儿回答道："我画的是我穿着裙子。"刘老师又去问另一名的幼儿……过了一会儿，活动结束的音乐响起，幼儿们回到座位上。刘老师亲切地说："刚才，小朋友们都说得很好，请你们来把刚才说的编成儿歌。"洁洁说："我画的是我自己的头发飘起来的样子。"刘老师说："用儿歌中的句式讲出来。"在老师的引导下，洁洁说："我的头发飘起来的时候，就说明风来了。"后面，又有几名幼儿分别上前讲了自己的画，但是每一句都得经过纠正才能达到教师的要求："按诗歌的句式创编。"

分析与建议

案例中，为什么幼儿画得那么精彩，想象力那么丰富，对诗歌中的句式却印象不深，没能按照诗歌的句式创编呢？是幼儿在分组讲述时不够认真，还是幼儿根本就不会按儿歌的句式创编？问题不在于幼儿，而在于教师，是在分组教学环节，教师的引导与恰当把握出了问题。在分组教学过程中，教师其实扮演着不同的角色：

（1）分组前，教师是引导者，引导幼儿做好分组前的心理准备，同时告诉幼儿如何讲以及该注意些什么。上述案例中，在分组前，教师只说了"讲什么"，却没有强调"如何讲"。如果在分组前，教师就强调"在把自己的画讲给同伴听时，要用诗歌中的句式"，那么，既提出了讲述时的要求，又清楚地告诉了幼儿应该如何去讲，同时也为下一环节的创编打下了基础。

（2）在幼儿分组互动时，教师要全面观察了解分组交流的过程，退后一步，成为一名倾听者。上述案例中，教师下到各组去，在每组都饶有兴趣地询问幼儿画的是什么，殊不知，这对幼儿的表达是个很大的干扰。分组活动的目的是为了给幼儿想说、敢说、喜欢说的机会，那么教师要做的就是多多地倾听，让幼儿多说话，从中发现问题，从问题中发掘介入的切入点，再进行有效的引导，而不应随时发表看法。

（3）分组后的评价最为重要，也是最容易被忽视的。活动结束后，教师仅用了一句"大家都讲得很好"作为评价语，而好在哪里，幼儿还是不清楚。教师给予幼儿的应是一个具体的指导性的评价。比如，认可大胆表述的幼儿，赞赏语言连贯的幼儿，表扬认真倾听的幼儿，还可以对个别表现不太好的幼儿提出希望，这样既鼓励了幼儿，又为幼儿衡量自己的表现提供了尺子，为下次分组互动提出了要求，可以真正提高幼儿在分组互动中学习的能力。

从上述案例中，我们也发现，在语言教学活动中，并不是幼儿不会讲、幼儿讲不好。作为教师，我们应时常审视自己的教育行为，反思自己扮演的教育角色，是否真正让幼儿的能力得到了充分的发挥，是否有效地发掘了幼儿的潜能？

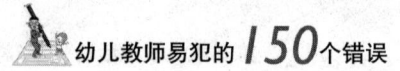

只要教师用心去做了，相信幼儿会有出色的表现。

（湖北省武汉市武昌区机关幼儿园　徐桂容）

错误67　只备教案，不备教具

 **案例呈现**

这天，在"交通工具博览会"的中班主题活动中，教师组织幼儿进行了认识序数的活动。

活动按照教师备好的教案一步一步地进行着，到了活动的最后一步——玩游戏"排队"，教师说："每个小朋友拿着自己喜欢的颜色的小汽车来排。"因为磁性白板太小，不够横着摆放5辆不同颜色的小汽车，教师就没有把小汽车摆放在磁性白板上，而是说："第一队是红色的小汽车，拿红色小汽车的人在这里排队；第二队是绿色的小汽车，拿绿色小汽车的人在这里排队；第三队是黄色的小汽车，拿黄色小汽车的人在这里排队；第四队是白色的小汽车，拿白色小汽车的人在这里排队；第五队是蓝色的小汽车，拿蓝色小汽车的人在这里排队。"可是，没有任何明显的标示，幼儿不知道应该怎样去排队、到哪里去排队，很多幼儿手上拿着小汽车茫然地站在自己的位置上。后来，经过了教师很长时间的提示、启发和引导，幼儿才把队站好。

分析与建议

上述案例中出现的问题，说明教师对活动的理解不够充分，只准备了活动的教案，游戏时的教具准备得却不够充分，导致活动开展得不如预期顺利。

其实，在活动前教师就应该注意到磁性白板的问题。教师可以找一块较大的磁性白板或者是用黑板,把 5 辆不同颜色的小汽车横着摆放,或者把 5 辆不同颜色的小汽车固定摆放在一个比较显眼的地方,让幼儿一看就明白自己要站队的位置。

幼儿教师在备课时一定要吃透教案,活动时的教具一定要准备得充分。此外,对于每个环节有可能出现的问题,要设计几个应对的方案,以备不时之需。

(湖北省武汉市武昌区机关幼儿园　丁学军)

错误 68　只有口头承诺,没有落实延伸环节

案例呈现

在语言活动"云彩和风儿"中,在音乐背景下,教师和孩子分别扮演起了能干的云彩和有趣的风儿,一边朗诵,一边用肢体语言合作表演。

随后,教师提问:"如果你是风儿,你会把云儿变成什么呢?"幼儿开始自由想象,积极创编句子。有的幼儿说:"吹呀吹,云彩变成了喜羊羊,在空中打败灰太狼。"有的说:"吹呀吹,云彩变成游乐场,让我们去玩耍。"……幼儿一个接一个发完言,就快到下课时间了。教师说:"刚才小朋友们想象了各种各样奇妙的云彩,等会儿下课后再请小朋友们把自己的想象画在纸上,我们看看谁的云彩最有趣!"

随后,教师又组织幼儿进行了其他活动,但是直到上午的活动全部结束,也没有兑现让幼儿"画云彩"的承诺。

分析与建议

上述案例中,由于时间关系,"画云彩"无法在课堂上进行,因此,教师巧妙地让幼儿课后画云彩,想使这节语言活动课更完整,但是随后并没有落实,使

延伸活动成为"空头支票"。

延伸活动是针对一个活动的延续和伸展。在日常教育教学中,很多教师和上述案例中的教师一样,往往认为延伸活动无关紧要,忽略了它的重要价值,其实不然。

(1)延伸活动是教学内容的延续和补充。在实施以上案例的延伸活动时,教师除了提供时间和材料让幼儿画云彩外,还可以在幼儿画完云彩后引导幼儿互相交流、欣赏各自的云彩,并运用散文中的语言讲述自己画的云彩,以巩固教学内容。

(2)延伸活动为缺乏自信的幼儿提供了表达的机会。相对集体教学活动来说,延伸活动的组织会更加宽松、自由。教师可以利用延伸活动走近课堂上不敢发言的孩子,了解他们对教学内容的理解和感受,帮助他们克服胆小的心理,树立学习的信心。

(3)延伸活动可以使亲子关系更加密切。延伸活动不应只拘泥于"当天延伸"和"在园延伸",在空间和时间上可以灵活运用。比如,上述案例中,教师可以让幼儿回家和父母一起继续说说"如果你是风儿,你会把云儿变成什么呢",并建议家长和幼儿一起把自己的想象画在纸上,然后带到幼儿园,展示到主题墙上和同伴分享。

总之,幼儿教师要重视延伸活动的组织和开展,并提高延伸活动的质量,不能把它看成是可有可无的"走过场"。

(湖北省武汉市武昌区机关幼儿园　陈红)

错误69　忽视环节间过渡语的巧妙运用

▶ 案例呈现 ▶

在中班科学活动"有趣的图形"中,教师设计了两个游戏活动。第一个游戏活动是"图形找朋友",有的小朋友胸前佩戴图形宝宝,有的小朋友胸前佩戴利用图形设计的物体。教师要求小朋友们找到各自的朋友，找好后回到座位上坐好。游戏结束后，教师说："刚才小朋友们表现得真好，都帮图形宝宝找到了朋友，下面又有更好玩的游戏，你们想不想知道啊？"幼儿答："想。"教师接着说："图形宝宝可聪明了，他们还会变魔术呢，你们看……"教师随后组织幼儿进行第二个游戏活动"多变的图形"：教师出示用图形组成的物体，让幼儿观察判断这些物体都利用了哪些图形。

分析与建议

一个环节结束后，如何有效地转入下一个环节，关键在于过渡环节的组织。上述案例中，教师忽视了对课堂教学过渡语的设计，虽然她的过渡语对前面的游戏做了说明，但对于下一个游戏并没有启发性，而且语言也显得啰唆。精心设计的过渡语言应该达到两个目的：既能提醒幼儿下一个环节所要学习的知识内容，提高幼儿的注意力；又能让幼儿对前面所学的知识要点进行重温，评价和巩固幼儿刚才所学知识。上述案例中，如果教师把过渡语言改为"刚才聪明的小朋友都帮图形宝宝找到了朋友，图形宝宝不仅要谢谢你们，而且还要给你们表演魔术呢，你们看……"则既对前面的游戏进行了评价，又激发了幼儿对后续游戏的兴趣，真正达到了起承转合的作用。

在幼儿园教学中，教师要想组织好活动，就必须有好的基调、好的氛围与好的调控，而课堂教学过程又是由一个个教学活动组成的，这一个个教学活动就好像是一颗颗光彩夺目的珠子，教师的过渡语则是串连珠子的丝线，缺少了这条线，再好的珠子也成不了美丽的项链。牵起课堂的"线"，既能帮助幼儿总结回味已玩过的游戏活动，又能激起幼儿继续游戏的强烈愿望。正如苏联著名教育家苏霍姆林斯基所说："教师的语言修养在很大程度上决定着孩子们在课堂上的脑力劳动的效率。"

好的过渡语既有穿针引线、使幼儿进入情境的作用，又能激发幼儿的学习兴趣、设置悬念引发幼儿的思考，是教师引导幼儿向更高处攀爬的一架阶梯。因此，教师要了解过渡语的重要性，注重过渡语的规范性、启发性和感染性。

(湖北省武汉市武昌区机关幼儿园　陈桂芳)

错误70 失信于幼儿

案例呈现

活动室里,王老师正在教小朋友唱一首新歌,孩子们却怎么也安静不下来,歌声听起来有气无力。王老师生气地停了下来,可过了一会儿孩子们唱歌的时候又是老样子。王老师只得说:"你们想不想到户外去玩滑梯、跷跷板呢?"一听说可以出去玩个痛快,孩子们可高兴了。王老师接着说:"如果你们认真唱歌,下课后老师就带你们出去玩!"这一招可真管用,活动室里一下子安静下来,孩子们唱得可认真了。下课后,王老师去忙别的事,似乎忘了刚才的许诺,只字未提出去玩滑梯的事。乐乐不甘心地问:"王老师,我唱歌可认真了,可不可以出去玩滑梯?"王老师不耐烦地说:"今天还有别的事,哪有时间出去玩!"孩子们失望极了……

分析与建议

本案例中王老师将到户外玩滑梯作为奖励对全班幼儿做了承诺,可事后并未履行自己的承诺,即使有幼儿提醒,王老师也只是随意搪塞过去。许多教师在工作中轻易对孩子承诺,教师是说者无心,但孩子们会记住这些承诺,对教师满怀期待。若教师不能兑现自己的承诺、言行不一,势必给孩子造成误导,给幼小的心灵蒙上诚信缺失的阴影。

教师作为一名教育工作者,自身的言语行为都会成为教育的范本,因此应注意言行的适宜性,在给幼儿承诺时一定要切合实际、量力而行,因为在幼儿眼中,教师说的话都是对的,教师做的事都是好的,教师顺应孩子的这种认知定式,能更有效地培养孩子健康地成长。因此,教师自己就要做到"身正为范"。在本案例中,恰当的做法是:当幼儿提出希望教师兑现承诺时,教师应积极给予支持，这样既可以对幼儿在教育活动中的良好表现进行积极的回应和肯定，增强教师在班级管理中的威信，又可以为幼儿的行为做示范，让幼儿在潜移默化中获得诚实守信的熏陶。但是，如果教师的确是时间紧张或有其他更紧迫的工作要做而无法抽身随同孩子们一起玩滑梯的话，则应与幼儿商量，考虑采用替代奖励的方法，比如奖励贴纸、小红花、画笑脸或其他游戏活动等满足幼儿的需要。

幼儿教师作为孩子最亲近、最信赖的人，是孩子效仿的第一榜样，是最直接的诚信品质的播种者。幼儿年龄小，模仿能力极强，教师言行一致的示范，更有助于培养孩子诚实守信的品质。

（湖北省潜江市机关幼儿园　施丽娟）

错误71　急赶活动流程，轻视学习习惯培养

案例呈现

在看图说话活动中，教师挂出一幅"小马过河"的图片。孩子们看了都很兴奋。"看看图中的小马在干什么？"教师的问题一提出来，孩子们都争抢着回答："我说！""我说！"浩浩坐在后面，他跑到教师的跟前说："我知道小马在干什么。"教师说："你回到你的座位坐好，我就请你回答。"浩浩马上回到位子上，认真地举手等着老师点他。这时，教师说："我看格格坐得好，请格格说说吧。"

一会儿，教师又开始提问了，孩子们又是一声比一声高地争抢着回答问题，又有幼儿为了回答问题离开了座位，整个课堂显得很无序，孩子们的学习效率也大打折扣。

分析与建议

对于小班的孩子来讲，学习习惯的养成才刚刚开始。他们刚刚适应幼儿园的

生活，对于上课还没有深刻的认识和理解。也许他们连怎么举手回答都没有弄明白，就更不要说在座位上回答问题了。上述案例中，教师在提问时，其实已经告诉了幼儿怎样做才能被点到名字回答问题。但当浩浩刚刚意识到怎样做对时，教师却又点了别人。这样，孩子的兴趣一下子就降下来了，打击了他们养成良好学习习惯的积极性。

那么，怎样才能让幼儿养成良好的学习习惯呢？

（1）良好的学习习惯来自同伴的榜样示范，教师应抓住契机适时培养。案例中，教师表示只要浩浩坐好、举手就可以回答问题了，教师不要急于赶活动的进度和流程，而应等浩浩按教师的要求去做，教师等待的过程正是浩浩理解教师的规则要求并向全体小朋友进行示范的过程，这是一个很好的集体教育契机。等浩浩坐定再举手时，教师应及时兑现自己的承诺，点浩浩回答问题，这对浩浩的积极参与行为是一种及时的回应和表扬，对其他幼儿学习习惯的培养也具有良好的激发作用。

（2）放大正确的做法，旁敲侧击纠正错误的做法。在学习习惯的培养上，教师可以对不遵守规则的幼儿的回答装做没听到，而只夸张地表现出认真倾听学习习惯好的幼儿的回答；教师还可以大声地说："我只请坐在座位上保持安静的小朋友起来回答。"幼儿听后，会争相模仿。教师再采用肯定、鼓励和表扬等正强化手段进行引导，巩固幼儿的学习习惯。

（湖北省武汉市武昌区机关幼儿园　伍靓）

错误72　封闭式提问让幼儿失去学习兴趣

在中班开展语言活动"小树叶"的过程中，教师讲完故事后，问幼儿："故

事里有谁?"幼儿逐一回答:"有小蚂蚁、小鸭子、小伞和小树叶。"教师接着问:"故事里的'我'是谁?风对小树叶说了什么?小树叶变成了什么?小树叶住在树上,它怎么会变成小伞呢?它是怎样从树上下来的?"一问一答中,教室里开始出现嘈杂的声音,特别是回答的幼儿在复述故事中较长句子的时候,其他幼儿都坐不住了。当老师问"如果你是小树叶,你怎么帮助它"时,幼儿们一片茫然。教师着急了:"如果我是一片树叶,我会变成一辆小汽车,送蚂蚁回家。"随后又追问道:"还有谁回答?"华华叹了口气说:"老师,我不想听故事了。"教师看孩子们已经失去兴趣,就草草结束了活动。

分析与建议

爱因斯坦说:"想象力比知识更重要。"在语言活动中,教师要培养孩子的想象力,使之丰富和独特,提问是教师与幼儿互动、不断激发幼儿进行思考和探究的重要手段。故事《小树叶》是一篇非常适合孩子发展想象和创造力的教学内容,然而在教学活动中,教师的提问并没有激发幼儿想说、愿意说的欲望,相反,孩子们出现了厌烦情绪,为什么呢?

第一,封闭式的提问束缚了幼儿的思维。上述案例中,教师提出的问题"故事里有谁?故事里的'我'是谁?风对小树叶说了什么?小树叶变成了什么"等虽然对增强幼儿的记忆有一定的作用,但过于表面化、模式化,这些封闭式的问题没有给幼儿更多思考、想象和选择的余地,无法激发幼儿想说的愿望,使幼儿渐渐失去了对故事的兴趣。

第二,开放性的问题流于形式。本次活动中,教师尝试运用开放式提问——"如果你是小树叶,你怎么帮助它",想给予幼儿一定的思维空间。但是开放性问题又具有一定的难度,需要幼儿搜寻以往的生活经验、联系实际,对教师所提的问题予以分析、综合、比较、判断和推理。活动中,教师前面的提问数量多,但质量不够,幼儿没有得到一定的经验积累,导致不会回答后面的开放性问题,使幼儿产生挫败感。

3—6岁的孩子正是想象力、创造力发展的黄金时期,因此,在语言教学活动中,教师要尽量减少封闭性问题,多提出一些开放性和启发性的问题,以发展幼儿的想象思维，可以这样做：

（1）变回忆式提问为启发式提问。教师可以针对孩子好奇的特点，运用启发式提问，巧设悬念，以引发思索。比如，"故事中有谁"这一问题，教师可以一开始就告诉孩子们故事里有小树叶、小蚂蚁和风，然后提问：他们会发生什么样的故事呢？幼儿可以根据日常生活的积累，大胆想象。这一提问既能让幼儿很自然地明确故事中的角色，又让孩子的思维呈辐射状，沿着不同的方向发散，极大地激发了幼儿想说的欲望；同时，也使故事具有神秘感，使幼儿对故事产生浓厚的兴趣。

（2）变单一性提问为综合性提问。比如，把案例中的"风对小树叶说了什么？小树叶变成了什么"等问题，综合成"故事里都有谁帮助了小蚂蚁？它们是怎样帮助小蚂蚁的"，这个问题的答案隐含着事物的局部与整体之间的关系，能帮助孩子提高思维的逻辑能力。

（3）创设情境，丰富想象，激发幼儿回应提问。根据幼儿的年龄特点，语言活动必须创设有一定意义的活动情境，将活动内容与孩子的生活经验结合起来，才能激发孩子的求知兴趣、想象力与创造力。在教学活动中，教师可以运用课件和配乐故事相结合的方法，以画面展示、音乐烘托和语言渲染来展现故事内容，创设一种情景交融的情境，使孩子在感知理解的基础上受到感染，进而产生丰富的想象——"如果我是小树叶，我会怎么帮助小蚂蚁呢"，进而达到以情激趣、以趣激想、以想激说的效果。

（湖北省武汉市武昌区机关幼儿园　张敏）

错误73　重灌输，轻探索

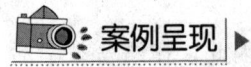

科学课上，张老师正在给孩子们讲述有关磁铁的知识："磁铁可是很调皮的。

遇到它喜欢的铁质小东西时,它就会把它们吸走哦","磁铁还具有穿透性,它可以隔着水杯将里面的回形针给吸出来","磁铁还具有指南、指北的功能哦"……一系列磁铁的特性被张老师像倒豆子似的一股脑儿地全给倒出来了,再看孩子们,他们眼里充满了迷茫。最后,教师给孩子们发了一些操作材料,对他们说:"现在,请大家拿起手中的材料,按照老师刚刚讲的方法去操作,看看磁铁是不是具有老师讲的这些特性。"

分析与建议

一次好的教学活动,特别是科学活动,更多的是让孩子们自主去探索。《纲要》指出:"学习科学的过程应该是幼儿主动探索的过程。"教师要让幼儿运用感官,亲自动手、动脑去发现问题、解决问题。上述案例中,张老师迫不及待地将这些科学性较强的概念灌输给孩子,而忽视了孩子们自主发现和探寻过程的重要性。另外,教具的灵活运用与适当介入,对于活动的成功与否至关重要。本次活动,教师对于教具的准备还是很充分的,但是呈现的时机太晚,这也充分说明了教师重灌输、轻探索的观念。

"探究是创造的前提,探究是成功的阶梯。"要想让探究真正成为幼儿学习和发展的动力,教师就必须掌握好让幼儿探究的时机,教会幼儿基本的探究方法:

(1) 设置问题情境。每个幼儿都具有极大的潜能,他们有发现问题、深入探究问题的能力。教师要充分引导幼儿,把他们带入到一个个问题情境中去,使他们在问题情境中探索解决的方法,获取丰富的科学知识和经验。

(2) 及时呈现材料。操作材料对于科学活动的探索至关重要。幼儿只有与材料互动,才能调动他们的积极性,使探索活动更加深入。本次活动中,教师在提出问题后应及时将材料提供给幼儿,让幼儿充分运用感官,与材料产生共鸣,进而体会到操作、探索与成功的乐趣。

(3) 少说多引导。教师在幼儿操作的过程中应尽量做到"少说多引导",避免直接告诉孩子操作结果。教师不应以自己的智慧代替幼儿的智慧,而要让幼儿通过充分的操作、探索,尽可能自己解决困难。当幼儿的思维进入"死胡同"

时，教师可以适时地介入，对幼儿进行点拨，让他们的操作回到正确的方向上来。

(湖北省钟祥市机关幼儿园　张莹)

错误74　提问和回应缺乏引导性

"三八"妇女节快到了，小班教师准备了材料，组织孩子们制作大红花，送给奶奶、妈妈作为礼物。为了激发孩子们的爱，也为了让孩子们知道送大红花的意义，教师在活动一开始就提出问题："你会怎样关爱妈妈？"教师的问题提出后，只见孩子们脸上一片茫然。等待了一会儿，教师叫起来两个平时表现突出的孩子，均未得到答案。过了好一会儿，楠楠才举起手轻声说："我不拿别人的东西！"

为了鼓励其他孩子的积极性，教师笑着说："楠楠回答得太棒了！"这时，其他孩子似乎一下子找到了回答的方向："我不大声吵闹！""我不爬楼梯！"……

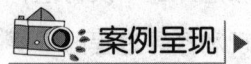

在这次活动中，教师想以孩子们对妈妈的爱为切入点，于是以提问的方式导入活动，这无可厚非。可是在"怎样关爱妈妈"这个问题上，孩子们的回答却偏离了教师的主题。这是为什么呢？原因有二，一是问题超出了孩子的理解能力。因为孩子们并不理解"关爱"一词的具体含义，所以出现了冷场和答非所问的情况；二是教师的回应没有给幼儿指示明确的回答方向，相反，刻意的表扬误导了其他孩子的思考方向。针对上述案例中教师提问和回应时存在的问题，我们应该怎样做呢？

（1）提问必须符合幼儿的年龄特点和理解能力。在幼儿园教学活动中，提问是一门艺术，它是完成教学的重要手段，直接影响着教学质量和幼儿的发展。教师提出的问题必须符合幼儿的年龄特点，由易及难、层层递进，同时还应考虑所提出的问题是否能保证幼儿正确地判断和回答。上述活动中，教师完全可以将"关爱"一词换一种说法，比如，"你喜欢妈妈吗？""妈妈的节日，我们应该做什么让妈妈开心呢？"……通过这些幼儿能理解的问题，一步一步地让幼儿进入到活动主题中，慢慢地引入"关爱"这个词，引发幼儿对妈妈的爱，这样教师的提问才具有实效性。

（2）回应应有指向性和引导性。对于幼儿的回答，教师的回应要有指向性。对幼儿表现得好的具体行为，教师在表扬时要指明，且越具体越好，这样幼儿对好的行为能认识得更清楚。同时，对幼儿偏离主题的回应，教师要学会有技巧地引导，让幼儿明白教师问的是什么。比如，上述案例中，教师不妨把"太棒了"换成"楠楠能勇敢地说出自己的想法，真棒！可是不拿别人的东西好像不太能表达妈妈的关爱吧？"这种方式可让幼儿知道楠楠的哪些行为值得肯定，哪些地方还有待改进，为其他幼儿的思考、行动指明方向。

（湖北省钟祥市机关幼儿园　黄园园、陈明辉）

错误75　提前彩排公开课

幼儿园一年一次的教师练兵课即将开始，园长在动员会上宣布了本次练兵课

的教研领域和具体评比要求。

高老师是中（三）班的班主任，也是幼儿园语言学科带头人，她教研能力强，经常在园内组织的公开课中拿一等奖。对待此次练兵课，高老师的态度非常认真，反复推敲教材内容，活动方案一改再改，总觉得没有达到预期效果。眼看练兵课的日期逼近，高老师一急——干脆给孩子们"垫个底"，于是，她把课上的各个环节提前给孩子们从头到尾过了一遍。

公开课当天，高老师在课上表现得踌躇满志。在师生互动环节中，高老师刚要向幼儿提问，孩子们的手就如雨后春笋般地冒出来。

"呵！小朋友们，今天你们表现得可真积极呀！那刚才故事中究竟是谁……"没等高老师问完问题，几个孩子就已经齐声抢答道："是小熊！是小熊——！！"

……

后排听课的一位年轻教师小声嘀咕了一句："有一点儿假……"

分析与建议

高老师是一名资深的幼儿教师，由于对教学效果期许很高，因此自我要求甚严，这种自我施压、不断挑战的精神是值得我们幼教工作者学习的，但由于高老师对结果太过重视，以至于选择了不恰当的方式——彩排。据笔者了解，这种现象在很多幼儿园中普遍存在，甚至在一些大型的公开课、竞赛课中也有它的影子。

幼儿园开展练兵课的初衷，是想通过活动检验教师们的真实教育教学能力和水平，暴露出教师日常教学工作中存在的问题，通过发现——分析——解决问题这一过程，更好地促进教育教学工作的开展。每次练兵课对于广大教师而言，无疑是一次绝佳的锻炼自我、提升自我的机会，教师应该秉承求真务实、严谨治学的科学态度去对待，而不能用课前彩排的方式来敷衍。彩排过的课表面看起来很流畅，实则很不自然，而且很容易露出破绽，更大的坏处是干扰教师对教育教学最真实的思考，阻碍教师个人成长的空间。

针对本案例中高老师不适宜的做法，有以下两点建议：

（1）端正态度，提高对练兵课的认识。练兵课对于每个参与的教师都是一种挑战，一种磨砺。面对这样的压力，教师要重过程、轻结果，敢于暴露自己的不足。

(2) 可以适当给孩子"垫底",但"垫底"不等同于彩排。教师在选择教学内容、制订教学目标时,孩子们现有的经验和能力水平往往是教师首要考虑的因素,这些只能靠教师的经验判断;若教师拿捏不准,可以预先给孩子提供与课程内容相关联的知识和经验。给孩子"垫底"的过程也要讲方法、策略,切勿将课程的内容、重要提问等重要信息透露给孩子。

总而言之,笔者是不提倡课前给孩子彩排的。作为教育工作者,我们应该本着求真务实的态度对待教学,在实践中找到前行的信心,从失败的阵痛中积蓄进取的力量。

(湖北省宜昌市卫生幼儿园　代卫国)

错误76　美术活动中追求整齐划一的作品

案例呈现

在美术活动"漂亮的热带鱼"中,教师为小朋友示范画了一种漂亮的热带鱼,然后让小朋友们照着画。可是宸宸小朋友始终不动笔,教师走过去问他为什么还不开始画,他抬起头说:"老师,我不想画你这种热带鱼,妈妈带我看的热带鱼有各种各样的,可漂亮了。"其他小朋友听到他说的话后纷纷说:"我也见过和老师画的不一样的热带鱼。""我也不想画这种热带鱼。""我想画身体胖胖的热带鱼。"孩子们七嘴八舌地议论着,非常兴奋。"好吧,你们有自己心中的热带鱼,晚上回家后画出来,明天交给我让我看看。现在,请小朋友们都跟着老师画,比一比谁画得好。"之后,孩子们还是按着教师的要求画出了同一个样子的热带鱼。

分析与建议

由于每次都要把绘画作业粘贴在幼儿绘画栏里让家长、园领导或者其他班的老师观看，而中班幼儿脑海里对事物还没有准确的定义，所以为了避免幼儿不会画、乱画，为了追求画面的干净、整齐和美观，教师多以示范作品让幼儿模仿的固定模式进行教学。这种传统的教学模式束缚了幼儿的创造性思维和想象力，忽视了幼儿创作激情的激发，忽略了幼儿大胆创新的想法。

美术活动作为一种以发展幼儿形象思维为主的教学活动，要能发展幼儿的观察力、感知力和认知能力，培养幼儿的想象力和创造力。因此，在绘画活动中，教师要努力做到以下几点：

（1）给幼儿一个自由想象的空间。想象是人类创新的源泉。幼儿时期是想象力最丰富的时期，也是培养想象力的最佳时期。因此，在美术教学中，教师要注意利用和发掘幼儿的想象力，让幼儿随心所欲地"异想天开"。比如，在关于"太阳"的绘画活动中，教师可引导幼儿画出各种颜色、各种形状的太阳，并鼓励他们将现实的物象任意夸张、错位、变形、组合、打乱和改动，从而激发幼儿的想象力。

（2）激发幼儿的创作激情，尊重幼儿的想象思维。在美术活动的指导中，教师可以运用诗歌、故事、猜谜语等形式，使幼儿获得愉悦、新奇的情感体验，激发幼儿创作的欲望和激情。比如，上述案例中，教师在让幼儿绘画之前，可以先编一个热带鱼的故事引发幼儿的兴趣，激发他们的想象，而不是直接示范绘画作品。再比如，在绘画活动"大树和小鸟"中，教师也可以用故事导入活动："春天来了，大树换上了新装，鸟儿们又从南方飞回来建造它们的新家了。这个时候，鸟妈妈捉了一条虫子给它的宝宝们吃，让我们把这温馨的一家画在纸上吧。"之后，引导幼儿一起讨论，鼓励他们积极地投入到绘画中。

（3）创造适宜的美术环境和前期经验。教师应创设具有可参与性和可操作性的美术物质环境。幼儿在学习过程中主动还是被动，往往取决于主观能动性的发挥，而主动能动性的发挥又常常与教育环境提供的机会、条件有关。在充满约束的环境中，幼儿会变得循规蹈矩、死板无趣，久而久之，就会习惯于听从他人，埋没了创造性思维。当教师为幼儿提供了丰富有趣的材料时，幼儿会被材料吸引,自然会主动地操作材料、自由地交流和表现。在美术活动中,教师可以让幼儿观看与绘画主题相关的图片,组织幼儿与教师、同伴相互讨论交流经验。这样使幼儿既能对美术活动产生兴趣,又为幼儿提供了前期的经验。比如,画"小蜗牛"时,教师可让幼儿先观察小蜗牛的特点,再进行讨论和总结。由于孩子们有了真实的感受,所以在完成美术作品时,会把自己的创意蕴于其中。

(湖北省襄阳市实验幼儿园　杜璇)

错误77　为结论而教学,忽略幼儿的真实体验

案例呈现

在"鞋底的秘密"科学教学活动中,李老师试图先通过让幼儿观察各自鞋底的花纹,激发幼儿对鞋底的兴趣,然后引导幼儿发现鞋底的纹路的深浅不同,防滑效果是不一样的,但是幼儿们讨论了好长时间也没发现这个道理,只关注到了鞋底纹路的不同。于是,李老师只好直接说:"这里有五双浅纹底的鞋,请你们穿着走一走拱桥吧!"小贝、豆豆、丽丽、琪琪、正正穿鞋走过了拱桥。李老师问:"滑吗?"五个小朋友都点头,齐声答:"滑!"李老师说:"现在请你们穿上深纹底的鞋走一走!"五个小朋友又穿着深纹底的鞋走过了拱桥。李老师问:"滑吗?"五个小朋友又点点头,齐声答:"滑!"李老师一听,睁大了眼睛:"深纹底的鞋子真的滑吗?"豆豆有些茫然,正正忙说:"不滑!"李老师笑了:"我们再请其他小朋友上来试试,是不是深纹底的鞋走拱桥不滑,浅纹底的鞋走拱桥就滑呢?"在李老师的诱导下,每个小朋友都得出了深纹底的鞋走路不滑、浅纹底的鞋走路滑的结论。

分析与建议

3—6岁的幼儿正处于喜欢探索、发现的年龄阶段，对于世界充满了好奇和兴趣，喜欢参加科学探索活动、小实验活动、观察发现的活动。但是教师们常常发愁，因为科学活动的要求相对较高，探索的过程较难把握，对探索中的幼儿的有效组织与管理很有难度。本案例中，教师设计活动的初衷是好的，但是在开展活动的过程中，因为提问不够恰当，导入时只把孩子们对鞋底纹路的兴趣激发出来了，但对这些纹路究竟对行走有些什么不同的作用，则没有给予必要的探索机会。看到幼儿总结不出教师想要的结论时，就直接让幼儿分两组进行穿鞋过桥的体验，虽然体验的过程是很好的探索、比较、发现、总结的过程，但是教师的思维固化在科学结论的得出上，因此在引导幼儿进行讨论时，教师急于让幼儿懂得"鞋纹的深浅与防滑"的关系，设计的问题约束了幼儿的思维，带有过强的暗示性，导致幼儿跟风般地按照教师的思路进行回答，实际上混淆了幼儿的真实认识，忽视了幼儿的真实体验。

科学探索活动不仅要让幼儿获得探索的结论，懂得一些道理，更应强调幼儿体验探索发现的真实过程，让幼儿尝试用不同的方法、不同的语言表达、不同的思维方式来展示自己在活动中的思考和发现，这比教师灌输一个死的结论要有价值得多。在上述活动中，教师在让幼儿进行第一次试验时，应给出开放性的提问："你们感觉怎么样？"幼儿可能有多种回答，当有的幼儿回答"感觉有点不稳，有点滑"时，教师适时让幼儿进行第二次探索，并问："你们这次的感觉怎么样？与前一次有什么不同吗？"让幼儿对两次探索进行比较，引导幼儿发现不同，并在教师的引导下进行恰当的归因。

当幼儿获得的实验结果与教师的预期不一致时，教师应及时进行反思，并尽快调整。比如，在本案例中，参与试验的幼儿都没有得出教师预设的"不滑"这个结论，可能的原因有两个：一是幼儿因为自身的经验水平所限，无法比较细微的差别，或者不能准确地表述出已经感受到的细微差别；二是教师提供的材料本身不利于获得预期的结果，比如鞋底纹路深浅差别不大，或者走的拱桥桥面本身防滑，不利于呈现不同鞋底的反差。针对第一种原因，教师可以多鼓励幼儿再说一说、谈一谈，引导幼儿用语言和动作表达出自己的真实感受，由教师归纳幼儿的表现再用规范的科学语言表述出来；针对第二种原因，教师应及时为幼儿更换一些鞋底纹路深的鞋子让幼儿再试一试。

科学需要尊重事实，反复求证让孩子们自己得出结论，或者能让孩子们在问题中继续探索，这才是科学教育活动的目的。

（湖北省仙桃市杨林尾镇蓝天幼儿园　冯丽霞）

错误78　以孤立来惩罚幼儿

案例呈现

大（三）班正在进行集体教学活动，坤坤坐在自己的位子上没有仔细听讲，他正用手撩前面琪琪的小辫子。琪琪皱了皱眉，摇了摇自己的头。坤坤又开始揪琪琪帽子上的毛，琪琪把椅子往前挪了挪，坤坤也将椅子往前挪。琪琪受不了，叫了起来："老师，坤坤老是给我捣乱。"教师大声对坤坤说："坤坤，你给我坐好，再不听话，就让你一个人坐到教室的最后面！"坤坤瞪大眼睛看着老师，脸上流露出害怕的表情，可手却没停。琪琪又说道："他刚才又揪我帽子上的毛了……""好了，好了，不许说了，你们听好了，从今天开始谁都不许理坤坤，我们都不理他。坤坤，你把小椅子搬到最后面。"坤坤极不情愿地坐到了最后，有些难过的样子，但随着老师话题的转移，他又恢复了满不在乎的样子，东张西望，不知道在想些什么。

分析与建议

年龄越小的孩子向师性越强，老师说什么就是什么。大班孩子的道德认知还处于他律阶段，教师作为孩子眼中的权威，他们的话尤其是命令性的语言对于幼儿来说就是判断事物的标准。

孤立的教育方式会导致其他幼儿对坤坤的排斥，无形中在坤坤和其他孩子之间竖起了一道屏障，使坤坤被迫陷入与同伴交往的困境。在没有得到正确引导的情况下，他可能会采取消极的行为方式予以反击。这种情况会造成恶性循环，即坤坤的负面行为越多，其他孩子越肯定了他是个捣乱的坏孩子，也会更加排斥他，同时强化了他们从教师那里获得的对坤坤的消极态度。

学前期幼儿的同伴交往对幼儿的社会认知、交往技能、个性和道德品质的发展有着十分重要的意义，如果坤坤始终被同伴孤立，将会失去更多的与同伴交往的机会，这对坤坤日后的发展是不利的。此外，坤坤与同伴这种敌对的状态不改变的话，也会干扰他正常的探索活动，降低他对外界环境的好奇心。

面对上述案例中坤坤这样的孩子，教师应该怎样做呢？

(1) 寻找孩子行为背后的原因，才能提出有效的解决办法。本案例中，教师只听另一个孩子的描述就断定坤坤的行为不对，并武断地进行了压制性处理，是不恰当的。此时，教师应该请坤坤讲一讲他做了什么，为什么要这样做。如果坤坤是因为"琪琪的帽子很好玩"才去摸帽子，教师可以引导大家快速地看一下琪琪的帽子，并与大家约好活动后再一起来仔细观察，把坤坤的注意力转移到教师组织的活动中来；如果坤坤只是"想跟琪琪玩"，通过摸帽子引起琪琪的注意，教师应适时地引导他下课的时候再和琪琪一起玩，但老师讲课时要认真听讲，让他和琪琪比一比两个小朋友谁的耳朵灵、会思考；当然，如果坤坤是因为对教师的活动没有兴趣，在开小差并影响到他人时，教师应通过让坤坤与教师互动、回答问题参与到活动中来，或者以讲悄悄话的方式提醒坤坤注意听讲，引导坤坤关注课上活动。

(2) 耐心帮助幼儿，明确行为要求。教师要多关注坤坤的举动，对于坤坤不正确的行为要及时制止，并明确地告诉他错在哪里、应该怎么做。教师此时不适合说一些反话或是隐语，因为年幼的孩子有时并不清楚教师话语中暗含的意思。教师还可以在同伴中给坤坤树立一个学习的榜样，鼓励他向班上的好孩子学习，把抽象的要求具体化。

(3) 对于孤立的教育方式已经产生的消极后果，如坤坤在同伴心目中的不良形象，教师一方面要有勇气寻找合适的机会，当着全班孩子的面承认自己的错误，向孩子解释是自己太生气才会这么说，这样说是不对的，不应该不理睬坤坤，应该想办法帮助他才对，等等。这种做法既可以降低坤坤在同伴中的负面影响，同时，又能让孩子学会关心他人。

另一方面，教师还要善于将集体力量用到积极的方面。可以鼓励孩子们帮助坤坤取得进步，让大家一起监督坤坤，在坤坤取得进步时为他鼓掌加油，在他犯错误时指出错误之处，并帮助他改正。让坤坤体会到集体的温暖、同伴的友爱，逐渐被新集体同化。

（湖北省荆州市荆州小学实验幼儿园　陈艳）

错误79　靠"镇压"维持课堂纪律

案例呈现

幼儿园大班的孩子较小班、中班孩子来说，已逐渐形成了自己的个性，知识面也逐渐广了。在一次认识昆虫的活动中，教师首先向孩子们介绍了几种昆虫的特征，然后请孩子们说说自己还见过哪些有趣的昆虫。孩子们显得兴致很高，一边争抢着举手，一边七嘴八舌地大声说出自己所见过的昆虫。有的孩子甚至站到凳子上，课堂秩序一团混乱，谁也听不清谁说了些什么。教师这时赶紧提高了音量大声喊道："安静！请你们闭上嘴巴，谁也不许说了。"见大家安静下来了，教师再一次提出了问题，并请幼儿一个一个举手回答。可是，还没等前一个小朋友说完，后面的小朋友又七嘴八舌议论开了，教师只得一一点那些爱插嘴的小朋友的名字，要求他们闭上嘴巴，只许听、不许说了。

分析与建议

在这个案例中，教师在课堂纪律失控时，没有有效地去引导，而是简单地采用了下命令的方式，直接让孩子们"闭上嘴巴"，以这种错误的方法去维持教学秩序，效果很差。

大班孩子已经具有了自己独立的想法和主张，但由于其年龄尚小，部分幼儿规则意识比较模糊，自制力较差，还不具备将思维过程演变成内在的心理活动的能力（心里怎样想，嘴巴就会讲出来），在活动中难以安静地倾听老师和同伴的讲述，还没有形成良好的倾听习惯。面对这种情况，教师不可单纯地用"镇压"的方式来解决问题，而是要用恰当而机智的方式引导幼儿注意倾听。

《纲要》指出，要培养幼儿尊重他人的习惯，其中也包含认真倾听别人把话说完的礼貌习惯。而幼儿良好秩序行为和倾听习惯的形成，离不开教师正确的指导和日常的管理。因此，教师要不断提高自身的能力，根据本班幼儿的年龄特点和实际情况，事先提出相应的规则教育策略，做到时时、事事有规则，每次活动前认真做好课堂设计，对整个课堂有较强的预见性，同时在教学中及时注意调整和引导，遇到特殊情况时能灵活处理，使活动氛围宽松而又秩序井然。

比如，在集体讨论活动中，小朋友思考问题时，教师可以提醒幼儿："把想到的答案先藏在心里，别让人把它拿走，谁藏得好，就请谁来说，小朋友们要等老师请到时再和大家分享答案。"教师引导孩子们有序发言、认真倾听别人的答案的同时，可以对孩子们的回答不作评论，只是表扬遵守发言纪律的小朋友，树立遵守纪律的榜样。在课间活动的时候，教师还可以组织小朋友们玩"传话"的游戏，最后传话正确的小朋友会得到奖励。这个游戏，在无形中能培养幼儿的倾听能力和有序发言的能力。

（湖北省黄冈市代代红幼儿园　黄俊）

错误80 提问缺乏严密性

这天，小(一)班李老师正在进行"小动物"的教学活动。她先把小兔、小狗、小鸡、小鸭的图片依次摆在黑板上，然后问孩子们："你们看这些小动物谁在前面啊？"孩子们回答："小兔。"李老师又问："那谁在后面呢？"有几个孩子说"小狗"，有几个孩子说"小鸡"，更多的孩子没有参与。李老师有些着急，又大声问了一遍："不对，再看看，到底谁在后面啊？"这样一问，连刚才回答问题的几个小朋友也不做声了。

分析与建议

从上述案例中，我们不难看出李老师的提问逻辑不严密，特别是第二个问题，前后方位是相对而言的，按照教师的图片摆放位置，小狗、小鸡、小鸭都在小兔的后面，教师的问题"谁在后面"，让孩子们茫然不知所措。如果李老师把第一个问题改成"四个小动物站成一排，谁在最前面呢"或者"谁在小狗的前面呢"，把第二个问题改成"谁在最后面？"或者"小兔的后面是谁"，幼儿就容易理解了。因此，在教学活动中教师的提问要注意逻辑严密。

陶行知先生说："发明千千万，起点是一问，智者问得巧，愚者问得笨。"提问是综合设疑、激趣和引思的教学艺术，如果教师能够灵活地掌握提问技巧，就能让幼儿在问题中畅想遨游、收获成长。除了注意严密性外，教师在提问中还应注意以下两点：

(1) 回答之前了解幼儿已有的经验。教师的提问要基于幼儿已有的经验。如果幼儿没有对两个物体比较前后的经验，教师的第一个提问"谁在最前面"显然有些偏难。此时，教师可以通过"汪汪，我是小狗，我的前面是谁啊？聪明的小朋友请你们告诉我吧"这样的问题来引起幼儿的兴趣。

（2）用启发性提问开阔幼儿的思路。教师的提问要能发散幼儿的思维，引导幼儿从正确的方向认识、探索和发现。在活动中，教师忌提"是不是""对不对""好不好"这样的问题，这样的封闭式问题不能引起幼儿太多的思考，不利于开阔幼儿的思路。

赞可夫曾说过："教师提出的问题，课堂内三五秒钟就有多数人'刷'地举起手来，这是不值得称道的。"这是说，教师的提问要有思考的价值，要是幼儿经过思考才能回答出来的问题。

（湖北省荆州市荆州小学实验幼儿园　任华）

错误81　只强调分组，忽视了对组内分工的指导

案例呈现

大班张老师利用幼儿铅笔盒上有趣的图案开展了语言讲述活动"铅笔盒上的故事"，幼儿对这个题材十分感兴趣，根据老师的讲解和提示，很快都编好了自己的故事，一个个跃跃欲试。张老师看到大家都想说出自己的故事，决定让幼儿分小组进行讲述："现在请小朋友先和小组的同伴讲一讲故事，别人讲的时候其他小朋友要注意听哟。"

分组讲述开始后，张老师走到幼儿中间，却发现幼儿为谁先讲谁后讲发生了纷争：有的小组几个人都在讲，却没有人听；有的小组陷入困境，不知从谁开始；有的小组里有人强出头，要第一个讲，其他小组成员不同意……好好的小组

讲述环节变得乱糟糟的,无法进行下去。

分析与建议

《纲要》指出:"发展幼儿语言的关键是创设一个能使他们想说、敢说、喜欢说、有机会说并能得到积极应答的环境。"分组讲述为幼儿创设了宽松的氛围,在有限的时间内给予幼儿更多的交流与表现的机会,可以尽快满足幼儿讲述的需求。它的优势是化大为小、自由、灵活。但是小组内讲述也要有秩序,有人讲,也要有人听,讲述才能有效果。

从案例中可以看出,教师想运用小组讲述让更多的孩子有讲故事的机会,却没有引导幼儿做到小组内轮流讲,做到"有机会说并能得到积极应答",导致小组讲述一片混乱。那么,在开展分组讲述活动时,教师应如何指导才能保证幼儿有序、有效地讲述呢?

(1) 引导小组幼儿轮流讲。根据幼儿的情况,教师可以指定从某个幼儿开始,也可以引导幼儿通过游戏的形式决定讲述的次序。比如,让幼儿采取抽签的方式决定谁先讲谁后讲,这种方法简便易行、效果好;再比如,鼓励幼儿运用平时学过的游戏决定次序,这些小游戏包括"点兵点将""出黑白"等,可以在短时间内迅速产生结果。

(2) 提出倾听的具体要求,确保有序讲述。告诉幼儿在小组内按一定顺序讲述后,教师还要对幼儿提出具体的倾听要求,以确保有人讲、有人听,形成积极应答的环境。

此外,教师还要让幼儿带着任务倾听同伴的发言,比如:仔细听同伴的故事,看谁讲得最精彩?听一听,谁的故事最有趣?幼儿有了任务意识,就会静下心来听,这样才能确保有秩序的讲述。

(湖北省武汉市武昌区康乐幼儿园 王述帼)

错误82　对幼儿作品评价的内容和方式单一

案例呈现

美术教学活动中，孩子们将自己完成的绘画作品依次交给了老师。然后，教师对孩子的作品集中进行评价："你们看这幅画，中间画得太挤了，如果画开一些就好了"，"你们看这幅画，颜色都涂到线外了，涂在线里面就好了"……

墨墨听着老师的评价，低声对旁边的蓝蓝说："我觉得刚才的那幅画挺好看的，画得一点都不挤。"这时，其他孩子也在老师的评价声中渐渐散漫起来，有的孩子开始悄悄议论，有的孩子开始左右张望……

面对逐渐没有了耐性和兴趣的孩子，教师的评价讲述似乎也越来越难了。

分析与建议

当孩子对教师的评价失去耐性、兴趣和认可时，教师是否应该反思一下，为什么会这样？案例中，教师把绘画的结果作为唯一的评价内容，唱"独角戏"主导评价过程，作品的好与不好也只在教师的一言之间，这也难怪孩子们会对评价过程如此不耐烦。

那么，如何解决幼儿作品评价内容和方式的单一性问题呢？

（1）评价内容多样化。评价的内容不应该是一成不变的，它应该是多样化、随机性的，因需要而生成，而这一切需要教师有一双善于观察和发现的眼睛。

- 把良好习惯的养成作为评价的内容，如收拾整理绘画工具的习惯、正确握笔的习惯、作品讲述过程中倾听的习惯等。
- 把意志品质作为评价的内容，如孩子创作过程中的专注性、持久性。

- 把与同伴交往作为评价的内容。绘画过程中孩子间随机发生的互动事件，也可以成为评价的内容。

（2）评价方式趣味化。趣味化的方式可以提高孩子参与作品评价的兴趣。

- 作品"红蓝区"。当孩子们完成自己的作品后，教师可以分设红、蓝展示区。认为自己的作品完成得理想的孩子，可以将自己的作品放到红色区域；认为自己的作品没完全达到理想状态的孩子可以主动将作品放到蓝色区域。作品放置结束后，教师可以尝试让孩子讲述作品放置的理由，以提高孩子自我评价的能力。

- "我选我喜欢"。将孩子们的作品全部陈列展示，让孩子们欣赏并选出自己认为最好看的作品、贴上小花，并讲述自己喜欢的理由。

评价的方式可以是多种多样的，但是一个基本的原则是要发挥幼儿在评价过程中的主动性，变被动评价为主动评价。基于这个原则，教师可以和幼儿一起评价，也可以引导幼儿自己评价。

（湖北省宜昌市卫生幼儿园　刘美华、王荣）

错误83　依个人喜恶评价幼儿作品

案例呈现

在一次绘画活动中，小朋友们都在专心作画、涂色。浩浩很快完成了自己的作品，他一边欣赏，一边自言自语地说："这就是我看到过的太阳的样子。"旁边的军军冒出一句话："太阳是红红的，你画得黑糊糊、脏兮兮的，难看死了。"浩浩不理军军，继续画小草、小兔以及小鸡吃米的场景。

军军见状大声说:"你画得真的好难看啊!"浩浩还是不理军军,继续完善画面内容。军军于是挑衅地喊道:"快来看啊,浩浩画了个大黑饼,黑饼糊,黑饼脏,吃得浩浩心里慌。"浩浩生气地说:"不跟你玩了,坏孩子,你画的才是大黑饼。"两人你一句我一句,动手打起来了。

听到动静,李老师赶紧走过来:"老师耳朵都被你们吵坏了。"浩浩委屈地对李老师说:"老师,军军说我画的是大黑饼,我不高兴!乌云遮住太阳时,太阳就是黑黑的。"李老师看了一眼浩浩的画说:"本来你画的就是黑糊糊的,他没说错呀!"

分析与建议

幼儿很在意自己作品的优劣美丑,这也是一种自我肯定、自我成就感的体现。当他人对自己的作品嘲笑批评时,幼儿的自尊心受损,就会发生争吵、攻击等行为。面对这种情况,教师不仅要深入探究原因,而且要认同幼儿作品的优点,让孩子明白,只要是自己喜欢的就应该用自己的方法表达出来,不管别人怎么说,都要坚持自己的表达方式。教师不能根据自己的喜恶否定孩子的作品。

对于上述案例中的事件,教师可以采取以下措施:

(1) 当幼儿有肢体冲突的时候,教师要积极介入,避免发生安全事故。与此同时,要表扬幼儿作品的优点,安抚幼儿。比如,教师可以说:"浩浩你画得不错,颜色涂干净点就更好了,想想看怎么画会更好呢?军军你的画也不错,花有各种颜色,你画了你喜欢的花,这样很好啊!"

(2) 详细讲述幼儿的作品,平复幼儿的情绪,为下一步活动做准备。教师在讲述幼儿作品的时候,幼儿的情绪会慢慢地平静下来。不过,教师站在自己的角度讲述幼儿的作品时,要用"我猜想你画的是什么"这样的语言来描述,避免主观臆断;同时,要不时地询问幼儿,得到他的肯定。之后,再对幼儿说:"老师刚才讲的不一定对,待会儿请你给小朋友们讲讲好吗?"这一环节为孩子上台做了很好的铺垫。

(3) 请幼儿上台讲讲自己的画。《纲要》明确指出:"艺术活动是一种情感和创造性活动。幼儿在艺术活动过程中应有愉悦感和个性化的表现。教师要理解并积极鼓励幼儿与众不同的表现方式,注意不要把艺术教育变成机械的技能训练。"所以,教师不能忽视幼儿个性化的表现,要倾听幼儿的心声。以下是浩浩小朋友的讲述:

星期天,我们一家去奶奶家里玩,奶奶住在黄龙,家里养了一群小鸡,五只小兔。我在院子里喂小鸡,太阳忽然没了,我抬头一看,一朵乌云遮住了太阳,太阳像变魔术似的成了黑黑的一个饼。

总之,教师在评价幼儿的作品时,要多倾听幼儿的讲述,提出建设性的意见要用商量的口吻,使幼儿心悦诚服地接受,并改进、完善作品,切不可以权威的身份命令幼儿改这改那,让幼儿无所适从。要注重幼儿对艺术作品的自主、自愿、创造性的表达,促使幼儿身心和谐、健康地发展。

(湖北省十堰市市政府机关幼儿园　上官守蕊)

错误84　忽视幼儿的经验准备

案例呈现

在科学活动课"鲁班的故事"上,教师特地跑到一个做木工的师傅那里借了一些工具,如刨子、锯子、曲尺等。课堂上当教师拿出这些工具时,孩子们表现得比较木然。当教师问谁认识这些东西时,孩子们都摇头。于是,教师一边认真地比画,一边介绍这些工具。随后,她又问孩子们:"你们现在知道这些工具是做什么用的了吧?"孩子们仍然默不做声。教师没办法,只好亲自动手操作起来。她先拿刨子来刨木头,可劲儿太小没刨动;再拿锯子锯,由于操作不当把手给划破了,流出血来。孩子们都吓得不敢动,活动也被迫终止了。

分析与建议

上述案例中，虽然教师尽力想办法进行了物质准备，但忽视了幼儿的经验准备。由于没有对幼儿进行前期的经验铺垫，导致在教育活动中幼儿被动参与活动，对事物缺乏应有的兴趣和探究的欲望。此外，教师自身也缺乏相应的经验，本想亲自示范小工具如何使用，让幼儿了解工具的用途，却因为自身使用工具缺乏经验，不仅导致示范失败，还进一步使整个活动陷入了更大的困境中。

要想达到活动目标，教师就要重视做好教育活动的物质材料准备和幼儿经验的铺垫，其中，幼儿生活经验的准备比物质材料的准备更重要。教师可以从以下几个方面入手：

（1）做好材料准备。教育源于生活且服务于生活。《纲要》中也指出："要贴近幼儿的生活来选择幼儿感兴趣的事物和问题，有助于拓展幼儿的经验和视野。"上述案例中，教师虽然从木工师傅那里借到真的工具，但因为幼儿之前没有见过这些工具，工具的操作方法与幼儿的生活背景相距较远，因此虽然材料来自现实生活，却不是幼儿生活中的，这就要求教师先要熟悉这些材料，不仅要做好介绍，还应做好操作示范，更应将现实的材料与教育的材料进行适当区分，根据孩子的身体条件和操作水平提供改良过的教具材料。

（2）做好幼儿的生活经验铺垫。结合本案例，教师可以从讲述"鲁班发明锯子"的故事开始，播放有关从锯齿形叶子到生活中的锯子这一变化过程的动画片，引起幼儿对锯子的兴趣，再带幼儿到木工活动现场参观或者播放木工工作的录像，丰富幼儿对木工师傅、木工工作以及木工工具的经验，引导幼儿了解最重要的几种木工工具的用法和用途，为开展集体教育活动做好铺垫。还可邀请家长们帮忙收集一些图片或网上视频资料，提前讲解给幼儿听，消除幼儿对这些工具的陌生感。

（3）在活动中创设木工工作坊的情景，让幼儿充分使用木工教具进行操作。活动的准备是为了有效地实施活动过程，在本案例中，要检验活动准备是否有效，就需要考察活动过程中幼儿是否掌握了不同木工工具的操作方法并能模仿着进行操作。教师可以带着幼儿进行木工工作坊的情景体验，弱化幼儿对这些离他们生活相对较远的工具的陌生感，引导幼儿在玩一玩、试一试、学一学、做一做中，获得对木工工作及其工具的认识。

（湖北省黄冈市代代红幼儿园　孙利）

错误85　剥夺个别幼儿参与公开课的权利

案例呈现▶

马上要上公开课了，林老师为了活动能获得成功，把班上几个调皮的孩子送到其他班上去了。其中的调皮大王民民问林老师："林老师，我们到大（三）班去干什么？"林老师说："今天让你们去大（三）班参观。""老师撒谎，那你最喜欢的小佩怎么不去参观啊？"……

分析与建议▶

是啊，小佩为什么不去参观呢？林老师得好好思考这个问题。民民与小佩到底区别在哪里呢？为什么不让民民去参加公开课呢？他究竟会影响到教师什么呢？林老师上公开课的目的究竟是为了什么呢？难道"一切为了孩子、为了一切孩子、为了孩子的一切"的原则在公开课中就行不通吗？

显然，问题提得越多，越表明林老师的做法是不妥的，这样做不仅违背了为全体幼儿成长服务的教育宗旨，也违反了"公开课不以损害幼儿的身心健康为代价"的工作原则，更是直接地伤害了民民这类被特殊对待的幼儿的心理与情感。如何在类似的公开课、节假日活动中避免类似的错误呢？大家可以尝试这样去做：

（1）正确定位公开课。公开课对教师们来说很重要，既考核了教师的教育教学水平和专业能力，也展示了一所幼儿园的办园成效，因此大家都想把公开课上好。但是公开课不应是伤害课，而应是常态课，要表现出教师的常态水平，展示班级中孩子们发展的常态水平，是常态班集体的体现。当然，现实中因为班级幼儿数量过多，而公开展示课的机会和时间有限，加上有外来人员观摩考评，一定程度上会影响常态水平的发挥。但即便如此，教师们也应以平常心来看待公开课，而不能投机取巧、蒙骗作假，更不能以损害幼儿的身心健康来换取教师的利益。

（2）合理分组，消除歧视。对于公开课的任务，教师也有许多为难之处，既要尽可能展示出教师的教育水平，又要保护幼儿的权益，那么可以采取平均分组的方法，将数量较多的班级幼儿划分为两大组。两组幼儿的个性表现和能力水平相近，一组去上公开课，另一组由另外的教师带领开展活动，以群体化的处理方式解决公开课展示时间有限、场地有限的困境。同时，要在活动前向幼儿解释分组开展活动的原因，取得幼儿的理解和认同。

（3）没有差的儿童，只有进步相对较慢的儿童。教师应树立正确的儿童观，认识到幼儿的发展是存在差异性的，幼儿的可塑性是很强的，对于那些好动、爱插嘴、注意力不集中、爱开小差、喜欢攻击别人的小朋友，要给予更多的关注和指导，提供适宜的练习、纠正、发展的机会，变其劣势为优势，让所有的幼儿都得到相对公平、公正的对待，形成积极的自尊、自信。

（湖北省麻城市幼儿园　王建玲）

错误86　否定幼儿富有个性的表达

在"画妈妈"的美术活动中，杨老师问："妈妈的脸是什么形状呀？""圆

形。""眼睛是什么样的呀?""弯弯的。"……"好,那现在就把你的妈妈画下来。"孩子们都很认真地开始作画,杨老师也不断地巡视,指导孩子绘画。这时,她看到了形形的画,就问她:"形形,你是怎么画的呀?你妈妈的脸怎么是方的呢?你妈妈的脸上长花了吗?还有,你看,你还把妈妈的眼睛涂成绿色了,像个妖怪!再重新画一幅。"听到老师的话,形形委屈地哭了起来。搭班李老师见状轻轻地走过去把形形拉到了一边,一边哄着她,一边耐心地询问她:"形形,你为什么把妈妈画成这样呢?"形形抽噎着说:"我妈妈生气的时候,我觉得她的脸有点方,我希望妈妈不要生气,天天开开心心的,笑得像朵花一样,所以我把妈妈的脸画成方的,还在脸上画上了两朵花,绿色的眼睛是我给妈妈画的眼影,我想把妈妈变得更漂亮。"

 分析与建议

如何对幼儿的美术作品进行评价呢?《纲要》指出:"在艺术活动中应充分发挥艺术的情感教育功能,要避免仅仅重视表现技能或艺术活动的结果,而忽视幼儿在活动过程中的情感体验和态度倾向。幼儿的创作过程和作品是他们表达自己认识和情感的重要方式,应支持幼儿富有个性和创造性的表达,克服过分强调技能技巧和标准化的倾向。"

上述案例中,杨老师在评价幼儿的作品时从成人的眼光出发,过分强调美术的技能技巧和标准化模式,否定了幼儿富有个性的表达。其实幼儿的想法很好,画的是对妈妈的希望,是她眼中的妈妈,表达了她内心的想法和情感,而教师的不当评价抑制了幼儿艺术想象力和创造力的发展,误导了幼儿思维创作的方向。

结合上述案例,在评价幼儿的作品时,教师应注意以下几点:

(1)评价幼儿的美术作品是一个提高幼儿审美能力、集思广益的过程,要让幼儿人人参与,积极发表看法;充分肯定孩子的作品,让孩子向大家介绍自己是怎样想和怎样画的;倾听孩子的构思,引导孩子去发现和欣赏别人的优点,孩子们经过审视、互相观察,了解谁的颜色搭配得好,谁的画构思有新意,谁的主题新鲜有趣,自己的画有哪些不足……通过大家品评,幼儿的自信心会逐步增强,他们创作的积极性会更高。

（2）幼儿的一些作品，在成人看起来很可笑，但却真实反映了幼儿对事物特征的认识。在评价幼儿的作品时，要依据"新、奇、稚、满"的标准，即构思新颖、富有想象力；色彩鲜艳、搭配自然；充满童趣，作画大胆；画面丰满，富有个性。幼儿的画是他们对外部世界的感应、触摸和探索，反映的是他们最真的情、最纯的心，教师不能用是与非、对与错、像与不像来评价幼儿的画，否则会大大挫伤幼儿的自信，使幼儿失去兴趣，甚至扼杀幼儿的想象。教师应当从理解幼儿的角度出发，借幼儿的眼睛、借幼儿的童心去看作品，以鼓励为主评价幼儿的绘画，帮助幼儿树立自信心，增强他们学习的自觉性、主动性，激发他们再创作的激情。

（湖北省襄阳市实验幼儿园 吴茜）

错误87 选材超出幼儿的接受能力

案例呈现

"六一"儿童节前，刚走上工作岗位、有舞蹈特长的王老师希望在儿童节的节目表演中编排一个一鸣惊人的节目。她选来选去选了一个特别富有动感的流行音乐，为孩子们排练"牛仔舞"。可是小朋友们动作做了一遍又一遍，牛仔舞的俏皮韵味总也做不出来。王老师朝孩子们吼也吼了，可就是不管用。到最后，她叹了一口气，只好说："去，都去喝水，休息一下！"这时有的孩子趴到地上，有的跑来跑去，还有的聚在一起聊了起来。王老师边喝水边问："你们刚才怎么没有这么神气呀？"胆子大点的依依说："老师，好难呀！我不会跳，是不是很笨呀？"其他孩子也说："我也很笨，我不学了！"孩子们连继续练习的劲头都没了。

分析与建议

年轻教师对于儿童节节目表演这个展示个人才能的窗口，一般都十分重视，希望借此提升在领导心目中的地位，并得到家长们的认可。这种心情可以理解，不过从案例中可以看出，教师排练的音乐节目并没有达到想要的效果，孩子们也不能从老师精心编排的节目中获得快乐。从孩子们的回答中，我们也可以了解到他们没有参与活动的热情，对排练活动带有一定的抵触情绪。为什么会这样呢？最主要的原因是选材不恰当，未考虑幼儿的身心发展特点。孩子们在生活中没有接触过牛仔舞，再加上动作难度大，给他们造成很大的心理压力，进而让他们产生了倦怠情绪。

孩子们在排练中的消极表现不得不让我们深思：编排节目前，教师应该在选材时注意什么？排练活动的目的是什么？该如何编排节目呢？

（1）根据本班孩子的年龄特点，寻找适合孩子表演的节目。选材可以来自孩子的生活经验，也可以设计故事情境请孩子表演。

（2）合理、多样的活动安排，尽量减少抢排节目。教师应该从学期初就有计划、有目的地让幼儿学习节目中的分解动作，然后在演出前夕再进行汇编。幼儿循序渐进地学习，动作自然标准、统一，避免了反复练习带来的枯燥乏味、练习强度过大、易疲劳等缺陷。

（3）注重教育行为的适宜性和有效性。教师在活动中充当的应是引导者的角色，应把孩子放在活动主体的位置，从孩子的反应中了解他们的体验，了解自己教育行为的适宜性和有效性，并适时地对自己的行为加以调整，以使这个活动能达到真正锻炼孩子并促进其发展的目的。

只要我们怀着"把节日还给孩子"的理念，善于倾听孩子的心声，善于捕捉孩子生活中美好、有趣的事物，让每个孩子都能在活动中体验成功的乐趣和创造的幸福，那么孩子将拥有快乐的"六一"，节日也将更加有意义。

（湖北工业大学幼儿园　冯爱学）

错误88 让幼儿以打还打

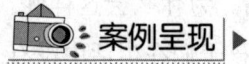

一天，李老师正带大（一）班的小朋友玩体育游戏。突然，传来一声喊叫："老师，诚诚打我。"原来又是平日攻击性行为较多的诚诚打了强强。李老师走过去问诚诚："你怎么又打人了？你知道被打的小朋友有多疼吗？"诚诚小下巴一扬，一副满不在乎的样子。于是，李老师就叫强强过去打了诚诚一下。园长得知这事，问李老师为何如此做。李老师回答道："诚诚故意打人，而且屡教不改，我让强强打他一下，是为了让他体验到被打的痛苦，以后他就不会打别人了。"

分析与建议

上述案例中，教师用以打还打的方式教育孩子，虽然暂时平息了此事，但可能会影响孩子的长远发展，因为，打人的孩子的攻击性行为没有得到纠正，被打的孩子也可能因此形成攻击性行为。

幼儿产生攻击性行为的原因有很多种，要具体问题具体分析：他们有的是不懂得如何处理问题才动辄出手打人，有的是为了引起别人的注意而打人，有的幼儿的攻击性行为的形成与其家长的教育方式有关。对于这些孩子，重要的是教给他们与人交往和处理问题的方法和技巧，多给他们一些关爱，或从家长工作入手对其进行教育，而不是简单地以暴制暴。教师要尊重幼儿，坚持教育原则，正向引导幼儿。

在处理此类事件时，教师要考虑如何把孩子向正确的方向引导，要以孩子的终身发展为前提，注重培养孩子正确的是非观和良好的行为习惯，切忌追求短期效应。

就本案例来说,教师已经注意到诚诚攻击性较强的问题,当诚诚再次被告状时,正确的做法是:

(1) 抓住契机,查明原因。首先,教师要询问事情的经过,问清楚诚诚为什么打强强,而不应先入为主地认为肯定是诚诚的错,应严肃认真地听取双方的阐述。在本案例中,因为是在集体性的体育活动中,强强先碰到了诚诚的可能性也是有的,诚诚无意地碰到了强强却被强强认为是故意打人的可能也是有的……只有查明了真实的原因,才有可能提出有效的解决办法。如果是无意的行为造成的,教师应及时调解;如果是诚诚的故意行为,则要指明打人这种行为不对,并请他向强强道歉,以示惩罚,并对强强进行安慰。

(2) 教给幼儿正确的人际交往方法。幼儿囿于自身的认知水平和生活经验,往往缺乏处理人际关系的能力,也不善于使用正确的交往方法,教师应有目的地开展一些促进幼儿交往的活动,引导幼儿区分友好的方式和不友好的方式,重点讲解打人行为容易让人生气、身体会感觉到疼痛不舒服等,让他们认识到不能随便打人,无论遇到了什么事情都应先沟通。

(3) 结合班级活动,营造团结友爱的班级氛围。教师在集体活动中要多关注诚诚的表现,还可通过"班级是我家,我们都爱她"的主题活动,让大家懂得作为班级的一员,要友好相处、协作互助的道理。

(湖北省兴山教育培训研究中心　杨菊孝)

错误89　提出的问题偏离目标

在中班的语言教学活动中,课堂教学的主题是"秋天的颜色",教师要引导

幼儿感受秋天的美丽多彩。为了帮助幼儿更好地理解活动的主题，教师特意出示了一幅大的有关秋天景色的教学挂图。挂图刚一出现，孩子们就被画面美丽的色彩所吸引，都仔细地观察着画面里美丽的景色。

教师挂好挂图就开始提问："这幅画里的风景美吗？在这么美丽的景色里，你最想做什么？大家说一说？"孩子们纷纷举手发言，有的说："我想骑车。"有的说："我要放风筝。"……

分析与建议

课堂提问贯穿于教学之中，是启发幼儿思维、检查教学效果的重要手段之一。此案例中的教师提出问题后，孩子们踊跃发言，貌似达到了很好的效果，但是仔细一看，却发现问题偏离了此次活动的目标"感受秋天的色彩"。问题针对的是孩子想做什么，而没有凸显出来秋天应该是什么颜色。如果把问题改成"秋天的美丽景色我们欣赏完了，秋天是五颜六色的。那么，让我们看看松树眼中的秋天是什么颜色的？菊花眼中的秋天是什么样的……"这样问题的针对性就很强了。

如何使教学活动中的提问不偏离预设的活动目标呢？教师可以尝试这样去做：

（1）围绕活动目标来设计提问。本案例中，教师的活动目标是比较明确的，但是教师的思路不太清晰，因此提出的问题就游离了目标，导致幼儿的回答与教师的意图不符。教师应围绕"感受秋天的色彩"这一中心目标，分层进行问题引导，如"今天老师带来一幅美丽的图画，我们一起来看看图画上都有些什么？"（枫树、松树、菊花等）；然后，问幼儿："枫叶是什么样子的？松树长得怎样……"；最后，引导幼儿通过角色扮演的方式思考"枫叶会说秋天是什么颜色？松树会说秋天是什么颜色？小草会说秋天是什么颜色？菊花会说秋天是什么颜色？大地又会说秋天是什么颜色"等问题，达到教师预设的活动目标。

（2）提高提问的针对性，减少随意性。在教育活动中，教师的提问经常表现为事先没好好想，临时随口提，结果天真的孩子不明就里，经常被教师问得晕头转向，有时教师还把自己给绕糊涂了。因此在提问时，教师要非常明确所提的问题要达到的目的是什么，提高提问的针对性，针对性越强，提问就越清楚，幼儿的回答也会越准确。同时，对于幼儿反馈来的多种答案，也应根据与本节活动的关联程度进行有针对性的回应或进一步引导，而不能被幼儿回答中的其他信息给牵制了。

（湖北省黄冈市实验幼儿园　刘玲玲）

错误90　预设不到位，过程难灵活

案例呈现

在一次集体教学活动中，王老师组织了一节科学活动课"鸡蛋里的秘密"，这个活动主要是让孩子们知道生鸡蛋里不仅有蛋黄，还有蛋清。在演示环节中，她当着孩子们的面成功分离了蛋清和蛋黄，并将它们分别装在两个透明的玻璃碗里，以便于孩子分辨和观察。当王老师请孩子们猜想放有蛋清的碗里是什么的时候，他们全部说是水。由于王老师活动前没预设到水，所以也没准备水，但她不得不对尴尬的局面进行扭转，于是她连忙拿起身边的一个透明玻璃碗，从孩子们的茶桶里打了一点儿水，又请一个幼儿上台分辨一下水和蛋清看有什么不同，没想到孩子分别摸了两个碗里的水和蛋清后说："这个是热的，这个是冷的"。为了使这个活动尽快趋向于预设的计划与目标，搭班教师连忙又到外面打了一碗冷水，王老师这才又引导孩子们分辨蛋清是黏稠的，而水是清清的。

分析与建议

一节成功的教学活动少不了教师的预设和充分的课前准备。上面案例的结局完全是由教师的预设与准备不充分导致的。预设活动是教师有目的、有计划的教育活动，教师的预设要认真思考，精心选择，既要使预设活动符合幼儿实际，又要能有效地促进幼儿的发展。当发现幼儿的表现离预设的教学目标越来越远时，教师应巧妙地把他们拉回来。

《纲要》中说过，备课要备幼儿、备教具。课前准备不仅是物质材料的准备，还有知识经验的准备。同时如果在教学过程中出现了教师没预设到的状况，教师应在教学活动中追随幼儿的问题随机应变，积极做出回应。

（1）尽可能地进行全面预设。虽然教育活动的过程具有可变性和不可预料性，但教师在课前还是应尽可能全面地做好预设。在本案例中，教师可以让个别幼儿先猜猜看会有哪些可能性，教师再将孩子猜测的东西准备出来；教师自己也应提前多查阅材料，比较一下蛋清与生活中常见的哪些物品具有相似性。

（2）生成是预留的空白。教师们既要做好活动的预设，做好充分的准备，又要处理好预设与生成的关系，灵活地处理活动中没有预料到的各种情况，真正让活动过程既有预设又留有余地，给幼儿生发疑问提供一些机会和平台，这样更有益于生成一些新的话题、产生新的发现。例如本案例中，热水与常温下的蛋清的确是存在温度的不同，虽然这不是教师预设的内容，但并没有错误，因此教师可以顺势给予肯定后，再继续追问："这两个碗里的东西还有什么区别呢？"如此很自然地迁移到这节课的重点上来，即分清蛋清是黏稠的，水是清清的。闻闻蛋清有腥味，而水是无味的。如果这样做就不用再去浪费时间打冷水了。

（3）活动前做好幼儿的经验铺垫。当幼儿不具备活动中重点要学习的生活经验时，应在活动前提供一些材料，供幼儿在游戏中积累相关的经验，本案例中可提前让幼儿了解和感受液体的清清和黏稠的不同，这样也便于孩子在这个活动中能较快地说出蛋清和蛋黄的区别，以免在这上面浪费时间。

一个有效的课堂离不开有效的课前准备。在课前准备时，我们应该做好每个细节，斟酌每个提问和预设提问后幼儿会做出的回应，并做好教具材料的准备工作，只有这样才能对我们成功地开展教学、提高课堂教学效率起到积极作用。

（湖北省武汉市武昌区教育局新桥幼儿园　汤春凤）

第六章

区域与游戏活动

　　幼儿园教育活动中的游戏类别划分标准不同，类别也不相同。简单的划分方法就是按一日活动中的活动类别来划分，即划为教学类游戏和娱乐性游戏，前者是在集体教育活动中呈现出的"**教学游戏化**"，后者是在区域、户外等多种场景中的"**游戏教学化**"，都是游戏的娱乐性与教育性的有机结合。

　　划分的类别不同，开展游戏的场景不同，教师发挥的作用也不同。相比较而言，教学活动中的游戏重在赋予教学活动以趣味性，激发幼儿参与正式学习的兴趣和积极性，提高教学的有效性，教师需要制定比较翔实的教学活动方案和开展游戏活动的方法，游戏是帮助落实教学活动目标的。而区域游戏则以幼儿独立自主地开展游戏活动为主，幼儿从中获得身体、认知、同伴交往、社会情感等方面的发展。相对于幼儿来说，教师应以设计师的角色提前为幼儿的活动做好准备，同时，以幼儿伙伴的身份参与到活动中去观察、了解和引导幼儿顺利自主地开展游戏活动。要处理好区域游戏与教学活动的关系，教师不能过多地干预区域游戏或强制介入幼儿的游戏。

　　本章呈现的 27 个案例除了侧重于区域活动中出现的各种问题外，还呈现了其他游戏如户外游戏中的问题，主要表现为教师在区域与游戏活动中的定位、指导与材料的提供、规则提示等方面。

错误91　区域活动的材料和形式单一

案例呈现

秋日的某一天,教师带领大班的孩子到户外感受秋天的到来,活动结束时教师让小朋友们收集了很多落叶。回到教室后,教师把这些落叶放到美工区,让幼儿在树叶上刷颜料印画。为了满足孩子们的需求,教师还专门增加了很多种类和数量的叶子。蒙蒙和玥玥是美术创作活动的爱好者,一连三天他们都选择在美工区进行树叶印画活动。但是这天早餐后,当他们第四次来到美工区活动时,没一会儿,就听玥玥说:"蒙蒙,我不玩了,每天都印叶子。""可是老师说只能在叶子上刷颜料印啊?"蒙蒙回答。"那怎么办?"玥玥问。两个孩子你看看我,我看看你,都没主意了。

分析与建议

孩子们对于教师规定只能在叶子上刷颜料印画感到无能为力,但也不能违抗,可每天都使用同一种材料进行操作,对于好奇心强的幼儿园大班小朋友来说,真的太枯燥无味了。尽管教师提供了种类繁多的落叶,但是可供刷印的载体依然只是落叶,而且活动的形式也只有一种。这就要求教师在准备区域活动材料时:

(1) 首先要认真分析幼儿的需要,了解投放的材料是否符合幼儿的年龄特点,是否满足了幼儿的活动兴趣。在活动过程中,教师应密切关注幼儿的兴趣,及时调整活动内容。上述案例中,教师可以增加皱纹纸团、扭扭棒、毛线、报纸团等一些可以蘸或刷的物品,让幼儿自由选择操作。在投放新的材料时,也不要一股脑儿地全部投放，而是要有意识地先投放一部分材料，在观察到幼儿对材料的兴趣减弱时，再投入一些新的材料，以满足不同幼儿的兴趣和发展的需要，推动活动主题的不断深入和开展。

（2）在提供操作材料时，教师要尽量选择可以一物多用的材料并鼓励幼儿大胆尝试。比如，除了用皱纹纸团制作蘸印画外，大班的幼儿还有能力用皱纹纸团进行手工创作，如做成眼睛和吸管搭配做成棒棒糖、用毛线围成脸形等。在上述案例中，除了刷印画以外，教师还可以启发幼儿用叶子制作贴印画等。因此，只要教师稍加引导，孩子们便可以发现更多奇妙的组合和玩法，这样不但延续了印画活动的主题，也使孩子们在动手创作的过程中更大胆、更自信，让他们体验到了成就感，感受到了操作活动的快乐。

（华中师范大学幼儿园　李琪）

错误92　区域活动内容缺乏挑战性和发展性

案例呈现

果果和小宇正在数学区里认真地给图形分类和排序。全部操作完后，果果坐在活动区里举手喊教师："老师，你快来，看我们做得对不对。"教师看完他们的整个操作过程，给予了肯定的答复，孩子们高兴地为自己鼓掌。"小宇，我们去玩球吧！"果果说。然后，两个幼儿就去体育区玩球了。在之后的时间里，果果和小宇基本上不再去数学区进行操作活动了，偶尔在其他幼儿操作时在一旁看一会儿，然后就走开。其他幼儿在操作全部正确后也没有了积极性，都会转到其他的活动区进行活动。

分析与建议

上述案例中，教师设计的数学区的活动完全不能吸引幼儿再次操作的兴趣。单一的认识图形、简单的排序，这些对于有自主性的大班孩子来说只是一种被动的学习，而有限的操作过程很快就会因不断重复而失去挑战性。那么，教师应该怎样设计数学区的活动呢？

（1）提供的操作方式要体现多样性、灵活性，避免单一的操作，让每个独立的知识点相连接，这样不仅可以让幼儿熟悉、理解原本枯燥的知识点，也有了难易程度的逐步递进。比如：在计算"2＋3＝"的题目时，让幼儿找出对应的数字作答后，还可以让他们根据题目主动地进行取物排序活动。比如，可以按 2、3 的数量依次取物排序，也可以按 2、3、5 的数量取物排序，这样既有了难易程度的区分，也让幼儿有了独立思考的空间，增加了活动的挑战性和趣味性。

（2）让幼儿成为材料的主人，主动去选择材料、控制材料、操作材料。上述案例中，教师实际上是在用材料控制幼儿。当幼儿对材料缺乏控制感时必然会失去兴趣，该材料的价值也就难以实现了。尽管每种游戏都有其基本材料，但是基本材料只是提供了开展活动的基本条件，要使幼儿在游戏中获得更丰富的经验，还必须添加辅助材料，而其他区域的材料往往都能构成某一区域的辅助材料。比如，在对图形的分类操作中，不要仅局限于让幼儿找出相应的图形进行归类，还可以鼓励幼儿借助建构区的积木进行图形的拼搭和组合活动，让幼儿进一步认识图形间的关系，加深对形状的记忆和理解。所以，教师要允许幼儿跨区使用材料，使用之后物归原处就可以了，这样的玩法不仅增加了数学游戏的难度，也具有一定的挑战性和发展性，而且幼儿在积极愉快的情绪状态下自主地参与活动，不仅让他们的动手能力和交往能力得到提高，他们的创造力、想象力在潜移默化中也得以升华。

总而言之，教师在创设一个活动区时要全方位地考虑，在符合幼儿年龄特点的同时，还要让幼儿成为材料的主人，这样幼儿才能主动去学、去探究，获得最大的收益。

（华中师范大学幼儿园　李琪）

错误93 活动区成品与半成品比例不当

案例呈现

为了利用废旧物美化教室环境,教师发动孩子们收集了各种饮料瓶,并利用这些饮料瓶制作出一个个精美的瓶娃娃摆放在美工区里,为教室的环境增色不少。孩子们每天都会在美工区流连忘返,这天王老师无意中听到孩子们的一段对话:

丫丫:萱萱,你看这个瓶娃娃好漂亮啊!

萱萱:丫丫,别动,弄坏了怎么办?

丫丫:那我们玩什么呢?

萱萱:我也不知道。

丫丫:那我们还是剪窗花吧?

萱萱:我不想剪窗花了。

丫丫:那我们去玩积木吧?

萱萱:好吧!

教师在美工区摆放了很多亲手制作的手工制品,供幼儿观赏的同时,也想为幼儿提供更好的创造性环境,激发幼儿的创造欲望。可面对琳琅满目的漂亮作品,萱萱和丫丫最终还是选择了到其他的活动区活动。

分析与建议

在案例中,我们看到,教师自制手工成品的良苦用心并没有发挥预期的作用,因为幼儿怕弄坏、担心受到责备,所以对教师的劳动成果采取了观望、放弃的态度。美工区也因此成了幼儿路过的一个活动区,其区域活动开展的价值和意义在此刻也没有得到显现。上述案例也告诉幼儿教师,应注意活动区中成品与半成品的投放比例。

(1) 半成品的玩具更有利于幼儿创造力的培养。教师在活动区投放的成品玩具确实能美化活动区,给幼儿带来美感,但仅有教师制作的成品玩具,幼儿又有多大的参与热情?他们又能创作出怎样的作品?案例中的瓶娃娃,大班的幼儿完全有能力自己制作,因此在前期的材料准备过程中,教师只需提供半成品的材料,如各种各样的瓶子和其他的原材料;然后观察幼儿在哪些方面需要教师的帮助,是否还有幼儿没有找到自己感兴趣的活动材料和适合于自己的活动方式,了解投放的材料是否符合幼儿的年龄特点即可;甚至可以鼓励幼儿参与材料的收集工作,让幼儿完全参与其中,这样教师也不用去制定规程来让幼儿爱惜制作好的成品玩具了。

(2) 区域活动材料成品和半成品的比例为1∶3较为适宜,多一些半成品和原始材料。在投放材料的同时,教师要多方面、多手段地引导幼儿关注并熟悉区域材料,激起幼儿的操作欲望和兴趣。假如教师只在活动区投放材料,既不向幼儿介绍材料的使用,也不指导幼儿材料的用途,就会影响幼儿的探索积极性。比如,在使用瓶子作为原材料的制作中,教师只需对材料做简单的用途介绍,对于幼儿在操作材料的后期使用不要有硬性的规定,对于幼儿的操作顺序也不要强加干涉,那样只会妨碍幼儿的创作想象。或许幼儿看到瓶子,首先想到的不是制作瓶娃娃,而是其他的玩具,比如制作成体育区填满沙粒的哑铃或养殖区的花瓶等。对于幼儿的创作和想象,教师应给予肯定和鼓励。

要想最大程度地挖掘幼儿的动手创作能力,教师不仅要做好观察者,充分了解幼儿的需求;也要做好指导者,给幼儿充足的空间去思考;更要做好材料的提供者,为幼儿的创造想象打造最舒适的平台。

(华中师范大学幼儿园　李琪)

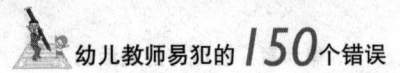

错误94　未能及时调整活动区的规则

案例呈现 ▶

区域活动中,可爱的宁宁正在玩科学区的称重量的工具——弹簧秤。他手里拿着弹簧称,有模有样地称着磁铁棒,一根,二根,三根……他眼睛看着弹簧秤的变化,而眉头却是紧锁着,王老师以为他发现了新问题解决不了。不一会儿,他就跑到王老师跟前小声地说:"王老师,我有点尿裤子了,你帮我换换裤子吧!"王老师连忙问他是怎么回事。他小声地说:"我很早就想去上厕所了,可是我要是去上厕所,那么科学区的位置就会被其他小朋友给占了。"原来是怕活动区的位置不保导致宁宁尿了裤子。这时,王老师不禁想起了前几天灿灿在美工区穿项链的时候,因为口渴去喝水,等回到区域的时候,她穿好的项链被尚尚给毁掉了,当时灿灿都急哭了。

分析与建议 ▶

区域活动是幼儿在教师有目的创设的环境中的学习,是幼儿自主的活动,但自由自主并不等于放任。建立良好的行之有效的活动区规则,是搞好区域活动的保证,在区域活动中要坚持必要的教育管理,培养幼儿的规则意识,如区域人满时礼貌地等待、希望交换玩具时有技巧地沟通等,这些是幼儿参加区域活动时必须遵守的游戏规则。但区域规则不是一成不变的,教师应该根据幼儿的需要,和幼儿一起修改规则。上述案例中,灿灿小朋友的情况未能引起教师的重视,教师没能及时调整区域活动的规则,结果导致宁宁小朋友尿了裤子。这就告诉教师:

（1）区域游戏规则并不是一成不变的，要根据实际情况和教学需要逐步调整游戏规则，特别是根据幼儿的能力、行为水平的提高而有所调整。比如：在小班建构区，最初为了避免幼儿间相互干扰发生冲突，建立了固定位置单独操作的规则，但随着建构能力的提高，幼儿具备了相互合作、相互协调的能力，这时就应该取消原有的规则，引导幼儿增加有关合作搭建的游戏规则。

（2）引导幼儿在游戏过程中共同制定规则并认真执行和遵守。针对本案例中出现的情况，教师可以在区域活动评价的环节中提出："如果遇到这种状况，该怎么处理？"让幼儿自己想办法制定游戏规则并鼓励幼儿在区域活动中试一试。比如，有的幼儿可能会在操作区用一把小锁来对自己的位置进行锁定，后来的小朋友看到旁边的小锁，就读懂了先来小朋友的意思，就会在一旁耐心等待；也有的幼儿可能会用一根长绳子把自己还没有搭成功的作品围起来，用这种方式告诉大家："我还没有完成，我会继续的，请不要毁掉！"孩子们自己制定的规则往往更管用。因此，当幼儿在活动中遇到问题时，教师不要急着帮忙解决问题，而应当引导幼儿自主寻找解决问题的方法。

（3）在规则建立的过程中，注意将行为训练和道德认识统一起来。教师应该注意在引导幼儿建立规则的过程中，使幼儿明了是非界限，明确行为规范，知道什么是应该做的，什么是不应该做的，比如：游戏中不能打扰别人，不能做损害他人的事情，等等。

在幼儿进行区域游戏的时候，教师不能只以语言和外部手段来强化规则，更为有效的是使幼儿根据自身的经历自己制定规则。区域活动规则往往不可能一步到位，而是需要逐步完善的。幼儿教师要让幼儿在观察、学习中了解、体验和接纳规则，真正将规则转化为生活的一部分。

（华中师范大学幼儿园　王丰韵）

错误 95 忽视了对活动区的人数限制

案例呈现

星期一又到了，孩子们兴高采烈地来到幼儿园，迅速地吃完早餐，然后迫不及待地进入区域进行游戏。正当各个区域的小朋友开心地进行游戏的时候，教室里突然发生了小小的骚动，只见多多用力推开好几个小朋友，钻进了已有五个人的美工区，因为美工区的区域和材料都有限，多多只有挤开美工桌上正在画画的悠悠和嘟嘟，旁边的好几个小朋友都被他撞得东倒西歪。看到没有绿色的彩笔了，多多又仗着自己个头大抢过了乐乐的绿色彩笔，乐乐自知抢不过彩笔，就一把抓过多多画画的纸把它撕坏了。多多生气极了，朝乐乐扑过去，活动区里人多拥挤，多多这一扑，扑倒了好几个小朋友，玩具柜也被撞倒了，文具、彩笔撒了一地。王老师连忙走过去，制止住了多多，多多很不情愿地停了手，嘴里还不停地嘟囔着："哼！美术区这么小，玩的人又这么多，快把我挤死了，又不是我一个人这样，其他的小朋友和我一样。"多多不再去参加任何区域活动，而是撅着嘴巴生闷气。

分析与建议

强烈的好奇心和占有欲促使多多小朋友在选择区域活动时只顾及自己的感受，自己想玩就去玩，想玩什么就玩什么。相对自由的环境和材料，往往让一些规则意识弱的孩子难以自控，尤其是现在的孩子大多是独生子女，平时在家玩任何东西都没有规则，不受约束，在区域活动中也没有规则意识，以自我为中心，直接影响到区域活动的秩序。由于幼儿园活动区空间和操作材料有限，教师应能根据实际情况适当约定每个活动区域适宜的人数，在布置区域时制定活动规则，避免出现同一个区域人数过多的情况。

（1）教师要注意探索、发挥环境的暗示、引导作用，规范、协调和控制幼儿的行为。幼儿园每个班级都会创设多个活动区，但区域空间和投放的材料有限，因此必须对每个区域的人数有约定。人数的规定是区域活动中使用较为频繁的规则。比如：在一些需要限定人数的区域设有相应的标记，如 5 对小脚印，提醒幼儿"娃娃家"只能进 5 名小朋友。还可以用胸牌、小夹子等其他标志代替，这些可以直接提示幼儿关注同伴选择游戏和开展游戏的状况，引导幼儿自动调整活动人数，当自己的游戏意愿和区域环境及人数有冲突时，学会约束自己，与同伴协商，运用智慧争取……帮助幼儿逐步学习调整个体行为，提高区域游戏的有意性。

（2）活动区规则应内化成幼儿自觉的行为，才更加有约束力。在创设好活动区之初，可以不设立进区标志和规则，而是让幼儿自由地玩，出现问题后再组织幼儿讨论怎样解决问题。比如：人多拥挤怎么办？材料如何使用和分配？等等。幼儿很快提出了建议，如限定人数、设立进区标志等。有人没戴进区标志就在活动区里玩，其他小朋友就会阻止说："没有标志不能在里面玩！"幼儿之间能够形成一种机制，互相约束。内化了的规则能更加有效地约束幼儿的不恰当行为。长时间规则意识的培养可以使幼儿在轻松愉快的气氛中接受教育，往往能有"一两拨千斤"的功效。

（华中师范大学幼儿园　王丰韵）

错误 96　区域设置与主题活动割裂

学期初，教师为孩子们创设了功能各异的活动区。一开始，孩子们都很有兴

致地根据自己的喜好选择区域进行游戏。在美工区,他们自由地涂鸦,动手制作玩具;在益智区里,总能看到孩子们摆弄飞行棋;娃娃家里,孩子们在进行各种角色扮演活动;理发店里,爱美的小女孩在打扮自己;阅读区里,孩子们在安静地阅读图书。

然而,随着时间的推移,区域活动出现了一些状况:孩子们有些盲目地游走于各区域之间,对各种游戏浅尝辄止,或者进入区域后不知道自己到底要干什么。教师以为是孩子们厌倦了区域的操作材料,煞费苦心地不断投入新的材料,尝试改变区域的摆放、增设新的区域空间,但是收效甚微。新材料玩了几天,孩子们就不感兴趣了;新区域一开始吸引了不少的人气,但时间一久新区域也成了孩子们盲目游走的旧空间;阅读区更成了一个死角,无人问津。那么,活动区存在的问题是由什么导致的呢?

分析与建议

案例中,教师千方百计地创设和布置活动区域,但是效果并不理想。究其原因,与主题活动割裂导致区域活动成了无源之水、无本之木,活动效果大打折扣。在创设区域活动的时候,教师必须将之与主题活动结合起来:

(1)区域活动的内容应主要源自主题活动,作为主题教学内容的延伸和补充。区域活动灵活多样的组织形式与丰富多彩的学习内容能有效地弥补集体教学的不足,实现集体教学、小组活动和个别活动三者的有效结合,给孩子创造多种表达的途径,提高孩子学习的质量。案例中,教师没有将区域活动与主题教学活动中的材料有机地统一起来以满足孩子的学习需要。教师盲目地为孩子们创设活动区,虽然不停地更换材料,改变环境,时间久了也只是成为孩子们自由玩耍的空间,其教育目的并未达到。

(2)活动区要有明确的活动目标。案例中,幼儿之所以会盲目地游走于各区域之间,主要是由于区域活动的目的不明确,幼儿进入活动区无所适从,这就要求教师应该结合主题教学活动目标不断地调整区域目标,活动区教育目标的变化也应根据幼儿的需求和主题教育活动的目标进行随机的调整。目标的产生一个是根据主题教育活动,另一个来源就是幼儿在区域活动中自主生成。比如,教育活动中"磁铁"这一主题，教师在科学区域中投放了各种各样的磁铁以及不同材质的物质，目的是让幼儿感知磁铁能吸铁。在操作的过程中，有的幼儿就用磁铁和磁铁对吸，这可能就生成新的教育目标——同极相斥。那么，活动的目标就应该立即调整为：磁铁同极相接触，会产生什么现象？这一目标是幼儿在操作中自然生成的。

（3）活动区域的设置要遵循幼儿身心发展的规律和特点，材料的投放要根据主题活动的需要及时调整，所包含的内容和所选的材料一定要丰富且具有一定的挑战性，以此来激发幼儿对区域活动的兴趣，避免出现案例中幼儿新材料玩不久就厌恶的情况。教师要善于观察幼儿在区域活动中的行为，根据幼儿的需要及时调整操作材料，案例中阅读区成为死角的主要原因是图书更新得慢，无法吸引孩子，更重要的是幼儿更喜欢"动"的操作。对于这种静态的区域，教师应适时引导，开展一些相关活动，比如将书中的故事搬到角色区组织幼儿进行角色扮演，轻声为幼儿读小故事，和他们一同阅读图书，等等。这些都能吸引幼儿参与到阅读中来。

（华中师范大学幼儿园　刘玉平）

错误97　区域活动中教师的指导缺乏艺术

案例呈现

区域活动开始了，今天有孩子们期盼已久的玩沙活动，孩子们带上工具冲进了沙池，正准备动手挖沙子，却听到老师说："小朋友们，我们今天来用沙子做一个城堡，下面先看老师是怎么做的。"教师非常卖力地将造城堡的所有技巧以及铲子的操作方法逐条讲解，告诉孩子们铲子是干什么的，它有什么样的功能，第一该干什么，第二该干什么，怎样挖、怎样拍、怎样抹，并让孩子们背了几遍，然后测验，看他们是不是记住了。孩子们对此感到索然无味，教师见状，硬逼着小朋友们记住。然后，才允许孩子们动手玩沙。这个时候，孩子们的注意力全在铲子上、技巧上，全身心地记忆铲子的功能而忘了创造，他们的创造能力被闲置起来了，建造城堡的兴致也冷却下来。

分析与建议

著名教育家第斯多惠说："教育的艺术不在于传授知识，而在于唤醒、激励和鼓舞。"教师在区域活动的指导过程中要讲究艺术。

（1）观察先行，适时介入。观察幼儿在游戏中的情况，是组织游戏的重要环节。然后，在此基础上进行分析，从客观实际出发提高指导的效果，能最大限度地发挥幼儿参与游戏的积极性。比如，孩子来到沙地时，可能对建造技巧一无所知，甚至不知道需要铲子这样的工具。他们在建造的过程中就会体会到没有技巧的无奈以及缺乏工具的不便，从而产生心理上的渴求。这时，教师可以将铲子悄悄地放在他们的手边，他们就会自然地拿起，忘情地使用。此外，每个孩子由于个性的不同，会以不同的方式创造性地使用铲子，技巧就这样产生了。在这个过程中，教师要做的是默默地观察，适时地提供工具和技术上的指导。

（2）以伙伴的身份来指导幼儿的游戏。在建造城堡的过程中，教师可以以伙伴的身份来帮助那些遇到困难和求助的幼儿，并要注意集体与个别指导相结合，让幼儿在探索材料的过程中感受到成功与快乐。

（3）注意评价幼儿的游戏，及时发现幼儿的闪光点。在建造完城堡之后，教师再与孩子一同讨论：谁造的城堡最有创意？使用了哪些方法？铲子怎样使用效果更好？这时，他们就会惊讶地发现："呀，原来这样的效果更好！铲子在使用上还有这么多的窍门！要是我能掌握这些，下一次就能建造出更棒的城堡了！"

教师在区域活动中要耐心地等待幼儿通过自己的亲身体验来获得认知，而不是由自己硬塞给他们。教师硬塞给他们的由于没有认知的过程，只能变成记忆；而通过认知得来的知识已经融合了他们个人的探索、感受与经验，不再是单纯的知识技能，而是智慧的结晶。

（华中师范大学幼儿园　孙婷）

错误98 突然介入打乱幼儿的活动计划

案例呈现

中班的齐齐和豆豆正在进行区域活动——医院。他俩打扮成医生等待"病人"前来就诊。可等了半天,一个病人也没来,齐齐开始坐不住了,不停地招呼外面的小朋友来当病人,可小朋友们都不予理睬。这时,豆豆发现医院角落里有个布娃娃,就飞快地跑过去拿起来回头对齐齐说:"我们给娃娃看病吧!"他俩一会儿给娃娃量体温,一会儿喂娃娃吃药,忙了大概10分钟,齐齐说:"哎呀,娃娃吐了,要打针了。"两人于是忙着为娃娃打针。突然,豆豆说:"不行,必须给娃娃动手术,它好像肚子坏了。"两人又为娃娃披上纱布,准备动手术。这时,刘老师走过来,看到他俩似乎要走,好心地说:"娃娃生病了,你们怎么不给娃娃打针呢?"两位小朋友看了一眼老师,刚想说什么,刘老师就递给他俩一个玩具针管:"快给娃娃打针。"俩人只好又给娃娃打针……

分析与建议

在上述案例中,刘老师没有全程观察两人的活动流程,对幼儿的思维过程缺乏了解,只凭自己在巡视中的即时观察介入幼儿的活动,做出带有强制性地要幼儿给娃娃打针的决定,使孩子们原本"给娃娃动手术"的计划遭到破坏。这种现象在区域活动指导中普遍存在。由于班级人数多,幼儿进入区域后,教师应接不暇,指导也大多数属于走马观花式的,很少能耐下心来倾听幼儿,进行细致的观察,也根本无暇顾及幼儿活动的细节。

在幼儿的区域活动中,教师应该怎样指导比较恰当呢?

(1) 作为观察者关注幼儿活动的过程。在区域活动中，教师要耐心、仔细地观察幼儿，掌握幼儿的活动情况并做出适时的反馈，这是教师指导好幼儿活动的关键。《纲要》指出："要关注幼儿在活动中的表现和反应，敏感地察觉他们的需要，及时以适当的方式应答，形成合作探究式的师幼互动。"这就要求教师要观察幼儿在活动中的行为表现和语言表达，解读幼儿的需要，关注幼儿是如何游戏的，而不是我们想让幼儿如何游戏。该案例中，齐齐和豆豆之间的语言交流使区域活动得到进一步深化的契机，而教师的作用是做一名细心的观察者，去倾听他们说话的内容，分析他们的探索需求，并创造条件帮助他们将游戏活动继续开展下去。

(2) 作为支持者顺应幼儿游戏的意愿。幼儿园区域活动是以幼儿为主体，即让幼儿在宽松和谐的环境中按照自己的能力和意愿，自主地选择学习内容、方法及合作伙伴，积极主动地进行探索与交往。如果教师将自己的意图强加给幼儿，致使教师的指导意图与幼儿的游戏行为产生矛盾，就不能达到教师的预期目的。上述案例中，齐齐和豆豆两名幼儿是富有主动性和创造性的。面对没有病人的情况，他们主动找娃娃当病人，两人通过丰富的联想，假想着娃娃的病情，不断地为娃娃的病做出诊断，游戏情节逐步递进，趣味性也越来越强。教师对幼儿游戏的介入应当是在充分尊重幼儿游戏意愿的前提下，而不是要求幼儿按照自己的意图行事。

(3) 作为指导者推动幼儿活动的发展。上述案例中，当齐齐和豆豆想去给娃娃动手术又不知道该怎么做时，如果教师能提出一些合理的建议，如动手术要准备什么（器具）以及手术时应该干什么（输血、量血压、麻醉等），会有助于他们将活动更深一步开展，使活动更精彩。

(湖北省黄石教科院　程带娣)

错误99　把进区卡集中放置在一个地方

案例呈现

区域活动的时间到了。在老师说完"小朋友们去活动区取进区卡，进入活动区"以后，小朋友们立即争先恐后地去取进区卡。突然，只听见"哇"的一声，斯斯哭了起来。教师立刻走过去询问情况，斯斯哭着说，伟伟打了她。教师叫来伟伟，伟伟说斯斯太慢了，挡住了他拿进区卡，于是，他就打了斯斯。教师正准备批评伟伟，这时，晨晨大声叫起来："老师，傲傲挤我……"教师一看，取进区卡的地方乱成了一团。孩子们争抢着去拿活动区门口小篮子里的进区卡，结果挤成一团。

分析与建议

区域活动作为幼儿的一种自主游戏，是幼儿自我学习、自我探索、自我发现、自我完善的活动，也因为其气氛宽松、形式灵活多样，越来越受小朋友的喜欢。进区作为幼儿进入活动区活动的第一个环节，也越来越受到关注。从案例中可以看出，幼儿迫不及待地想进入活动区开展活动，可因为他们拿不到进区卡而乱成一团，耽误了活动的时间。那么，是什么原因导致这种情况出现呢？根据案例中的描述，主要问题还在于进区卡的摆放方式——集中摆放不科学、不合理。此外，与某些活动区域格外受幼儿欢迎也有关系。

随着幼儿园区域活动的深入开展，现在越来越多的幼儿园开始重视区域活动的开展。针对上述案例中存在的问题，教师应该怎么做呢？

（1）"我的地盘我做主"。教师在日常工作中经常会说要把幼儿放在主体地位，落实在行动中，就是让幼儿做活动区的主人，引导幼儿一起讨论为什么会出现争抢的现象，应该怎样解决。苏联教育家苏霍姆林斯基说过："儿童心灵之处都存在着使自己成为发现者、研究者、探索者的愿望。"教师要帮助幼儿把这种愿望表达出来。

上述案例中，教师引导幼儿发现了进区卡的摆放位置不对，经过商量，小朋友们一起动手在活动区的门口并排粘贴上一些插进区卡的小框，每个小框上插一张进区卡，框与框之间间隔一定的距离。这样，小朋友之间就不会因为有人慢而相互推挤了，大家各取各的，互不影响。

（2）出现蜂拥现象，除了孩子游戏规则意识不强外，教师也需要反思自己在区域设置和材料投放上的一些细节问题。新创建的区域和新投放的操作材料，肯定会更吸引孩子，教师要有思想准备。对于新创建的区域，可适当多准备一些操作材料，尤其是孩子都喜欢的操作材料。比如刚参观完军营回来，孩子们都喜欢军人的服饰，而角色游戏区里只有一套军服，大家都想抢，怎么办？教师在区域活动前就应该意识到这个问题。可事先向孩子们说明情况，教师除了引导孩子学会协商和等待外，亦可和孩子们一起动手制作帽子、手枪等道具。另外，可以同时开放多个区域，如美劳区、益智区、语言区，以及娃娃家、小医院、小超市等，以分散孩子的注意力，让孩子有比较多的选择。这些都能有效避免出现案例中的现象。

（湖北省武汉市武昌区机关幼儿园　武艳新）

错误100　区域活动材料好看但不能玩

 案例呈现

在角色区——"娃娃餐厅"中投放游戏材料时，教师认为游戏材料投放得越

多、越真实、越美观，孩子们就会越喜欢。于是，教师利用家长们提供的废旧材料，如海绵、泡沫、棉布、硬纸板等，制作了蛋糕、饺子、汤包等食品，并用包装袋包装好，显得十分精致、美观。刚开始，孩子们非常感兴趣，都跑过去看、摸，嘴里还不停地说："这个蛋糕是我和妈妈一起做的，这个蝴蝶结还是妈妈教我用丝带系的，真好看！"可时间一长，孩子们就失去了兴趣，连看都懒得过去看了。

分析与建议

在区域活动中，无论教师为幼儿提供的材料外形多么美观逼真，如果不能拆开、摆弄，那么在最初的新鲜感过去后，幼儿很快就会失去继续活动的兴趣。因此，上述案例中，无论娃娃餐厅与真实的餐厅有多接近，因为缺乏可供幼儿动手操作、探索的材料，幼儿自然陷入无所事事的状态。幼儿只有自主进行大量的切割、翻炒、盛放等活动，做食物才有乐趣可言。此外，游戏材料也并非越多越好，如果游戏材料长期不变，幼儿的游戏内容为材料所限，他们的游戏就会在原有水平上停滞不前。

针对上述案例中教师存在的误区，在投放活动材料时，教师应注意以下两点：

（1）认清幼儿游戏的规律，提供的材料要具有可操作性。在角色游戏的初期，教师可以创设逼真的环境、制作精美的材料来吸引幼儿的注意。而在幼儿已经熟悉游戏规则的情况下，教师要多提供可操作性和开放性的材料来促进游戏的开展。在游戏，过程中，我们发现现成的游戏材料往往会局限幼儿的思维，相反，可供想象操作的材料如橡皮泥、颜料、废纸片、树叶、调料以及厨师、顾客、收银员、服务生等角色的头饰和装扮，更能激发幼儿的游戏热情与创造性。

在选择、投放材料时，教师要考虑区域设置的教育目标，材料的提供上要层层递进，难易不同，充分满足不同发展水平幼儿的需要，使每个幼儿都有机会体验成功。比如在"娃娃餐厅"的游戏中，除了那些好看的成品材料外，还需要一些盘、碟、勺、食品、布娃娃等材料。另外，还要提供一些半成品的材料，如穿了一半小丸子的木棒、切了一半的蔬菜、泡沫面包等，或者提供一些原材料，引导幼儿亲自动手制作，比如提供橡皮泥和小豆子做赤豆糕。这样针对孩子不同的个性和共性投放有层次的材料，让每个孩子都能操作自己感兴趣的材料，在活动中获得不同程度的满足和发展，体验到游戏的快乐。

（2）关注幼儿游戏的进程，要注意随时调整材料。在角色游戏活动中，材料的提供并不是一劳永逸、一成不变的，而应随着主题的深入及幼儿的兴趣、发展水平，及时变换与之相适应的游戏材料。此外，也要注意投放材料的比例问题，新材料投放太多会导致幼儿不知道玩什么好，材料太少又不能满足幼儿的游戏需要，教师应在游戏中观察幼儿游戏的情况，按需随时增减材料，引导游戏情节的进一步发展。

（湖北省武汉市武昌区机关幼儿园　李雁）

错误101　干预幼儿的自主选择

案例呈现

又到了区域活动的时间，李老师点名为孩子们发放区域卡，当点到峰峰请他取生活区的卡时，他立即叫了起来："老师，我不要生活区的卡。我想去娃娃家炒菜！"他这么一叫，其他孩子也跟着叫起来："老师，我也想去！我也想去……"安静的活动室一下子热闹起来，已经领了卡的孩子也把手中的卡举起来想要和老师换。"峰峰，我看你今天什么都不要玩了！你们也都不要玩了！"李老师提高音量生气地说。听到老师这么说，领了卡的孩子赶紧把小手放下来。峰峰听了李老师的话则吃惊地问道："为什么？我想玩！"峰峰的反问让李老师更为生气，语气更加强了几分："你说为什么？！你问问其他听话的小朋友！"随后，李老师继续发卡分配区域活动："老师今天只请乖孩子去娃娃家玩……"峰峰流露出紧张、焦虑的神情，抬起头偷偷瞥了一下李老师，不再讲话了。

分析与建议

从这个事件中我们可以看出，该教师始终以管理者、制约者的身份出现，而不是一个支持者、合作者和引导者。该教师认为，小朋友应该安静、认真地坐在自己的座位上听从老师的区域活动安排，否则就是不守纪律，对于不守纪律的孩子，则剥夺他参与某个区域活动的权利。教师的行为让幼儿由积极主动地参与区域活动变成了消极被动的状态，打击了幼儿参与区域活动的主动性和积极性。

区域活动是幼儿在一定的游戏环境中，根据自己的兴趣和需要，以快乐和满足为目的，自由选择、相互交流、持续探索的积极主动的活动过程。为了帮助幼儿得到快乐和满足的体验，教师应改变干预的态度，给幼儿自主选择的权利和机会。

（1）在区域活动中，教师应创设轻松、愉快、自由的氛围，始终以平等的态度对待幼儿、尊重幼儿，让幼儿可以自己决定玩什么以及怎样玩，满足他们自我发展的需要，让幼儿真正成为区域活动的主人，而不是等待教师的分配。当然，自由、自主也并不意味着教师完全放手，区域活动仍需要教师耐心的引导。上述案例中，当小朋友提出"我想去娃娃家炒菜"时，教师应以接纳、尊重的态度耐心地询问："你为什么不想到生活区，而是想到娃娃家去玩啊？"努力理解孩子的想法与感受，支持、鼓励他们大胆地探索与表达。只有真正走进孩子的世界，才能更好地把握机会引导孩子，把他们的学习兴趣推向更高的层次。

（2）通过适宜的引导和材料准备纠正幼儿偏区的问题。在幼儿园的区域活动中，经常会出现上述案例中的偏区现象，而教师在区域活动中的引导以及操作材料的准备情况是影响幼儿偏区的两大重要因素。

首先，"良好的开端是成功的一半"，区域游戏前的导入活动是重要的指导环节，教师语言的生动性和趣味性是引领孩子选择区域的重要依据。比如，针对上述案例中小朋友不愿意去生活区的问题，教师可以说："小朋友们都不去生活区啊，老师可想去了，我要包好多漂亮的糖果，我还想做一串项链，可漂亮了……"相信有了教师的引导，孩子们都会争着、抢着去生活区。

其次，活动区的材料投放也很关键，教师要经常丰富、更换材料。材料要适合幼儿的年龄特点；具有可操作性、多样性和游戏性；要能激发幼儿的创造性；要贴近幼儿的生活，这样才能激发幼儿的兴趣，使幼儿不断地游戏。

（湖北省钟祥市机关幼儿园　周艳丽、常琴）

错误102　把禁止玩游戏作为惩罚的手段

案例呈现

角色游戏时间到了。"大家可以开始玩了。"教师的话音还未落，就有好几名幼儿一窝蜂地涌到"娃娃家"。不一会儿，"老师，东东抢我的玩具""老师，东东打我"……告状声此起彼伏。东东是班上比较调皮的男孩子，规则意识较差，经常被老师批评。听到告状声，教师一气之下，把东东拉到活动室的中间，对他厉声说道："不许你玩游戏了。"东东不服气地坐在一边，羡慕地看着其他小朋友玩得兴高采烈。过了一会儿，他忍不住对老师说："老师，我再也不敢打人、抢玩具了，你让我玩吧。""不行。"教师丝毫不为所动。直到结束，教师都没让他再参加游戏。

分析与建议

上述案例中，教师对东东的既简单又粗暴的"惩罚"方式显然是错误的。"娃娃家"是小朋友最喜欢玩的游戏之一，而教师却剥夺了孩子游戏的权利，丝毫没有考虑到孩子的感受。当孩子禁不住内心参与游戏的渴望，主动向老师承认错误并表示愿意改正时，教师却"丝毫不为所动，直到结束，都没让他再参加游戏",剥夺了孩子改正错误的机会。

那么,教师应用什么办法让东东既愉快地参加游戏,又能控制自己的行为、遵守游戏规则呢?

(1) 在游戏开始前,教师应该让孩子明确游戏的规则,特别是关注班上较调皮且规则意识差的孩子,让他参与游戏规则的制定,与同伴讨论游戏时应该做什么、不能做什么。

(2) 教师可以有意识地请他扮演他自己喜欢的角色,以角色的任务意识帮助他控制自己的行为。比如,教师有意识地请东东当娃娃家的"爸爸",由他带领本组小朋友进行游戏。游戏中,教师可提醒"爸爸"煮饭给"娃娃"吃,还要给"娃娃"喂饭。游戏讲评时,教师可请东东来说说今天玩游戏的感受,如"今天你玩得开心吗?你是怎样当个好爸爸的?"

(3) 掌握好对孩子惩罚的度。怎样的惩罚可以让犯错的孩子心服口服,让教师和孩子都觉得轻松自然?特级幼儿教师应彩云说,她在教室设置了一个"反思角",反思角里有一些规则教育的图书,孩子犯错后,进入反思角"思过",也就是一个人安静地看看书,5分钟后出来,重新融入集体。这样的惩罚气氛轻快明快,减少了沉重和压抑,值得借鉴。优秀的教师一定会给孩子营造一个宽松的生活、学习、娱乐环境,让孩子明白,犯错不要紧,因为每个人都有可能犯错,知错能改依然是大家喜欢的孩子。

教育幼儿不能光靠强硬的手段,教师应该把握好幼儿的心理特点和个别差异,通过角色的模仿、扮演或其他灵活的教育方式让幼儿逐步养成良好的规则意识和行为习惯;积极引导幼儿,赏识鼓励幼儿,让幼儿时刻感到自信,激发幼儿与他人交往的兴趣,培养幼儿完整健全的人格,使幼儿园的生活成为幼儿幸福成长的载体。无论何时,师幼之间都应是民主的、平等的,幼儿的发展则应是全面的、健康的。

(湖北省武汉市武昌实验小学附属幼儿园　李丽)

错误 103　不珍视幼儿的活动成果

📷 案例呈现 ▶

自主活动时间，在建构区里，几个孩子正在为他们亲手搭建的"迪拜塔"兴奋不已。他们小心翼翼地簇拥在"迪拜塔"的周围比画、端详、谈论，脸上洋溢着幸福的笑容，眼睛里闪耀着奇异的光芒。他们俨然正沉浸在建造"伟大"杰作的幸福当中。

这时，戴老师抱着备课本行色匆匆地从教室门口进来，径直走向"迪拜塔"背后她的私人物品柜。"孩子们，快让一下，老师拿会议记录本。"说话间，她轻轻拨开柜门前几个孩子的头，将他们"驱赶"到一边，拉开柜门，从柜子里拿出黑色的本子和一支笔，然后砰的一下关上门，跨越过"迪拜塔"。

"哇！！！"孩子们一声惊呼，面面相觑。

已到门口的戴老师回头一看，"迪拜塔"被拦腰斩断。戴老师什么也没说匆匆离去。

📖 分析与建议 ▶

这是在幼儿一日生活中很常见的小事，正因为它微不足道，往往最容易被教师忽视。上述案例中，戴老师因为赶时间而行为仓促，不小心碰坏了幼儿的"杰作"，却一句话也没说匆匆离去，戴老师的做法显然欠妥。

第一，不尊重幼儿的劳动成果。从案例中"小心翼翼""幸福的笑容""奇异的光芒"等关键字眼足见幼儿对自己作品的珍视，而戴老师丝毫没有察觉到幼儿的成就感和幸福感，尤其是"跨越过'迪拜塔'"这一动作，充分说明对幼儿作品的不尊重。

第二，忽略甚至无视幼儿的内心感受，没有为自己的过失"买单"。很难想象孩子们在戴老师无言离去后的内心感受，那是一颗颗沮丧的急需抚慰的幼小心灵。即使再匆忙，戴老师也该转身回来对孩子真诚地说声"对不起"。

迪拜塔是人类的建筑杰作，但在幼儿心目中有比迪拜塔更高的，那就是教师的人格光辉。在幼儿园里，教师的言行举止对幼儿有着潜移默化的影响。教育家陶行知说过："生活即教育。"教师要善于观察并利用幼儿生活中的一些偶发事件，以身作则，因循诱导。

（1）多留一份心，推己及人。幼儿都渴望得到同伴、老师的尊重，包括对他的劳动成果的尊重。如果教师留意到幼儿的神态，并设身处地站在幼儿的角度去设想一下，或许"跨越'迪拜塔'"的动作就不会发生。这份尊重也会无声地浸染幼儿的心灵。

（2）主动为自己的行为过失"买单"。在无心地做出伤害幼儿的事情后，教师再忙也应该停下来主动承认自己的过失，并向幼儿真诚地道歉。生活中，这样的例子很多，如教师不小心踩到幼儿的脚、碰到幼儿的头等，都应该主动道歉，说声"对不起"，这不仅是教师在对其他人负责，更是在教会幼儿勇于承担错误的优良道德品质。

（3）将偶发事件摆上"台面"，让更多的幼儿汲取营养。上述案例中，事件发生后，戴老师可以利用幼儿园放学前的闲暇时间，向幼儿讲述上午发生的事情，并当着全班小朋友的面对建构区的那几个孩子真诚地说声"对不起"。

教育契机往往蕴藏在平常的生活小事当中，幼儿良好行为习惯和优秀品质的养成需要一个漫长的时间，它离不开家庭、幼儿园和社会环境等多方面的影响。作为幼儿园教师，我们不仅要向幼儿传授知识技能，更应该将幼儿德育教育的责任铭记心间，善于发现并利用突发事件，渗透德育教育，让更多的幼儿从中受益。

（湖北省宜昌市卫生幼儿园　代卫国）

错误104 越俎代庖降低幼儿游戏的乐趣

案例呈现

区域活动时间,"贝贝餐厅"里,孩子们正在搅拌面粉准备"蒸馒头"。只见毛毛和兜兜使劲地搅和着面盆里的干面粉,忙得满头是汗,搅了一阵子,发现干面粉还是干面粉,没有发生任何变化。他们有些不解地自言自语说:"怎么不往一块粘呢?"话音刚落,教师马上走过来说:"不加水肯定粘不住哦!请让开一下,看我的!"没等孩子们反应过来,教师就卷起袖子干开了。不一会儿,教师一脸得意地说:"怎么样,是不是我厉害些?和成面团了,你们玩吧。"说完,教师就走了。孩子们你看看我,我看看你,沮丧地低着头,谁都不想玩了。

分析与建议

区域游戏是幼儿自发、自主地与空间、材料、玩伴相互作用的活动。幼儿在游戏中愉悦身心,挑战自我,发展动作,获得经验,提高想象力、创造力与合作能力。可是,在实际的区域活动过程中,幼儿都能如愿地按自己的意愿游戏吗?在这个案例中,当幼儿遇到困难时,教师马上按自己的思维方式"代劳",干预幼儿的游戏,剥夺了幼儿自己动手操作的乐趣,让游戏丧失了对幼儿的吸引力。

教师作为幼儿游戏的引导者,应减少对幼儿的干扰。在充分地观察、了解幼儿的游戏后,在幼儿游戏遇到困难时,对幼儿进行适时、适度的指导。教师可通过提问引发幼儿的思考,激发幼儿的兴趣,并给予幼儿充分的自由,放手让幼儿尝试,使他们在不断犯错误的过程中,寻找解决问题的方法。比如,在上述案例中，毛毛和兜兜正处在探究和合作的最佳状态中，教师只需要在一旁默默关注就可以了。如果幼儿投来求助的眼神，确定需要帮助时，教师可作为游戏的伙伴，以平等的身份与幼儿共同游戏，采用建议、协商的口吻，给予启发、点拨，同时尽量使用开放式的提问，比如"你们是怎样想的?""你们发现了什么?""你觉得如何做，面粉才能成为面团?"等等。

幼儿的学习过程需要得到教师的支持、帮助，但这并不意味着教师可以不分时机地强行介入，随意提供帮助。案例中教师的行为分明是对幼儿能力的不信任，挫伤了幼儿的自尊心，打消了幼儿积极探索的热情。游戏活动中什么时候介入、如何介入，对教师有一定的要求，需要教师具有敏锐的观察力和判断力。

幼儿园的区域活动通过教师适当的引导，既能成为幼儿自由游戏的园地，又能成为幼儿学习接受新知识的乐园。教师的信任与欣赏，能让幼儿感受到自己的价值，既推进了游戏的进程，又让幼儿获得"成就感"，对提高他们独立思考和解决问题的能力也是非常有利的。

(中国人民解放军61699部队南星幼儿园　冯霞)

错误105　自作主张改变区域的设置

案例呈现

坐落在活动室后面狭小的语言区是孩子们特别喜欢的活动场所。当语言区空间太小，小朋友坐不下时，他们便自发地在书架旁摆了一排椅子。故事桌前，爱讲故事的几位小朋友紧紧地挤在一起，摆弄着指偶玩具，笑着、演着。见此情景，教师重新调整了区域，将语言区设在活动室的最前面，不仅增大了面积，而且在游戏材料与环境布置上也下了一番工夫：在地面铺上了塑胶地垫，还挂了一幅故事背景图在矮墙上，孩子们可以自由地坐在那里取指偶玩具进行故事表演。这样，孩子们不用担心没地方坐，还可以尽情地玩各种语言游戏，教师也可以经常巡视孩子的游戏并进行指导。可奇怪的是，来此游戏的孩子却越来越少。

分析与建议

区域活动是孩子们最喜欢的活动，它吸引孩子的关键在于能让孩子们体验到自由和自主，体验到乐趣，他们可以自己选择和决定去什么区、玩什么、和谁玩，可以自己决定使用材料的方式、方法，自己决定与同伴的合作方式。"老语言区"之所以为孩子们所喜欢，也不外乎自主和自由两个最主要的原因。孩子们可以按自己的意愿摆放椅子，而且由于它坐落在活动室后边的角落里，远离老师的视线和监控，孩子们感到既自由轻松，又有安全感和控制感。这两个条件保证了孩子们自由自在地阅读和讲故事。"新语言区"让孩子们没有了那种隐蔽、安全、自由、亲密的感觉，所以有些孩子不想来。

上述案例中教师的做法给我们的启示是：

（1）了解幼儿的需要，与幼儿共同协商做出决定。当看到语言区人多、比较拥挤时，教师别忙着自己采取行动，先问问孩子是不是感到拥挤、需不需要扩大空间。如果孩子们想扩大空间，可以问问他们是在原地扩大还是换个地方，以及如何扩大等。这些决定都是在倾听孩子们的想法、与孩子们协商后做出的。

（2）主动提出建议供幼儿选择。在孩子们拿不定主意或分歧很大难以做出决定时，即使孩子们没有向教师求助，教师也可以积极地提出几个建议和方案供他们选择，但孩子们有权不采纳。针对某一区域人数较多的情况，教师还可以建议幼儿用插卡或者挂牌的方式规定区域的人数，然后和幼儿一起动手制作卡片。

（湖北省武汉市武昌实验小学附属幼儿园　郭萍）

第六章　区域与游戏活动

错误 106　呵斥不按时结束游戏的幼儿

案例呈现

区域活动结束的音乐响起,教师叫小朋友们收拾玩具。过了一会儿,大多数幼儿已收拾好了玩具,只有笑笑还在娃娃家里给宝宝做饭。教师提醒她多次赶紧搬椅子坐好,她好像没听见似的,嘴里不知嘟囔着什么,就是不动。教师生气了,大声冲她吼道:"笑笑,我说的话你听到了吗?!"看到教师如此生气,笑笑不但不动,反而也冲教师喊道:"我的五彩米饭还没做好呢!"

分析与建议

在幼儿园的一日活动中,幼儿对区域活动表现出极大的兴趣和热情,参与性高,坚持性也好。因此,当游戏时间到而幼儿还没有完成活动时,他们自然不愿意按照教师的要求结束。这在幼儿园是很普遍的。面对不愿意按时结束游戏的幼儿,教师应该怎样做呢?案例中教师的做法显然是不可取的,不仅伤害了师幼间的感情,也显示出对幼儿活动成果的不尊重,打击了幼儿区域活动的积极性。适宜的做法如下:

(1) 在游戏结束前 5 分钟提醒幼儿,让幼儿做好心理准备。区域活动虽然是幼儿的自主活动,但教师也应积极参与到活动中,成为活动中重要的一员,这样教师可以及时了解各个活动区的活动情况。在本案例中,教师可以在游戏结束前 5 分钟提醒幼儿还剩下多长时间,建议幼儿按要求在规定时间结束游戏或尽快调整游戏玩法,告知他们游戏之后要做的事情是什么,让幼儿做好心理准备。

（2）为幼儿未完成的作品寻找合适的储存空间，鼓励幼儿课后继续完成。比如，针对上述案例中幼儿的情况，教师首先应该克制自己，然后对幼儿说："咱们先把这个五彩米饭放到柜子上，好吗？这样谁都碰不到了。老师要教大家一样新本领，学完了再玩，好吗？"在征得幼儿的同意后，教师要帮助幼儿把未完成的作品放好。为了不失信于幼儿，教学活动结束后教师应继续开放区域，让幼儿获得继续探索和操作的快乐。

（3）以幼儿感兴趣的游戏来巧妙地过渡。在幼儿园一日活动环节的组织和过渡中，如果教师能充分运用自己的教育智慧，以幼儿感兴趣的游戏、夸张的动作来巧妙地过渡到下一个活动，幼儿就能积极快乐地参与其中了。

（湖北省武汉市武昌区丁字桥幼儿园　张雅兰）

错误107　游戏材料不适合幼儿操作

案例呈现

自从在美工区投放了十二生肖石膏模型后，中班的幼儿都非常想涂色玩。于是，教师特意调配了五颜六色的水粉颜料，准备了一些毛笔小刷子放在美工区，以方便幼儿使用，还专门示范讲解了用小毛笔蘸颜料涂色的方法。可是问题也随之出现。这不，宇宇和希希小朋友带着哭腔跑过来对教师说："老师，我把动物的颜色涂坏了。"教师赶紧过去看了看，发现他们把石膏模型正面，特别是面部的颜色涂得一塌糊涂，都看不出是什么动物了。孩子们都说："老师，这个动物太小，这笔不好涂色，一涂就涂到旁边去了，我们不想玩了。"还有的孩子已经放下手里的工具，东张西望地想去玩其他的玩具。

分析与建议

案例中，由于涂色材料和工具不方便幼儿操作，导致幼儿涂色失败，进而打击了幼儿继续创作的激情。为什么会出现这种问题呢？主要问题在于教师对中班幼儿的动手能力水平考虑得不周全，提供的游戏材料和工具不适宜幼儿的操作。中班幼儿已经有了涂色的基础，但是更多的是在平面画纸上用彩笔、油画棒涂色，缺少在立体物体上用软笔涂色的经验。虽然教师也介绍了涂色方法，可是由于缺少类似的练习，幼儿还不能很好地控制手部肌肉使用软毛刷子，加上石膏模型太小，其细节不好涂描，结果导致幼儿涂色游戏失败。

案例中，教师的初衷是想提供新颖独特的涂色材料为幼儿创造一个能表现其想象力、动手能力的机会，但是因为前期对幼儿的能力水平、经验准备、材料适宜性方面考虑不周全，导致出现很多问题。动物石膏模型还是很吸引幼儿的，如要保留，可以在以下方面进行调整：

（1）选择更加适宜的操作工具。教师除了要引导幼儿正确使用这些工具外，还要注意所提供的工具应能更好地为幼儿的活动服务，这样才能有效提高幼儿动脑创作、动手操作的能力。当发现所提供的工具不太适合幼儿的操作，不利于表现材料特性时，教师应该及时进行调整。比如，换上短毛较硬的小毛笔或是使用棉签来粉涂大面积颜色，至于动物的眼睛、耳朵、嘴巴、胡子等细小的部位，则可用水彩笔直接勾画。教会幼儿根据动物模型的大小、不同的部位使用恰当的工具涂色，这样创作出来的效果肯定会好得多。

（2）开阔幼儿创作思维，让动物石膏模型发挥更大的功用。除了用水粉颜料涂色外，还可以引导幼儿想出更有趣的方法，让原有的材料变化出多样的玩法。教师可以提供丰富的操作性辅助材料，如各色彩纸、亮片、小贴花、胶棒、剪刀等，指导幼儿将涂色与装饰相结合。用彩笔画出模型的轮廓和大体颜色，再剪出各种有趣的图形、花朵等，贴在动物模型身上，并用亮片、小贴花装饰，这样创作出的立体模型既美观又有趣。还可以把完成的作品投放到表演区，让幼儿边进行故事讲述活动边表演。

其实，很多材料的功用不是单一的，教师应结合各领域教学活动的特点以及幼儿的年龄特点、能力水平，多思考、多实践，通过拆分、组合等方式挖掘出材料更丰富的内涵,"一物多用"。教师还应该关注幼儿在与材料互动的过程中表现出的亮点与问题,让新创意更好地为活动服务,并在解决问题的同时弥补材料使用中的不足。

(湖北省武汉市武昌区实验小学附属幼儿园 李敏)

错误108 把活动结果作为唯一的评价标准

案例呈现

在熟悉的音乐声中,孩子们开始收拾各个区域的材料,不一会儿,各个区域都整齐有序了。教师开始了最后的评价环节:"小朋友们,你们能说说今天都玩了些什么吗?""我玩了美工区!"立刻就有小朋友回答。"你在美工区完成了什么作品吗?""我用橡皮泥捏了一只小象!""来,拿来给我们看看吧!"于是,小朋友把自己做的小象在大家面前做了展示。"嗯,你做的小象真不错!"教师接着又问:"小朋友还玩了什么区域?""我玩了建筑区!""我拼了机器人!"……突然,一个孩子说:"刚才我在盖房子,本来玩得好好的,可是点点过来捣乱,把我的房子推倒了,我只好重新盖。"教师说:"点点你这样子捣乱,小朋友会不喜欢你的。下次活动时注意点,好不好?小朋友们,你们今天表现得都很好,每个小朋友都在自己喜欢的区里玩了,而且都完成了自己的任务,老师希望下次活动的时候你们能做得更好!"

分析与建议

《纲要》指出:"评价在教育实践中起着有力的杠杆作用,但这一作用未必会把教育推向理想的方向。评价是一把双刃剑,评价理念、评价目的以及评价的方法和技术等都影响着评价对教育的导向。"案例中教师的评价无疑增强了孩子们的信心以及下次进入区域活动的兴趣，但这样的评价仅限于孩子最后操作的结果，并且是老师问、孩子说的形式，太过于单一了，长此以往孩子也会听得麻木，教育评价起不到积极的作用。

当前，教育评价的改革也趋于多元化，评价不再是证明孩子做了什么，而是为了改进并做得更好，评价的内容也应该更加全面一些，评价的时机应从结果扩展到全过程，评价的方法也应该是从单一量化到定量和定性相结合，不局限于孩子最后完成了几个作品或是作品是否优秀，而是孩子在过程中是否进行了探索、是否努力。具体包括以下几个方面：

（1）注重过程性评价，关注幼儿活动的整个过程。在区域活动中，教师应认真观察每个孩子的活动情况并及时记录下来，特别关注孩子在探索活动中所做的努力、个性品质、解决问题的能力和创造性的发挥以及所获得的经验等。

（2）评价要全面，要照顾到全体幼儿的需要和个体的差异。教师要多采用积极的评价来鼓励孩子，使用纵向评价来肯定孩子的进步，树立孩子的自信心。

（3）评价的方法也可以多样化，可采用自评、互评、大家评、作品展示、情境再现、录像回放、讨论探索等方式，根据每次活动的重难点，发展孩子的独特品质和个性特点。

（湖北省武汉市武昌区丁字桥幼儿园　王晓荧）

错误109　亲自动手代替规则教育

区域活动已经成为孩子们最喜欢的活动之一。每到区域活动时间，孩子们都

会兴致勃勃地走到自己最喜欢的一个区域，在宽松和谐的环境中按照自己的意愿和能力，自主地选择学习内容和活动伙伴，主动地进行操作、探索和交往。但是，当孩子们在区域中玩得热火朝天的同时，教师看到的却是满地的碎纸片、乱放的玩具、被损坏的操作材料以及被翻破的图书，这些乱七八糟的物品真是让教师很无奈，只好自己埋头整理。时间一长，教师对区域活动的开展也就不热心了，能不让幼儿进活动区就尽量不让进去，以此减轻自己的劳动强度。

分析与建议

在幼儿园，区域活动以其个别化的教育形式尊重了幼儿的个体差异，满足了幼儿个体发展的需要，成为深受幼儿喜欢的活动形式之一。从上述案例中，我们可以看出，幼儿的规则意识很差，不知道收拾整理玩具和爱护玩具，而教师也只知道自己动手收拾善后，缺乏对幼儿的规则意识教育。要想让区域活动持续地开展下去，教师必须对幼儿进行规则教育，帮助幼儿养成遵守规则的自觉性。

（1）制定规则，培养幼儿遵纪守则的良好品质。在设置好活动区后，可以和幼儿共同商讨、制定区域活动规则。规则一旦形成，就要严格要求幼儿遵守。在实践中，根据不同规则的性质，教师可以运用以下方法帮助幼儿掌握和遵守：

• 图示法。有些规则可以用图画的方式形象地表示出来，然后把它们贴在适当的位置，提醒大家遵守。比如，在图书吧中，和幼儿共同画出活动规则：第一步，画一个嘴巴和一根手指做"嘘"的动作，表示此区不能大声喧哗；第二步，画一只小手拿书，表示可以自由翻阅；第三步，画一只小手将书放回书柜的动作，让幼儿知道看完后要摆放好图书等。再比如，在娃娃家里，在放奶粉罐和奶瓶的柜子上，贴上画有奶粉罐和奶瓶的标记纸，这样不用老师说，幼儿自然明白奶粉、奶瓶放在哪里。在益智区钓鱼用的鱼篓上贴不同小鱼的标记，表示这是小鱼的家。

• 暗示法。所谓暗示法，是指将区域活动规则蕴涵在环境之中，让环境说话，告诉幼儿活动规则。比如，关于进区人数的限定问题，可以采用挂区域牌、投放同等数量的材料等方法来提醒幼儿遵守该活动规则，如看到区域的挂钩挂满了，就到其他区域去；在建构区投放适量的"安全帽"，要求幼儿如果发现"安全帽"没有了，就不能再进入了等。

(2) 个别委派，发挥榜样作用，培养幼儿的劳动能力。根据幼儿的情况与教育的需要，有意识地委派个别幼儿去完成某项整理任务。这种形式是幼儿非常乐意接受的。幼儿之间有一定差异，劳动能力也不例外。教师可以请能力强的幼儿带能力弱的幼儿，这样一来能力强的幼儿会很积极，因为他除了完成自己的整理任务外，还得与能力弱的小朋友合作，使他体验到自身的价值；能力弱的幼儿通过短时间内的反复训练，增强了劳动的能力，自信心大大提高，劳动态度同样也会很积极。

(3) 引导幼儿爱护玩具，主动修补好自己弄坏的玩具。幼儿有"泛灵"心理，即认为所有物体都是有生命的。教师可利用一些拟人化的语言和场景如"谁帮我找妈妈""我的脸受伤了""我好疼哦"等，来激发幼儿对玩具的情感，培养幼儿的同情心，使幼儿形成爱护玩具的习惯。日常生活中教师可用示范法，教幼儿如何修补弄坏的玩具、图书等，对能主动修补玩具的幼儿给予积极的评价和鼓励，努力营造一种爱护和珍惜玩具的氛围。

（湖北省潜江市江汉油田公共事业处广华幼儿园　易慧玲；
湖北省武汉市武昌区丁字桥幼儿园　杨敏、赵建华）

错误 110　区域活动学习性大于游戏性

案例呈现

又到了区域活动时间，孩子们特别开心。伍老师给孩子们分区后，拿着一盆新材料来到了科学益智区。孩子们拿着自己感兴趣的材料正准备坐下来与同伴游戏，却被伍老师温柔地制止了，"都放回去，看，老师今天给你们带来了磁铁。"接着，她将盆里的材料一一展示给孩子看。"你们看，磁铁能把什么吸起来？

啊，它可以吸起回形针！啊，它又把大家吃饭用的汤勺吸起来了！"伍老师边做着演示边说。"那么汤勺能把回形针吸起来吗？"伍老师问，孩子们想了想，不确定。"看看，我有办法做到。"孩子们目不转睛地盯着看，伍老师将磁铁使劲在汤勺底部来回摩擦了好一会儿，随后只见汤勺吸起了一个回形针，孩子们崇拜地叫着："伍老师好棒呀！"伍老师将材料发下去，孩子们高兴地做起小实验来。轩轩擦了半天汤勺都吸不起回形针，他看了看老师，偷偷地把磁铁直接放在汤勺底部，这下吸起了好多回形针，他很满意。接着，他又将磁铁移到汤勺上面，汤勺又吸起好多回形针。

分析与建议 ▶

区域活动是孩子们特别喜欢的活动，可选择的游戏材料多，相对自由。但多数老师将材料投放到区域后，就由着孩子自由地玩，完全没有目的性；针对这一误区，我们要求教师们每次活动都要有一个重点指导区域。而上述案例中的伍老师对区域活动的开展在认识上存在误区，将区域活动的重点指导当成了集体教学，过于强调目的性，使区域活动学习性大于游戏性。轩轩的行为和情绪表现，充分说明了幼儿通过自己的探索是可以获得知识以及成功感的。教师忽视了对幼儿在科学活动中的探索发现能力的培养，将教师的角色定位从引导者、指导者变成了灌输者。

对于区域活动的重点指导，教师首先要遵循区域活动的原则，让幼儿在选择自己感兴趣的材料和游戏内容的基础上，针对部分幼儿对材料或玩法不熟悉、有困难的情况，加以引导，协助其解决问题，活动的主体应始终是幼儿。活动前教师可以将新材料投放到区域，接下来就是细心观察，适时引导。教师具体应如何指导呢？

（1）及时发现幼儿的探索行为，支持幼儿探索。教师先要观察幼儿是如何玩这些新材料的，他们的兴趣点在哪一部分。教师应在细心观察幼儿的探索行为后，思考幼儿探索行为背后蕴涵的有价值的教育因素，并努力深入挖掘和正确引导，支持幼儿探索，促成幼儿探索活动的完成。如果活动中幼儿的兴趣点是在磁铁能吸起哪些物品，教师应及时补充材料，以满足幼儿的探索需求。

(2) 关注幼儿的活动过程，适时引导。当幼儿在探索过程中面对材料无所适从，探索活动有停顿或放弃迹象时，教师的及时介入能起到引导幼儿探索活动走向的作用。这时，教师可以抛出问题："汤勺能把回形针吸起来吗？"有了新的任务，幼儿就会大胆地动手动脑去思考、行动。这时，教师要带着"放大镜"和"大喇叭"去观察幼儿的探索行为，及时捕捉幼儿的思维火花或探索成果，及时表扬和鼓励。这样做能不断地激发幼儿的探索意识和行为，促使其养成良好的科学态度和品质。

(3) 遵循区域活动的游戏性原则。在幼儿探索行为结束时，如果没有幼儿探索出让物体带磁性后吸起铁制品的特性，教师可以介绍自己的游戏方法，表演"让汤勺带磁性，从而吸起回形针"的"魔术"，这样既能引导幼儿再次尝试，又能起到扩展幼儿思维的作用。

（湖北省武汉市武昌区育红幼儿园　宋丹）

错误111　忽视幼儿才是游戏中的主角

案例呈现

为了让幼儿在游戏中掌握一些基本的卫生知识，养成良好的卫生意识和卫生习惯，张老师利用区域活动设置了一个"萌萌爱心医院"，让幼儿扮演医生、护士、导医员等角色，并置备了药瓶、注射器、听诊器、压舌板等医疗器具。

第一天，张老师扮演牙疼患者，捂着腮帮子去"医院"挂号看病，然后向幼儿讲解"从小要爱护牙齿，天天要认真刷牙"的道理；第二天，张老师假装摔破了头，到"医院"求医，然后告诉幼儿"随意打打闹闹容易磕伤和碰伤"；第三天，张老师消化不良，打着饱嗝来看"医生"，告诉幼儿"零食不能吃得太多，保证正餐吃饱才健康"的道理；第四天，张老师告诉幼儿自己长时间看电视，眼睛近视了，生活十分不便，旨在让幼儿领悟到"爱护眼睛、保护视力"的重要性……

张老师不停地地变换游戏内容，煞费苦心地设计教学方法，恨不得在短期内让幼儿掌握全部知识，一片苦心令人感动，但幼儿并不领情，在游戏中无动于衷，只是被动地按着老师的要求去做。几次活动下来，张老师累得够呛，幼儿兴味索然，教学效果不言而喻。

"真是吃力不讨好！"张老师沮丧地问自己，"我哪儿做得不对呀？"

分析与建议

从案例中我们看到了张老师的忙碌，也体会出了孩子们的被动。不难看出，游戏中老师的包办代替阻碍了幼儿发挥主观能动性，当自由自主的游戏不能让幼儿当家做主时，游戏也就变成了知识的"灌输"，失去了"游戏"的实质意义，更谈不上让幼儿感受游戏的快乐了。

游戏是孩子们喜欢的活动，原因是游戏时孩子是自由的，而且能够在游戏中自主发挥自己的想象，迁移已有的生活经验，更重要的是在游戏中同伴间可以相互合作与协商、共同制定游戏规则……所以，在幼儿园开展游戏活动时，我们应把游戏还给孩子，让孩子做主。可以尝试从以下几个方面做起：

（1）学会了解孩子的已有知识和经验。这就提示教师，应该蹲下来去观察和了解孩子游戏时的真正想法和玩法，明白孩子们的已有知识和经验，为后期教学内容的制定和设计提供依据与线索。

（2）有针对性地投放游戏材料。虽然游戏是孩子的活动，但教师可以做到根据教学目标有针对性地投放游戏材料，材料一旦限定，孩子们的游戏也就有了一定的方向。

（3）把握好介入的时机。孩子们在自由游戏时，常常陷入忘我的境界，这时教师的任务就是观察和记录下孩子的真实表现，在需要时适时介入并加以引导，但切忌让自己成为游戏的主导者。

（湖北省武汉市武昌区机关幼儿园　陈惠玉）

第六章 区域与游戏活动

错误 112　游戏情境与现实生活不符

案例呈现

教师组织中班幼儿玩角色游戏"喜洋洋蛋糕店"。在游戏开始后,教师带着孩子们从入口处走进蛋糕店,依次介绍了入口处的收银台、蛋糕店内的各种蛋糕、蛋糕制作间等事先布置好的蛋糕店环境。介绍完后,教师带领幼儿从蛋糕店另一端的出口走出,并交代孩子们游戏规则:"买蛋糕时一定要从蛋糕店的入口进,买完蛋糕后,从出口出去。"孩子们开始游戏,兴致勃勃地挑选自己喜欢的蛋糕,并到蛋糕店入口处的收银台"付钱"。"付钱"后,许多孩子直接从入口处走出了蛋糕店。教师看到这样的情况后,提醒幼儿遵守游戏规则,要从出口处离开蛋糕店,可只有少数幼儿从蛋糕店的出口离开游戏场地。到了评价环节,教师强调了游戏规则——"要从蛋糕店的入口进,买完蛋糕后,从出口出去。"可再次游戏时,孩子们对游戏规则的遵守情况仍不理想,从入口出去的幼儿依然占多数。

分析与建议

在游戏前,教师交代了游戏规则,在游戏中教师根据观察到的幼儿游戏情况,及时提醒了幼儿游戏的规则,在评价环节时教师对游戏规则又进行了强调。从案例中可以看出,教师有培养幼儿遵守游戏规则的意识,可实施效果并不好,为什么呢?游戏情境的创设脱离幼儿的生活实际是主要原因。在实际生活中,蛋糕店一般都只有一个门,顾客买完蛋糕后,都是再从进来的门离开,所以幼儿习惯性地从入口处离开了蛋糕店。其次,物品摆放的位置欠缺考虑。教师将蛋糕店的收银台设置在了入口处，就很容易导致幼儿买完蛋糕后，直接从入口处离开蛋糕店。针对以上案例中的情况，教师可做如下调整：

（1）结合生活实际与游戏需要，改进游戏情境的创设。教师可将"喜洋洋蛋糕店"的出入口设置在同一个地方。如果环境不适合如此设置，需要将出口或入口设置在不同的地方，建议教师根据生活中超市的出入口设置情况，首先在出入口都做上明显的标志，提示幼儿出入口的位置；其次，将收银台设置在出口处，幼儿在买完蛋糕后，就会直接从出口离开。

（2）游戏前加深幼儿对游戏情境的认识，引导幼儿理解游戏规则。幼儿以具体形象思维为主。游戏前，教师在引导幼儿了解游戏情境时，应强调和游戏规则有关的地方，比如在本次游戏活动中，要强调出口和入口的位置，同时介绍游戏规则。对于年龄小的幼儿，教师还可带着幼儿沿入口进、出口出的线路走一遍，进一步丰富幼儿的感性经验，加深幼儿对游戏情境的认识和对规则的理解、记忆。

（湖北省武汉大学幼儿园二分园　邓芳静）

错误113　不干预、不指导

案例呈现

这天，筱筱小朋友带来了图书《白雪公主》，孩子们对其中的部分情节和角色非常感兴趣，并在表演区借助各种材料，自由分配角色，设计台词进行表演。在最初的游戏中，孩子们特别喜欢表演"巫婆炮制毒苹果杀害白雪公主"这一段。

游戏进行一段时间后，孩子们兴趣锐减。帅帅小朋友提议："我们来表演白雪公主和小动物帮助小矮人打扫房间吧。"清清说："你扮演小鸟，她扮演小松鼠，我扮演小鹿运衣服。"

玩了一会儿，扮演小鸟的筱筱说："没有鹿角，运的衣服太少了。"一下子，孩子们都停下来，不知道该怎么办，一时间表演区鸦雀无声。

眼看孩子们的游戏进行不下去了，教师赶紧播放游戏结束的音乐，草草结束这次的区域游戏活动。

分析与建议

为求凸显表演区游戏中幼儿的自主性，除了提供时间和基本材料外，教师没有干预和参与幼儿的游戏。游戏的情节、角色选择等，都是按照幼儿的意愿进行的。但是让幼儿自主并不意味着对幼儿游戏的放任，也不是反对教师对游戏的指导，而是让幼儿在教师的适当引导下自主游戏，使游戏真正成为幼儿实现自我创造性的快乐活动，更好地实现游戏的潜在功能。案例中，当幼儿在游戏中遇到困难致使游戏无法继续深入时，教师直接结束了活动，这一做法显然是错误的。

（1）教师应该关注幼儿的需求，适时引导。教师要在不干扰幼儿游戏的前提下，参与幼儿游戏，关注幼儿的需要，并适时给予引导和支持，让幼儿试着自己去解决突发问题。比如：当孩子们苦于小鹿没有鹿角时，教师可及时抛出能启发孩子思维的问题——可以用什么材料代替鹿角，使孩子们突破原有思维，不断探索和尝试。

（2）投放丰富的游戏材料，支持幼儿探究。根据幼儿的兴趣和游戏需要，向幼儿提供半成品或一物多用的游戏材料，有助于幼儿主动性、创造性的发挥。针对上述案例中孩子们的问题，教师可以为孩子们提供拼插的多爪积塑，帮助幼儿将游戏继续下去，使幼儿的原有经验在表演游戏中得到不同程度的丰富和巩固。

（湖北省武汉大学幼儿园二分园　蒋曾晶）

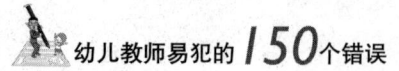

错误114 随意丢掉奖励给幼儿的小贴纸

案例呈现

幼儿自由活动完毕，回到活动室。在幼儿随着《拍手曲》拍手坐好后，教师开始向大家介绍接下来的游戏。可亮亮不时地低头摆弄小手，手里不知拽着什么"宝贝"，那个神秘样惹得一旁的小希歪着头一探究竟。一不小心，亮亮把手中的"宝贝"弄到地上，小希连忙抢先一步捡了起来，并大声喊道："老师，亮亮在玩小贴纸！"亮亮则慌张地过去抢……原来是上个活动中，亮亮因为表现突出，得到老师奖励的一张小贴纸。本来是把贴纸贴在他衣服上的，但亮亮甚是喜爱，拿在手上不舍得放下。老师看到后，连忙走过去对亮亮说："现在不能玩小贴纸了，要好好上课了。"说完，老师拿过小贴纸，将之丢在地上。

分析与建议

在幼儿园的一日生活中，教师会时常用各种小贴纸鼓励幼儿，有时随手贴在幼儿的额头、衣服、小手上。这些漂亮的小贴纸是对幼儿点滴进步的及时肯定，可以让羞涩的幼儿开口，让胆怯的幼儿大胆表现，还能及时吸引开小差的幼儿的注意力。在成人看来微乎其微的小贴纸，在幼儿心里，可能比爸爸妈妈买的玩具还要珍贵。正因为如此，幼儿才会不时地拿到手中欣赏，甚至在其他活动时也偷偷拿出来玩。孩子的心情是可以理解的。案例中，教师随意丢弃小贴纸的行为，会让幼儿在心中否定小贴纸的价值，使小贴纸失去激励作用。

教师可以先为幼儿保管好小贴纸，下午放学后再还给他们。此外，教师还可以在班上开辟一块小贴纸的展示天地。墙壁上有与幼儿人数相同、用废旧材料做成的娃娃，娃娃的头就是每个幼儿的大头像片，娃娃的衣服颜色各异，但没有花纹。每次活动后，可以让幼儿将自己得到的小贴纸粘到代表自己的娃娃的衣服上，贴得越多，娃娃的衣服就会越漂亮。

这面"娃娃墙"能完好地收集、保存幼儿的劳动果实、美化学习环境；增强幼儿彼此间的竞争意识，从而对幼儿的言行起到潜移默化的激励作用。

此外，教师还可以用其他形式展示幼儿的小贴纸。比如：给每个幼儿一个杯子，比一比谁的杯子最先贴满；每个幼儿分到一棵果树，看谁的果子结得最多……有兴趣的教师不妨试一试。

（湖北省武汉市武昌区机关幼儿园　徐桂容）

错误 115　安全准备工作不到位

案例呈现

教室里寂静无声，孩子们都在听教师讲解体育游戏"跳水"的规则："双手举到头顶，像跳水运动员那样做好预备姿势，1、2、3……听老师喊完口令后，双手后摆，小腿微弯，然后慢慢地蹲下，从椅子上跳下来，一定不要害怕，要勇敢地往下跳。"因为是中班的孩子，胆子比较小，教师较多地鼓励孩子要敢于跳。在教师的鼓励下，孩子们一个个走上小椅子，勇敢地跳下来。"哎哟——"是小兰尖锐的喊声，她上椅子时没踩稳，摔倒了……"啊——"小雯又大声地哭起来，原来小刚从椅子上跳下时，正好撞到了小雯，小雯的额头肿起来了，教师见状赶紧给小雯擦药，孩子们只得回了教室。

分析与建议

上述案例中，教师在讲解游戏规则时示范了跳水的规范动作，鼓励幼儿大胆地跳水,却较少强调安全方面的规则,如慢慢地走上椅子、不要碰撞别人等,这是不对的。《纲要》强调,幼儿园必须把保护幼儿的生命和促进幼儿的健康放在工作的首位。幼儿教师要时刻把幼儿的安全记在心间,防护措施和准备工作要想得周到,防患未然,在游戏的设计、组织过程中更应强化"安全第一"的观念。

(1) 树立安全意识,提高活动质量。在开展游戏活动时,教师既要鼓励胆小的幼儿参与到活动中来,又要考虑到胆大的、顽皮好动的幼儿会出现什么样的行为,是否存在安全隐患等。

• 教师应在活动前提出具体要求,比如在游戏时要注意什么、不能伤害别人、眼睛里一定要有其他人,等等。还可以让幼儿自己说说应注意些什么,以便在幼儿的头脑中树立安全的观念。

• 在活动过程中要对个别幼儿进行随机教育。比如正要"跳水"的小刚离小雯很近时,教师应提醒他,不要碰到前面的小朋友,并提醒小雯不要被别人碰到。教师的语言提示十分重要。幼儿在教师的反复指导下能加深记忆,知道该怎样去参加集体活动,怎样才能玩得开心,得到快乐。

(2) 通过典型事例教育幼儿在游戏活动中注意安全。幼儿是体育游戏活动的参与者,在活动的过程中,教师可以选用一些典型事例来提醒幼儿,如小雯被撞伤了,教师就可以及时借这件事开展集体教育,让幼儿知道玩时不能只顾自己开心,眼里要有别人,这样才能保证自己和别人的安全。

(3) 强调规则,让幼儿在遵守规则中得到自我保护。在体育活动中,只有按其特有的规则来约束和实施活动,活动目标才能得以落实,如果缺少了规则,不仅目标得不到落实,幼儿的安全也得不到保障。比如,在讲解"跳水"的游戏规则时,教师应强调幼儿走上椅子时一定要扶好椅背,并慢慢地走上去等。

(湖北省黄冈市英山县直机关幼儿园　毛宝红)

错误116 多智力游戏，少操作和户外游戏

案例呈现

游戏是对幼儿进行全面发展教育的重要形式。因此，游戏已成为幼儿园有目的、有计划的重要教育活动。幼儿在一日活动中必须保证两小时的活动时间，每天下午各班主要以游戏为主开展活动。各班大都会在教室里进行丰富多彩的游戏。教师们最喜欢带着孩子们在教室里玩各种有关语言、音乐、数学等发展智力的游戏，有时也带孩子在走廊外轮流玩一些古老的游戏，如"老鼠笼""老鹰捉小鸡""毛毛虫""老狼老狼几点钟"等，也时常让孩子们玩建构游戏。然而，不难发现：在所有的游戏中，孩子们的操作游戏相对少，户外游戏相比室内游戏少。

分析与建议

操作游戏少的原因，一方面是由于班上幼儿太多，教具等材料很难准备；另一方面是由于孩子在操作时不按教师的要求，总爱将材料弄坏，而教师平时工作繁忙又没有太多精力经常添置玩、教具。户外游戏相对少是为了孩子的安全起见。因为户外活动范围大，而调皮的孩子又多，不听教师的指令乱冲乱撞容易发生安全事故。正是这些因素导致了操作游戏与户外游戏相对开展较少。其实，操作游戏和户外游戏既可以培养幼儿的动手动脑能力、思维力、想象力，锻炼幼儿的体格，增强幼儿的体质，还可以培养孩子之间的合作分享精神以及遵纪守时的好品质，对孩子的发展尤为重要。作为一名幼教工作者，要不怕困难、全身心地为幼儿提供健康丰富的生活环境，满足他们多方面发展的需要，使他们在快乐的

童年生活中获得有益于身心发展的经验。

（1）要利用一切可利用的家长及社会资源，发动家长鼓励幼儿和教师一起准备各种材料，一起制作玩教具。因为学前教育是社会、幼儿园、家庭三位一体的教育。

（2）操作时，教玩具易损坏关系到幼儿平日里的习惯养成问题。这就要求教师应在平时的教育活动中认真引导并严格要求孩子们爱惜所有东西，轻拿轻放；同时也要动员并要求家长在家也要帮孩子养成这些好习惯。对于弄坏教玩具的孩子，要求他们将损坏的东西带回家修补好再带回幼儿园，要让他们懂得尊重他人的劳动成果以及保护好教玩具。

（3）要规范幼儿的行为习惯，提高幼儿的安全意识。在每次活动前，要让幼儿明白哪些行为是不正确的以及怎样才能保护好自己和他人都不受到伤害。在户外活动过程中，教师要细致地观察并及时指导幼儿。此外，还要始终让幼儿保持愉快的情绪，以促进幼儿能力和个性的发展。

（湖北省黄冈市英山县直机关幼儿园　王志敏）

错误117　游戏缺少创新的玩法

案例呈现

在进行区域游戏活动时，幼儿被"香香蛋糕店"深深地吸引了。只见店里"装修"得特别漂亮，而且蛋糕店里卖的东西可多了，有橡皮泥做的各种彩色蛋糕，有圆圆的"小珍珠"，有一次性杯子，还有不同颜色的吸管、已经包装好的奶茶、半成品等，可谓是种类齐全。刚开始孩子们的热情很高，有的甚至争着抢着当老板，可是玩了一段时间后，孩子们似乎失去了一开始的热情。虽然还有幼儿来蛋糕店做老板，但是来买奶茶和蛋糕的人寥寥无几。这时，有个小朋友跑过来说："老师，我不想当蛋糕店的老板了。"教师说："你是蛋糕店的老板，怎么能离开呢？"幼儿嘟着小嘴很不高兴地又回到蛋糕店去了。

分析与建议

游戏中，材料对于激发幼儿游戏的兴趣起着相当重要的作用。即使是幼儿感兴趣的材料，时间久了也会让幼儿感到厌倦。如何针对同种游戏材料开创不同的玩法，是教师需要思考的。上述案例中，幼儿对于用蛋糕店的材料来制作奶茶、蛋糕已经相当熟悉，每天重复这些游戏，实在引不起幼儿的兴趣。这时，教师应该找出发生这种状况的原因，并想出解决的方法。

那么，怎样才能让蛋糕店的生意重新好起来，让幼儿重拾兴趣呢？通过了解，这个班正在进行"春天的小花园"的主题活动，何不结合当前的主题开发一些新产品来激发幼儿的兴趣呢？教师可以给孩子暗示："你们整天做一样的东西，都吃腻了。春天到了，老板能不能做一个和春天有关系的蛋糕呀？如小花蛋糕、柳叶蛋糕等。"教师还可以启发幼儿做各种可爱的生肖蛋糕……新产品多了，顾客就多了，教师的适度介入，再次激发了幼儿游戏的兴趣。

其次，教师要注意平时孩子的经验积累。游戏内容单一、不能深入，与幼儿缺乏相关的生活经验有关。教师可以有计划、有目的地组织幼儿参观，实地观察成人的劳动；也可以请专职人员来班上讲课，直接为幼儿传授经验。此外，还可以鼓励家长带幼儿到社会上去观察不同从业人员的言行举止，了解不同岗位人员的工作职责，为深入开展角色游戏打下基础。

（湖北省黄冈市英山县直机关幼儿园　查红丽）

第七章

午睡活动

　　午睡是关系到幼儿身体健康、成长发育和学习精力的重要环节。它不仅对幼儿的身体发展具有重要的价值，还具有重要的教育价值。教师不仅要引导幼儿顺利入睡，教育幼儿采用正确的睡姿，还应关注到午睡前的睡眠环境准备、午睡中的定时巡视，以及合理组织幼儿起床后的活动等。比如，在睡前应提醒幼儿如厕；引导幼儿养成午睡的习惯，让他们能够尽快入睡；指导幼儿正确地脱鞋袜衣服；指导幼儿盖好被褥，采用正确的睡姿，不打扰同伴；提示幼儿按时起床，并能自己整理好床铺。

　　在实践工作中，教师们常常会忽视对午睡环节的合理指导。有时，教师把这个时段当作处理其他工作的时间，或写观察记录，或制作教具，或撰写教案，以减少晚上加班的概率。本章针对午睡活动的准备、环境营造、对特殊幼儿的不当处理、睡室卫生、管理等方面的问题选择了10个案例，从中可以看出教师在这个环节中存在的主要问题。

第七章　午睡活动

错误118　过分关爱幼儿

案例呈现

午睡起床后，大家安静地坐在自己的座位上，等着王老师发午点。"今天为小朋友们准备的是袋装动物饼干。"王老师介绍完后，大家纷纷开始拆起饼干袋来。"老师，我打不开。"俊俊咬着袋子向老师求救。王老师快速走到俊俊身边，"别把牙齿咬坏了。"王老师边说边帮俊俊拆开饼干袋。"老师，我也不会拆""我也不会"……教室里求助的声音响成一片。王老师安抚着幼儿们的情绪说："大家别急，自己学着拆。"可瑶瑶还是拆不开，走到王老师身边请求帮助，王老师顺手帮瑶瑶拆开了。其他孩子看见了，都离开座位找王老师帮忙。王老师见状赶忙说："大家回到自己的位置上，等我帮他打开了，再来帮你……"

分析与建议

在生活活动中，当孩子们遇到了困难时，我们应该怎样去帮助他们呢？从王老师的言行中，我们可以看出她是一位有爱心、有耐心的教师，同时她也希望孩子们能够自己动手解决问题，但由于缺乏有效的教育方法，她没有很好地抓住这次提高幼儿动手能力和解决问题能力的机会。

苏联教育家苏霍姆林斯基说："儿童的智力在他的手指尖上。"培养幼儿的动手能力是加强幼儿脑功能、发展幼儿智力的手段之一。因此，针对上述案例，当幼儿遇到困难时，教师应该：

（1）引导幼儿观察：组织幼儿观察饼干袋的特别之处（发现锯齿状的边），讨论其作用，让幼儿明确地知道，锯齿状的边就是为了帮助人们拆开袋子而设计的。

（2）指导幼儿学习：请会拆的幼儿在全班面前进行讲解并示范，其他幼儿学习。

（3）倡导幼儿间互助：成立临时的"一帮一"协作小组，鼓励能力强的幼儿对能力弱的幼儿进行指导。

（4）适当提供帮助：针对个别动手能力特别差的幼儿，教师可为其提供适当的帮助（撕开一个小缝），让幼儿感受到"跳一跳就能摘到桃子"的成功感。

（5）进行区域活动：针对幼儿的年龄特点，在动手操作活动区中，准备各种包装袋或其他操作材料，供幼儿进行动手练习。

（6）家园活动：及时向家长反映幼儿现阶段的发展情况，有针对性地开展家园共育活动。

（湖北省武汉市武昌区机关幼儿园　薛丹丹）

错误119　缺乏对睡眠环境的营造意识

案例呈现

又到了午睡时间，也是上午班教师和下午班教师的交接时间。两位教师正在谈论一个幼儿的情况，没注意说话声音越来越大，于是班上的小朋友们也开始你一句我一句地躺在床上聊起天来。接班老师突然意识到这个问题，于是大声对孩子们说："眼睛闭起来，嘴巴闭起来，赶快睡！"上午班老师走后，有个小朋友突然对教师说："老师，我觉得灯好照人。你能把我上面的灯关掉吗？"就在教师准备回答时，右边的小朋友也赶紧说："我也觉得好照人，不要开我这边的灯。"教师听后果断地把灯都关掉，然后孩子们终于安静了。

分析与建议

午睡质量直接影响着孩子的一日生活、学习,乃至身心健康。教师不仅要为幼儿上好课、组织好活动,同时,也要帮助幼儿养成良好的睡眠习惯。许多教师在孩子午睡时有和班上其他教师交谈的习惯,对于刚要入睡的幼儿,这种嘈杂会使他们兴奋,更为那些平时就不容易入睡、喜欢午睡时说话的幼儿提供了说话的机会。所以,要求孩子入睡,教师自己首先要做到不打扰孩子入睡,确保孩子有良好的午睡环境。此外,个别教师可能会忽略光线对幼儿午睡的影响。

午睡环境的营造对幼儿午睡习惯的养成具有非常重要的作用,这就要求教师注意以下几点:

(1) 睡前,教师要记得拉上窗帘、关灯,为幼儿入睡创造一个安静、柔和、舒适、宽松、空气流通的睡眠环境,从而提高幼儿的睡眠质量。

(2) 有效地运用口头表扬策略。率先表扬几个睡眠习惯好的幼儿,提醒孩子们赶紧入睡。尽量少用命令式的语言提示幼儿入睡。

(3) 教师以身作则,午睡时讲话轻、动作轻,给孩子树立榜样。

(4) 教师可根据幼儿的年龄特点,在寝室内粘贴一些处于睡眠中的动物的图案,或者在墙上布置一些星星、月亮等符合睡眠环境的图案,以营造睡眠的气氛。

幼儿午睡是一日活动的重要环节,给幼儿提供一个良好的午睡环境,需要教师更多的责任感。

(湖北省武汉市武昌区机关幼儿园　崔晓菲)

错误120 重视起床速度，轻视幼儿自理能力的培养

案例呈现

"小颜颜，来，老师帮你穿裤子。好，穿好了，到教室里去吧。"

"小华，来，老师帮你把鞋子穿好。"

大多数小朋友都在老师的帮助下穿好了衣裤、鞋子，只有小帆还一个人倔犟地坐在床上，慢慢地自己穿衣裤。

小潘老师看到只剩下他一个人了，很是着急，来到小帆床边对他："你太慢了，老师来帮你。"

可倔犟的小帆坚持要自己扣好外衣的扣子。

分析与建议

午睡前后幼儿穿脱衣服时，教师到底该怎样做呢？《纲要》指出："既要高度重视和满足幼儿受保护、受照顾的需要，又要尊重和满足他们不断增长的独立要求，避免过度保护和包办代替，鼓励并指导幼儿自理、自立的尝试。"上述案例中的幼儿坚持要自己扣外衣扣子，说明了其有独立的要求，想长大。小潘老师的行为忽视了对幼儿的动手能力和自理能力的培养。

集体生活是一个完全独立的环境，对孩子们充满了挑战，但这又恰恰是培养他们自理能力的最佳时机。在穿脱衣服方面，教师该如何培养幼儿自己动手的能力呢？

（1）有目的地利用娃娃家游戏来训练幼儿的穿脱衣能力。让幼儿在娃娃家里扮演爸爸妈妈的角色，学着帮娃娃穿脱衣服、穿衣服。教师还可以利用简单有趣

的儿歌、故事、图片等提高幼儿的穿脱衣能力。琅琅上口的儿歌深受孩子们青睐,可激发他们穿脱衣的兴趣。

(2)在平时的午睡环节中培养幼儿穿脱衣的能力。教师要耐心地讲解并示范给幼儿看,要给幼儿自己尝试的机会。也可培养幼儿之间互相帮助的合作意识。比如,在脱衣服时可以互相帮忙拉裤脚、袖子;穿衣服时可以互相系罩衣的带子。

(3)通过激励、表扬那些进步快的孩子,为其他孩子树立学习的榜样。此外,教师还应该与家长交流,为幼儿准备便于脱穿的衣物,要求家长在家里就开始培养孩子的自理能力。

(湖北省武汉市武昌区机关幼儿园　许丽华)

错误121　把爱哭的幼儿关进小屋子

案例呈现

4岁的宏宏每次睡完午觉都哭喊着要回家。一次他把教师惹烦了,教师严厉地对其大吼:"不许哭,你再哭,老师就把你关在旁边的小屋子里!"

宏宏眼泪汪汪地看了看老师没做声。等教师去洗了拖把回来,听见他又在大声哭闹。教师恼火了:"你不听劝,是吧?"说完,气急败坏地把他拉到旁边的小屋子里,并将门反锁。半小时后,教师把宏宏带出来时他确实没哭。看似取得了不错的效果,但后来据其母亲反映,他竟然说电梯太黑而拒绝乘电梯。

分析与建议

教师对宏宏的态度过于粗暴,处理方式也过于简单。孩子每次睡完午觉都哭喊着要回家,这种现象有些特殊,作为教师,我们应该针对孩子的个体差异,尽快找到出现这种问题的原因,再根据原因及时有效地去解决问题,而不应该以师威强制压抑孩子发泄情绪,否则可能导致问题更加严重,或是引起其他不良的影响,甚至可能会影响幼儿一生的幸福。所以,面对少数孩子的哭闹现象,我们应该做到的不是恐吓和粗暴的压制,而应是以下几点:

(1)要了解孩子哭闹的原因。案例中的宏宏总是在睡醒后哭闹,我们就可以分析和判断,是不是他在睡觉时做了噩梦?或是醒后对幼儿园睡室环境不适应?

(2)要用温和的态度让孩子尽快找到安全感。孩子的哭闹总是因为害怕或是委屈或是感到不安全而引发的,这就需要教师及时抚慰孩子,帮助他们尽快适应睡醒后的环境,减轻孩子对睡梦中恐惧情绪的延续。

(3)转移孩子的注意力。当孩子的情绪慢慢平复后,用孩子喜欢的玩具、图书或是食物吸引孩子,转移孩子的注意力,让孩子逐步忘掉睡梦中的不开心。

(4)要和家长及时沟通,如实反映孩子的在园状况,寻求答案,共同找到解决问题的方法,达成家园共育的目的。

(湖北省仙桃市杨林尾镇蓝天幼儿园　李梦梦;
湖北省十堰市教科院　彭丽华)

错误122　忽视对幼儿睡姿的教育

案例呈现

"嗯,嗯,不要……不要……"是晴晴在哭喊。此时孩子们都在午睡,休息室里极其安静,听到晴晴的哭喊,武老师连忙跑到晴晴床边。小家伙肯定是做噩梦了。只见她两眼紧闭,双手放在胸口,泪流满面。

武老师抱起晴晴，边拍边问："宝贝怎么了？是不是做噩梦了，有老师在，不怕。"晴晴慢慢睁开泪眼，看到老师，情绪稍微平静了一点，哭声小些了，但还是止不住地抽泣。

武老师抱着晴晴，不停地安慰，并询问她怎么了。几分钟后，晴晴终于停止了哭泣，跟老师讲述刚才的噩梦："刚才我做梦了，一只大灰狼要吃我，它把我扑倒，大爪子踩在我的身上，好难受啊！"晴晴边说边指着胸口，一脸的难过。

听了晴晴的话，武老师想起刚刚晴晴午睡时双手放在胸口，这才恍然大悟。

分析与建议

手的重量压在心脏上，人会有憋闷感、沉重感，脑子里会产生幻觉，噩梦就是其中的一种表现。成人有了生活常识，睡觉时很少发生此类事情，而晴晴没有任何生活经验，又没接受过正确睡姿的教育，所以才会将手放在胸口上睡觉，导致做噩梦。

孩子睡觉时的不正确睡姿还有很多，因不正确睡姿给孩子的成长带来影响的实例也是不胜枚举。这里，我们将孩子极易出现的不良睡姿加以简述：

（1）蒙头睡：在冬季，很多孩子喜欢蒙头睡。被子内的湿度高，空气不流通，孩子容易出现精神委靡、没精打采，甚至呵欠连连、浑身发酸的现象，甚至一些新陈代谢较旺盛的幼儿还易导致呼吸不畅、大汗淋漓，最后患感冒或虚脱。

（2）蜷缩睡：一些幼儿喜欢蜷缩着睡，这是孩子缺乏安全感的一种表现。因为孩子在胎儿期就是以这种姿势睡觉的，这是一种本能，使孩子有安全感。而这种睡姿的危险性也很高，可能会引起窒息、影响牙齿发育等。

（3）夹腿睡：有些孩子还会夹腿睡，尤其是女孩子，常会把两腿紧紧夹在一起，以这种特定的姿势入睡，额头上还微微有汗。这种现象的出现在生理上可能是因为由蛲虫、裤子太紧、尿湿等刺激引起外部发痒，心理上可能是因为家庭气氛紧张或缺乏母爱或遭受歧视或没有玩具可玩等原因，孩子通过自身刺激来寻求宣泄。

午睡时，教师一般会关注孩子是否睡着、孩子的被子是否盖好，而最容易忽视的就是纠正孩子的不良睡姿。通过以上案例我们可以知道，孩子的睡姿教育非

常重要,教师应该予以重视。其实,培养孩子正确的睡姿很简单:

第一步:要求幼儿睡觉时将双手双脚自然垂直放好。对睡姿正确的孩子进行鼓励,并跟孩子们讲解不良睡姿会带来的影响。

第二步:营造轻松、温馨的氛围,每天睡前进行3分钟睡姿教育。午睡时间,当孩子们脱完衣服躺下,教师就可以进行正确睡姿的教育了。引导孩子们左侧偏身睡或是平躺睡。

接下来,教师可播放一个睡前小故事或是一段轻音乐,刚开始播放时声音稍大,而后逐渐减小。给孩子营造一个柔和的午睡氛围,帮助孩子保持正确睡姿、平静入睡。

第三步:勤查看,纠正孩子的不良睡姿。这一步是教师们最容易忽视的环节。看到孩子们都熟睡了,老师们觉得没事了,就去一旁休息或是备课。而很多孩子刚睡时睡姿是很好的,但睡熟后,不良的睡姿就出现了。这就要求教师勤查看,及时帮助幼儿纠正睡姿,如帮助其轻轻翻身,将其双手双脚放平等。

(湖北省武汉市洪山区零二七社区幼儿园 陈小玲)

错误123 让值日生管理幼儿

案例呈现

幼儿午睡的时间到了,王老师手中还有些琐碎的事情没有处理完毕,于是她将督促幼儿午睡、检查幼儿脱衣以及鞋子摆放情况的职责交给了本班的值日生。期间,一名幼儿在脱套头毛衣的时候出现了困难,值日生于是动手帮他,在拉扯的过程中,其他幼儿兴致高涨起来,纷纷上前"帮忙",值日生控制不住场面,结果导致一名幼儿摔倒,幸好没有受伤。

分析与建议

《纲要》中对幼儿提出了"学会做值日生工作"的教育要求。做值日生对幼儿的教育意义比较明显，一方面，可以培养幼儿的责任感和任务意识，培养幼儿力所能及地为班集体和其他幼儿服务的意识；另一方面，可以锻炼幼儿的劳动能力、合作能力，使其掌握一定的劳动技能，提高生活自理能力。在幼儿园生活中，一般来说值日生是一天一换或一周一换的，以使每个幼儿都能当得上，让幼儿体验到成功的快乐。同时，教师安排给值日生的活动必须是幼儿能胜任的，包括：给植物角的植物浇水、除草；给动物角的小动物喂食；协助教师擦桌椅、擦玩具柜、小床；协助教师维持如厕、洗手、进餐等活动的秩序；帮助大家摆放活动材料、收发教具、摆桌椅、整理小型活动器材、收拾餐具，等等。

上述案例中，教师不恰当地赋予了值日生不该有的职责——让幼儿管理幼儿。幼儿本身自控力较差，无论该值日生多么优秀，也不应使其脱离教师的管辖范围，独立行使管理的职责。

其实，在幼儿园，值日生的工作范围被教师无限放大的情况非常常见，比如：盥洗时看其他幼儿是否洗手，是否玩水；区域活动中，可擅自决定其他幼儿是否能继续活动，等等。值日生工作对幼儿个性品质的形成和发展有着不可代替的作用，同时还能培养幼儿的合作精神和自信心，而在教师们的错误做法下，却失去了其教育意义。

因此，教师首先要明确值日生工作对幼儿的特殊教育意义，在此基础上，结合幼儿的实际情况、个体差异，确定可行的做法，切不可将值日生工作作为变相的奖励布置下去，并应在实施过程中对幼儿进行指导。只有这样才能确保值日生工作紧密围绕《纲要》的精神开展。

(湖北省潜江市江汉油田公共事业处广华幼儿园华美分园　刘燕)

错误124　午睡检查工作不到位

案例呈现

中午，幼儿园里静悄悄的，孩子们早已进入了梦乡。教师轻轻地从幼儿床边走过，给爱踢被子的朱朱盖被子，帮爱趴着睡的阳阳翻过身。但是在帮阳阳盖被子时，教师发现阳阳手里捏着一颗苹果形状的钮扣，检查阳阳的外衣、外裤，钮扣是完整的。教师于是又检查睡在阳阳旁边的萌萌的衣服，原来是萌萌衣服上的苹果钮扣掉了。一定是阳阳睡觉前拾起来玩，结果慢慢地睡着了。睡梦中手里捏着钮扣无疑是危险的，教师马上给萌萌缝好衣服上的钮扣。

说来也巧，在巡视幼儿的睡眠情况时，教师又发现童童手心里有一个闪闪发亮的东西。走近一看，原来他拿着一颗图钉，这是从哪里来的？可能是教师用了图钉后没有收好，被小朋友拿到了。看到孩子手里的图钉，教师惊出了一身冷汗。

分析与建议

幼儿午睡时，教师怎样做才能确保幼儿的安全？教师用完东西是否该放回原处，或者放到幼儿拿不到的地方？《纲要》明确指出："幼儿园必须把保护幼儿生命和促进幼儿的健康放在工作首位。"上述案例中，由于教师没有对幼儿进行午睡前的安检工作，差点导致幼儿发生意外。幼教工作是一项烦琐、细致的工作，作为一名幼儿教师，工作中不仅要有爱心、细心、耐心，更重要的是要有强烈的责任心。教师要克服麻痹思想，将安全意识贯穿于一日生活的各个环节，时时、事事做好安全防范。

（1）安全是幼儿在幼儿园一日生活中的头等大事。孩子年龄小，自控能力差，更缺乏安全意识，所以在一日活动的各个环节都要注意幼儿的安全。

（2）在日常工作中，教师要做到物品收放整齐、不乱放。

（3）在日常活动中，要向幼儿讲述一些安全知识，讲述各类因睡觉时玩扣子、小玩具、拉锁、别针等危险物品而造成生命危险的事例，培养幼儿的自我保护意识。

（4）幼儿午睡前，值班教师应对午睡室的门、窗、床铺等进行全面仔细的安全检查，确保无安全隐患。

（5）值班教师应逐一对幼儿进行睡前的安全检查，防止幼儿把尖锐、坚硬、细小的危险性物品如豆类、扣子、小刀、发饰、钉子、图钉等带入寝室。

（6）在午睡时，检查幼儿的睡姿，如果睡姿不对，教师要及时加以纠正。

（7）在幼儿午睡时，值班教师一定要多观察、多走动，如有异常，如发现幼儿出汗或呼吸不均匀，或脸色发黄，要叫醒幼儿，询问有无不适，并及时对症处理。

（8）值班教师要严格遵守午睡值班制度，密切关注幼儿的动态，特别是对身体不好的孩子要格外给予关注和照顾。

（湖北省襄阳市实验幼儿园　佘灵君）

错误125　交接班环节出差错

案例呈现

中午下班时间到了，带上午班的王老师与保育员万老师说了声"再见"，就匆匆地赶去朋友家做客了。中午，万老师看孩子们都已进入梦乡，就拿起一份杂志看了起来。起床时间到了,万老师发现平时睡觉不老实的余余小朋友还躺在床上一动不动,她走过去一看,只见孩子脸色通红,全身抽搐,万老师赶紧摸了一下孩子的额头,滚烫,孩子已接近昏迷。万老师赶紧把孩子送进医院,并通知了孩子家长。家长知道后很生气,说:"早上上幼儿园的时候,已经叮嘱过王老师孩子身体不舒服了,为什么还会让孩子发生这种意外呢?"

分析与建议

　　上述案例中孩子发高烧,教师有不可推卸的责任。首先,早上孩子入园时,家长已经告知教师孩子在家有些不舒服,希望老师多观察,有什么事就打电话联系家长。其次,王老师下班时没有告知保育老师小朋友不舒服,需要午睡时观察,而是匆忙离开。再次,保育员没有与上午班的教师交接,不了解孩子上午在园的情况。也没有不间断地巡视,未能及时发现孩子发烧,以致造成严重的后果。《纲要》中明确指出:"教师要尊重热爱每一位幼儿,对本班幼儿的安全负责,严格执行安全制度,防止事故发生。"案例中两位教师缺乏对孩子起码的关心照顾,工作不细致。

　　本可以避免发生的事情,就因为教师的不负责任,险些酿成大错,这件事情值得我们深入思考。学前阶段的幼儿没有自我保护意识,他们幼小的生命需要教师去呵护,让他们在幼儿时期健康成长是我们义不容辞的责任。

　　(1) 幼儿园工作要重视每一个细节。交接班工作是幼儿园工作的一个重要环节,上午班教师要对每个孩子的情况做到心中有数,中午接班的教师要详细了解孩子上午生活、学习的情况,孩子是否不舒服,中午值班时就可以重点观察,以防意外事故的发生。

　　(2) 幼儿园教师要有责任心与爱心。幼儿园工作是一个爱心工程,需要教师细致耐心,要及时发现问题、解决问题,否则意外事故将不可避免。孩子的安全得不到保证,就是我们工作的失职。教师从幼儿入园的那一刻起,就应该绷紧每一根弦,防患未然。只有责任心与爱心并存,孩子的安全才有保障,家长才能放心地将孩子交到我们的手上。

　　(3) 培养孩子的自我保护能力。自我保护能力是一个人在社会中保存个体生命的最基本能力。孩子在幼儿期由于生理、心理发展尚不完善，其自我保护能力相当缺乏，一不小心，就会发生事故，影响健康。因此，不断增强幼儿的自我保护能力就显得尤其重要。

- 教给孩子自我保护的知识，比如：身体不舒服了要告诉老师，遇到危险事件要想办法解决。教师可以利用游戏、观看录像、设置场景等办法教给孩子自我保护的技能。
- 家园配合教育孩子，凡事不能包办代替，让孩子在摸、爬、滚、打中学会自我保护。
- 随机教育。教师与家长要随机将看到的危险事件告诉孩子，提醒他们注意自我防范。

（湖北省咸宁市交通实验幼儿园　徐荷兰）

错误126　太相信自己的判断

案例呈现

睡午觉时，王老师发现然然的裤子尿湿了，就让然然去拿书包里的裤子换，给然然换了裤子后王老师就让她上床睡觉了。然然刚躺下，小小又大声哭了起来。王老师连忙走过去问："小小，怎么了？"小小说："然然穿的是我的裤子。"王老师听了就转身问然然："这是你的裤子吗？"然然说："是我的。"王老师想然然拿书包时自己亲眼看见的，的确是她的书包，于是就哄着小小说："好了，小小，快睡吧，是在然然书包里拿的裤子，你们妈妈买的一样的，不是你的！"小小还是哭个不停。

离园时，然然妈妈来问然然穿的是谁的裤子，并且说她的包里有裤子。这时小小奶奶拿着书包走过来说，小小的裤子没有了。教师一看两个孩子的书包一模一样，唯一不同的是小小的书包带子上绣有一朵花和一个"小"字。

分析与建议

从上述案例中可以看出，带班教师太过相信自己的眼睛、自己的判断，轻易否定了孩子的想法，没有亲自去检查。教师的行为说明了对提出疑问的孩子的不信任，孩子自然会感到万分委屈，很可能会因此影响与教师的感情。

通过这件事，教师应该得到一些启示：

（1）给予孩子信任。你会和你不信任的人做知心朋友吗？一定不会的！孩子的信任不一定意味着对你委以重任，而往往体现在接触中的小事上。上述案例中，孩子哭得伤心一定是有原因的，不管孩子的判断是对还是错，教师若带她重新检查一下书包，一切就一目了然了。这就告诉我们，每当孩子碰到问题需要教师介入时，教师都要认真去引导、解决，以建立彼此间的信任。

（2）给予孩子理解。要从孩子的角度考虑问题，理解孩子。自己的裤子被别人穿上了，孩子当然会舍不得，担心裤子被送了人，找不回来了，哭是她唯一的情绪表达，所以老师要理解她、安慰她、帮助她解决问题，而不能主观臆断，不了了之。有些教师跟孩子沟通经常会犯一个错误：还没表达理解，就急于提供真理。比如，教师跟孩子反复强调要怎样做，孩子似乎也听得很仔细，结果发现孩子还是没明白老师的意图。对同一句话，教师和孩子理解的方式和角度都是不同的，因此，孩子执行起来会有不同的结果。

（3）给予孩子帮助。给予孩子的帮助应该是孩子真正需要的，而如何了解孩子的真正需要，是值得我们思考的问题。

笔者所在的班有几个小朋友喜欢系丝巾，这几天天气很冷，每到上午10点多课间休息时，就能看到有小朋友把丝巾解开绕在手上玩，笔者看见了就走过去帮她们系好，可是过了一会儿就发现她们又把它解开了。开始问她们为什么要解开丝巾，她们笑着不说，后来有一个孩子说："丝巾系时间长了脖子不舒服，我们拿它编辫子玩呢。"哦，原来是这样。这件事让笔者懂得了面对孩子的需要，老师要有体察的智慧，别让"为了你好"造成孩子的郁闷。这体察的智慧就从

"蹲下来"中获得,只有这样,才不会使我们的帮助变得多余。

(湖北省钟祥市机关幼儿园 李娟娟)

错误127 午睡室没有开窗通风

午睡起床后,因为森森有点咳嗽,奶奶不放心,来幼儿园接森森回家。森森的奶奶在寝室里拿完被子后,对蒋老师说:"老师,寝室里有味道,我看你们的窗户都是关着的,是不是应该把窗户打开通风呢?"

刚刚值完午睡班的蒋老师尴尬地笑了笑,因为她并没有做到坚持开窗通风。因为她想,孩子能够安静地午睡就行了,与开不开窗没有多大的关系。

分析与建议

在蒋老师看来,午睡前后开不开窗与幼儿的午睡质量是没有关系的,只要幼儿能睡着觉就行了,她没有考虑到空气的不流通会给幼儿的身体健康带来多少危害。

经常开窗通风可保持室内空气流通,可以破坏致病因子的生长环境,病毒、细菌的数量就会减少;经常开窗通风能减少室内空气污染并可保持室内空气新鲜,新鲜空气里有充足的氧气,能促进人体新陈代谢,对幼儿身体的成长发育都是有利的。

因此,教师应该每天早、中、晚坚持定时通风换气,保持室内空气新鲜。强调通风,并不意味着要整日门窗洞开,教师应根据气候及风力大小掌握开窗的大小和通风的时间，一般每次开窗时间为10～30分钟较好。

夏天，幼儿午睡时可以开窗睡觉，但是应避免风直吹幼儿的头部，且身体弱的幼儿要睡在背风的地方。冬季，幼儿入睡前一定要开窗通风换气（刮大风时除外）。天冷时，教师应在幼儿脱衣服前先把窗户关上，等幼儿全部睡下后再根据气候来决定是否开窗。

(湖北省武汉市武昌区机关幼儿园　许丽华)

第八章

离园时刻

教师在离园环节的组织活动主要目的在于稳定幼儿的情绪，引导幼儿整理好自己的物品，组织一些便于有序离园的等待活动（玩玩具、看动画片、自由绘画、下棋、拼图、做泥工等），或者开短小的安全防范故事会，让幼儿安全、愉快地离园。在这个环节，教师不仅要提前做好幼儿的活动指导，还要做好与家长沟通的交接工作，且应具备一定的沟通策略，否则容易出现意料不到的问题。

本章中阐述的 11 个案例主要是围绕教师有效组织幼儿离园活动、有效与家长沟通实现家园共育等方面的问题来阐述的。其中，在离园活动上，建议教师能根据一周五天的情况每天的内容有所变化，避免每天都让幼儿呆坐在位子上消极地等待，或者每天都让幼儿看动画片以致让家长感觉教师没尽到教育职责；与家长的沟通还要顾及幼儿、家长的心理、情感，能换位思考、体谅家长，对经常被晚接的幼儿应及时给予安慰。

错误128 回应家长的态度与方式有误

案例呈现

和往常一样,幼儿离园时间到了,家长陆续进来。班主任老师看见一一的妈妈来了,连忙请她到活动室里面等一等,说有事要商量。等其他孩子都被接走后,班主任老师才把一一领到他妈妈面前,告诉家长说孩子在幼儿园被同伴咬了。当看到儿子右手大拇指上方清晰的、红红的一大圈印迹,靠虎口位置的牙印处还有点渗血时,这位妈妈顿时脸色大变且怒气冲天:"天哪,孩子被咬成这样,你们老师没有处理吗?"配搭班老师急于解释:"您这么急干什么,我们一样心疼孩子,可是刚才人太多……""孩子只有这么小,却被咬成这样,你们根本就没管!算了不说了,你们太不负责任了!"容不得班主任老师解释,家长就牵着孩子怒气冲冲地走了。

分析与建议

很明显,事件中教师面对家长时的处理方式有误,孩子在幼儿园受到了伤害,责任应该归于教师。教师回应的态度让家长愤怒,所以家长才在教师面前不顾情面扬长而去。那么,教师该怎样做呢?

(1)及时道歉,态度要真诚。孩子弱小,缺乏自我保护能力。当孩子在幼儿园受到伤害时,责任确实应该归于教师。如果教师用真诚的态度及时向家长道歉,和颜悦色地与家长交流,家长应该会原谅教师的过失。如果教师的语气平淡,势必会让家长认为教师缺乏爱心,没有责任感。上述案例中,家长本来是欢欢喜喜地来接孩子,教师却要家长先在一旁等待,等室内无人时才说出孩子受伤了。当家长看到孩子被咬的手时,教师不仅没有表示,还说让家长不要急。这无疑是给家长火上浇油,所以家长发脾气在所难免。

(2) 细说经过,给予抚慰。当孩子受到意外伤害后,教师向家长道歉后还必须马上把事发经过详细地告诉家长,比如怎样帮孩子处理的伤口、怎样护理的孩子,让家长对事情起因和教师的处理方式有所了解。如果是由孩子和同伴间的纠纷引起,还可以和家长一起分析孩子的行为,帮助孩子改过。如果是其他原因让孩子受到伤害,教师可以当着家长的面教孩子一些自我保护的小知识,顺便安慰小朋友和家长,给予他们精神支持和情感抚慰。

(3) 换位思考,体谅家长。孩子是家长手心里的宝,家长看到孩子受伤时,情绪难免激动。家长蛮不讲理、气势汹汹时,教师也要耐心倾听。等家长说完后再与之冷静交流,做到动之以理、晓之以情。让家长体会到教师是站在家长的角度设身处地地为孩子着想。如果教师表现出若无其事的态度,认为家长大惊小怪,就会使家长觉得教师对自己的孩子不够关心、对工作不够负责,进而影响家长与教师的关系,给家园沟通设置了障碍。

(4) 尊重家长,重视沟通。家长之间的差异是客观存在的,由于职业、性格、文化水平等因素的不同,家长间的教育观念和教育方法也不尽相同。这就需要教师深入了解,以便有针对性地与家长沟通。无论家长间存在什么样的差异,从他将自己的孩子送到幼儿园的那一天起,家长与教师就开始了共同的历程——教育好孩子。因此,教师应该学会与不同性格、不同职业、不同文化水平的家长交流,让每位家长都能感受教师对孩子的关注和重视。

家园沟通是门大学问,需要每一位教师用自己的智慧、用自身的教育理念、用和谐的家园关系去影响、去把握。让我们一起把握每一个家园联系的契机,为孩子们的健康成长保驾护航!

(湖北省应城市实验幼儿园　李蓉)

错误129　离园时让幼儿热闹起来

案例呈现

离园时间到了,家长们纷纷涌向园内,准备接自己的孩子回家。杨老师为了给家长一个良好的印象,很认真地组织相关活动。她很有激情地对孩子们说:"小朋友们,我们今天在幼儿园学到了哪些本领?首先,我们把蒙氏阅读诗歌《家》来复习一遍:树叶是毛毛虫的家……"孩子们大声熟练地和教师一起朗诵、表演;接着,杨老师又请小朋友表演律动"袋鼠"。这下教室里可热闹了,小朋友有的在地上打滚,有的疯跑,而淘气的涂涂和杰杰两个小朋友竟然跳到了凳子上和桌子上,玩得开心极了。杨老师见状开心地笑了。她认为,孩子快乐就是自己最大的幸福,而一些家长却因为担心孩子的安全而皱起了眉头。

分析与建议

上述案例中,教师的做法显然没有迎合家长的心理需要。家长这个时候关注的不是孩子在幼儿园学了哪些知识,而是孩子的安全问题。在组织幼儿离开时,教师营造一种安静有序的氛围,保证幼儿能够安全地离园,才是家长的心愿。在这个环节,幼儿教师应注意以下三点:

(1) 规范离园活动是基础。《纲要》指出:"要为幼儿提供健康、丰富的学习和生活活动,满足幼儿各方面发展的需要,要让幼儿知道必要的安全保健知识,学习保护自己。"为了使幼儿身心得到更好的发展,要把安全问题放在工作的首位,减少幼儿身心受到意外伤害的可能性。对孩子要做到:"放手不放眼,放眼不放心。"尽一切可能保护好幼儿的安全。离园的时候是孩子最散漫、教师又不

好组织的时候,教师应着重从以下几点进行实践:

- 教师间加强配合,缓解家园多方交流矛盾。
- 让孩子学会分享,延伸快乐情绪。
- 组织安静有趣的游戏,为一日活动画上快乐的句号。
- 离园时要特别关注个别很淘气的幼儿,对其进行教育。
- 菜单式活动项目选择,使离园活动更加有序。

(2)安静有序离园是主调。离园前的活动应以安静为主,要在离园活动中形成安静有序离园的氛围,让幼儿安静地去做自己喜欢的事情,尽量不要弹琴、唱歌或是做律动,因为一旦被个别家长打断,就会很难继续,而且弹琴、做律动一般是组织幼儿坐好的信号,如果停停做做,容易破坏幼儿的常规习惯养成。

××幼儿园中(二)班某周的离园活动表

星期一	星期二	星期三	星期四	星期五
故事欣赏:小壁虎借尾巴	穿珠游戏	手工:折帆船	泥工:小刺猬	看图书

(3)确保安全和谐是目的。只有采取切实可行的离园制度、设计周密的离园活动以及营造安静有序的离园氛围,才能达到使幼儿安全离园的目的。

(湖北省应城市实验幼儿园　李熙英)

错误130　离园时让幼儿无所事事地枯坐等待

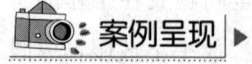 案例呈现

临近离园时间,在组织孩子们如厕完毕后,任老师分组给孩子们整理衣物。

在整理的时候,听到安安说:"又可以见到妈妈了。"可可说:"我喜欢奶奶来接我。"旁边的几个孩子听到她们两个的话题也开始唧唧喳喳地议论起来。看到孩子们的论论纷纷打破了教室的安静,任老师对孩子们说:"不要吵闹了,安静地坐着等着爸爸妈妈来接。"孩子们顿时安静了下来,可是不到两分钟,孩子们就又开始骚动起来,你摸我一下,我拉一下你的衣服,然后开始告状,还有的无聊地玩凳子,把凳子玩翻了差点把头磕到。任老师又说:"看谁最乖就最先让谁回家。"教室里重新恢复了安静,可是不到两分钟又开始了吵闹。

分析与建议

　　为什么孩子们在离园时这么兴奋呢?他们和爸爸妈妈分别一天了,现在马上就可以见到了,心里肯定很激动。他们想把这种激动的心情表达出来,于是有的会用语言表达,有的喜欢做一些小动作渲泄一下。可是教师却要求他们一味地静坐等待,而对于中班的孩子们,他们不可能有这么强的自控能力。因此,教室里的混乱在所难免。

　　这就要求教师在离园前的一段时间里要做一些让孩子们感兴趣的事情,让孩子们把激动的心情自然地释放出来。比如,让语言能力强的孩子讲故事;玩一些手指游戏或身体游戏,等等。在家长接走一部分孩子后,教室里剩下的孩子不多了,这个时候,可以让孩子选择自己喜欢的区域进行活动,但要提要求,即游戏结束后要整理好活动材料;还可以让孩子们玩建构游戏,增强孩子的合作意识,教师也可以有针对性地加以指导。孩子们把兴奋感自然地释放出来后就不会做一些无谓的碰撞和打闹了,教室里的秩序也就不需要教师刻意去维持了。孩子们每天带着愉快的心情回家,对他们心理的发展也有积极的作用。这样,孩子们每天离园时不只是期盼快点见到爸爸妈妈,而且还期待着离园时有趣的活动了。

(湖北省应城市实验幼儿园　尹雄华)

错误131 否定个别幼儿的活动需求

案例呈现

当太阳被云彩扯着裙裾缓缓下沉时,孩子们就要离开幼儿园回家了。十几分钟的时间里,家长就陆续接走了大部分孩子,还剩下七八个孩子时,王老师让他们搬上小板凳围坐成一圈,"小朋友们坐过来,老师给你们讲一个好听的故事,好不好?"本以为孩子们会异口同声地说"好",谁知一个孩子却表示了异议——"不好"。虽然只是一个孩子的声音,但在王老师听来格外刺耳。循声望去,原来是班上极有个性的小男生斌斌。"斌斌,听故事怎么不好了?""中午听过的,我现在不想听故事。""那你想干吗?""我想到活动区搭积木。""现在是离园时间,不是区域活动时间,老师没有让你去就不许去!坐下,和小朋友一起听故事。"听到王老师严厉的指责,看着王老师皱起的眉头,斌斌只好无奈地坐在椅子上,不时地把目光投向活动区……

分析与建议

当教师的"权威"受到孩子的"挑战"时,往往会感到十分尴尬,这是可以理解的。但如果站在孩子的角度来看这个问题,就会释然。孩子们在一日活动中多数的时候听命于教师的安排,在他们小小的内心里是多么渴望有一些时间是属于自己去支配的啊!事件中的王老师面对孩子的异议,只考虑到了自己的感受,简单粗暴地阻止斌斌想"自由游戏"的行为,这种不顾及孩子的兴趣需求,一味用教师的权威或所谓的纪律去要求和强迫孩子参与活动的做法是错误的。

每个孩子都有自己的兴趣和需求,有的喜欢跟着教师一起活动,有的却不喜欢经常被集体活动牵着鼻子走,希望多一点时间和空间让自己自由支配。在离园等待这个环节里,孩子们可能各有各的需求,当孩子对这个环节的统一安排不感兴趣时,只要不影响别人,教师应尽可能地满足孩子的愿望,使他们更多地从教师这里感受到平等、尊重,更多地体验到自主、愉悦。

很多教师喜欢在幼儿园一日活动的各个环节里统一孩子们的意志和行为,这种以教师为中心的活动组织模式极易扼杀孩子们可贵的主动性和探索性,使他们形成事事依赖成人、懦弱不自信的品性。《纲要》明确指出:"教师要以关怀、接纳、尊重的态度与幼儿交往。"教师应该改革传统的活动组织模式,在教育过程的每一个环节充分发挥幼儿的主体性,尊重幼儿的意见发表权和决策参与权。孩子能自己选择判断的,让他们自己去判断;孩子能自主探索的,让他们自己去探索……只有这样,才能使孩子真正成为自己的主人。

(湖北省应城市实验幼儿园 陈燕)

错误 132 漠视晚接幼儿的情感

案例呈现

离园时间到了,孩子们一个一个地被家长接走,最后只剩下其其没人接。"今天我有事,我先走啰!"李老师拎起背包,快步走出了教室。"唉!又有一个孩子没人接,真烦人!""是啊,我今天还要去买菜呢!"丁老师和王老师你一句我一句地聊着。其其一个人坐在小板凳上,无助地望着教室门口。

又过了十几分钟,还是没人来接其其,其其的神情更焦虑了,教师也等得不耐烦了,"怎么还不来接,八成是打麻将忘记了接孩子。""丁老师,我妈妈不打麻将,我妈妈在上班!"其其赶紧为妈妈辩解。"上班?现在也该下班了呀!"王老师接口道,"明天叫你妈妈早点来接你,不要耽误老师的时间,听到了吗?""嗯。"其其小声应道。

分析与建议

上述案例中,由于其其没人接,教师将烦躁的情绪表现在脸上,说出来的话也不知不觉地伤害到孩子幼小的心灵。殊不知,晚接的孩子心灵是最脆弱的。眼看其他小朋友都被父母接走了,空荡荡的教室会让孩子感到寂寞和无助,他们担心没人来接自己,再加上教师冷冰冰的脸色、冷冰冰的话语,孩子的心里会是多么难过呀!此外,教师的责怪还有可能导致孩子对父母的误会,在孩子幼小的心灵中留下难以磨灭的阴影。

幼儿园里几乎每个班都会有晚接的孩子,每位教师几乎都会遇到这样的事。放学了,教师们希望所有孩子都能按时被接走,不耽误自己的私人时间,那么如何解决这一矛盾呢?行之有效的方法有以下几个:

(1)召开家长会时提要求,要求家长按时接孩子、了解晚接孩子对孩子心灵的伤害,相信大部分家长都能做到准时接孩子。

(2)对于总是习惯晚接的家长,与他们进行个别交流,了解其家庭成员的基本情况,建议家长与家庭成员将接孩子的事宜协调处理好。

(3)班级教师轮流值班,每天留一位教师照看晚接的幼儿,避免三位教师同时守着一个小朋友。

(4)对于晚接的孩子,要进行言语上的安抚,比如:"妈妈快来了,老师帮你打个电话问一问,也许妈妈正在路上呢!"在等待的过程中,教师可以跟孩子亲切地聊聊天,或者让孩子看故事书、玩玩具,以缓解孩子焦虑的情绪。

幼儿就像晶莹透亮的露珠,需要成人耐心细致地呵护,特别是对于晚接的孩子,不要让教师冷漠的眼神和冰冷的话语伤害到他们幼小的心灵。

(湖北省应城市实验幼儿园　陈莲)

错误 133 不能准确说出幼儿被谁接走

案例呈现

离园时，小（二）班的孩子们见到家长来接自己，顿时兴奋起来。教师努力地和每个孩子打招呼告别，一会儿，杨杨妈妈来问老师："我们杨杨呢？"教师清楚地记得杨杨是和她打了招呼说完"再见"才走的，但是谁来接的她有些记不清了。忙说："杨杨已经被接走了，你打个电话到家里问问吧！"杨杨妈妈不情愿地打了电话，得知孩子被杨杨爸爸接走才放心地转身离去。

分析与建议

小班幼儿在离园时最大的问题就是安全问题。孩子们经过一天的游戏、学习后，都竭力寻找一个放松自我的机会，因此在下午等待家长来接的过程中会显得比较兴奋。上面案例中的教师没做好离园前的组织活动，接待家长时场面比较混乱，导致幼儿被谁接走的都不能确定，这就存在着安全隐患。让小班幼儿离园活动有序地进行，确保幼儿的安全，具体可以从以下五个方面入手：

（1）开展离园整理、谈话活动。对于小班幼儿来说，离园前的谈话活动和整理衣着是不可忽视的一个环节。谈话宜以表扬为主，使孩子们了解一天所发生的重要的、有必要知道的事情，知道怎样做是好的、怎样做不好。在谈话的同时，教师还可以检查、整理孩子的衣着，看看鞋子是否穿反、裤子是否穿对、衣服领子翻好了没有……让孩子们进入安静的等待之中。

（2）组织离园游戏。组织一些较为安静和有趣的游戏，让有趣的游戏活动牢牢地吸引幼儿的注意力，尽量减少幼儿因为兴奋而导致的安全隐患，让离园活动又安全又有序。

（3）为离园晚的幼儿安排活动。不让离园晚的幼儿离开教师的视线，组织幼儿进行小游戏，让幼儿的注意力集中在教师这里，而不是趴在窗口等家长。

（4）班上几位教师明确分工。接待家长、照顾孩子、协助整理等，既分工也协作，做到心往一处想，劲儿往一处使。

（5）要求家长持离园证有序排队，一个一个地接孩子。对要求单独和教师交流的家长，礼貌地请他（她）耐心地等一会儿，等孩子们走得差不多时再专门接待。

（湖北省应城市实验幼儿园　王应珍）

错误134　让家长的"等"缺乏温情

案例呈现

"叮铃铃"，离园的铃声响了。和平常一样，小（二）班一切准备就绪，张老师在教室中组织幼儿离园前的谈话，小汪老师站在教室门口等待家长的到来。没一会儿，家长们就如潮水般涌入幼儿园，在教室门外排成了长队。小汪老师一边接家长递过来的离园证，一边点名让孩子出来，忙碌而有序。"苗苗、小雨、诚诚……思思小朋友快出来，妈妈来了！"思思的妈妈牵过孩子，却没有离开，而是站在教室门口说："老师，我现在想跟您谈谈孩子的一些情况。"小汪老师瞅瞅眼前等待接孩子的长长的家长队伍，皱了皱眉头说："正忙呢，您等等再说好吗？下一位！"思思妈妈尴尬地退到一边，犹豫着等了一会儿，摇摇头默默地走掉了。

分析与建议

也许在很多人看来，小汪老师的言行举止并无不妥之处。离园的时候是教师最忙碌的时候，接待家长的同时要安全无误地交送孩子，确实没有太多的时间与个别家长交流。但当家长提出要求时，教师的一句"正忙呢，您等等再说好吗？下一位"，传递给家长的信息是抵触、敷衍和不耐烦。这样的说话方式容易让家长产生"知难而退"的心理。有了这次不愉快的经历，思思妈妈及其他在场家长以后都可能不太愿意或不敢主动与教师交流，长此以往，家园关系将成一潭死水。

孩子入园、离园时刻，是教师与家长交流的最佳时机，也是教师在家长心目中树立形象的关键时期。虽然思思妈妈提出交流要求的时间确实不太适当，但一名优秀的、成熟的幼儿教师，首先一定是一个懂得充分尊重幼儿及其家长的教师，她会十分轻松自然地应对这样的问题。面对上述案例中家长的要求，她会这样回应："噢，太好了，我很想和您谈谈。您可以去那边看看孩子们的绘画作品，等我把孩子送得差不多了再过来叫您，好吗？"相信任何一位家长听了这样充满温情的话，都会带着愉悦的心情去等待的。等孩子接得差不多了，教师可以用专门的时间来倾听家长的想法。

忙碌时刻，面对家长提出的不合时宜的要求，幼儿教师一定要多一些微笑和温情。同样是让家长等候，教师一句冷冰冰的话语与一句充满温情的话语所产生的效果大不相同。因此，不管因为什么原因，不管是什么时候，当你需要家长等的时候，一定要用语言、动作、表情让这个"等"字多一些温情。这样，不仅让家长感受到了你的真诚，会带着愉快的心情去等待，更体现了一名优秀幼儿教师最基本的尊重他人、理解他人的素质。

（湖北省应城市实验幼儿园　张锦红）

错误135　没有慎重对待班里的插班生离园

案例呈现

中(一)班刚开学不久的一次离园时间，家长们鱼贯而入，纷纷涌向自己孩子所在的班级，尤其是插班生的家长们。"汤竹、晓晓……"短暂的井然有序过后，孩子们开始喧闹起来，保育员孙老师制止也无济于事，以至于黄老师的点名很快被唧唧喳喳声淹没。"康康！"（这学期刚刚来园插班的孩子）黄老师连续高喊了三声，康康才在保育员的提示下，搬起小椅子疾步走到黑板前摆放好，然后提着书包向教室门口飞奔过去。黄老师急忙提示："别跑呀，好好走。"由于心情急迫动作太快，康康不小心绊倒了一把小椅子，旋即摔倒，一颗门牙瞬时脱落。事情发生得太突然，黄老师根本来不及做出反应。康康的爷爷目睹了全部经过，除了万分心疼孙子外倒也没有过多地怪罪老师，而是立即将孩子送去了医院。

分析与建议

对于幼儿离园环节当中可能发生的种种意外，教师应该有相当强的预见性。中班的孩子注意力容易分散，情绪容易受别人影响，让他们坐等是一件很难坚持的事，更何况是新来的孩子？他们急着见到自己亲人的心情更加急迫。黄老师应该在班上建立良好的离园常规，将更多的注意力投向新来插班的孩子，设计出幼儿喜爱的活动并付诸实践：周一和周五演绎故事（包括幼儿自己讲述、分角色扮演等），周二、周三整理玩具和书包，周四分组游戏。有时候根据具体情况随机进行调整。这些有目的、有计划、有组织的活动，既可满足幼儿的心理需要，也能缓解他们想见亲人的迫切心情。

（湖北省应城市实验幼儿园　曹翠芳）

错误136 将幼儿间的矛盾延伸到家长身上

案例呈现

离园的时间快要到了,参加美术比赛的小、中班幼儿回到自己的班上。突然,王老师发现瑞瑞小朋友的眼睛上、脸上、手上画有许多彩笔印迹,王老师立即把瑞瑞拉到面前,一面了解情况,一面检查孩子身上其他地方是否还有印迹。原来,在美术兴趣班,瑞瑞和辉辉坐在一起,画完画后,辉辉就拿着彩笔在瑞瑞手上画,画着画着,就从手上画到了脸上,直至眼睛周围。王老师看了生气地说:"不洗了,这点就留给辉辉家长看。"

这时,幼儿园大门开了,真巧,瑞瑞的奶奶和辉辉的奶奶同时来到班级门口,王老师牵着两个孩子赶紧迎上去说:"蛮好,蛮好,两家都来了。"王老师先把瑞瑞交给奶奶说:"您的孩子今天吃了点亏,在绘画比赛时被辉辉用彩笔在脸上画花了。"瑞瑞的奶奶一看,心疼得不得了。王老师又对辉辉的奶奶说:"辉辉最近总是喜欢招惹别人,今天这件事,要是扎到眼睛就太危险了。您们家长要好好教育他。辉辉,你给瑞瑞道个歉吧!"辉辉的奶奶一听,一把牵过孩子说:"小孩之间这点事也大惊小怪,你们不让他们坐在一起,不就没有这事了。"眼看两位老人就要争执起来了……

分析与建议

每天离园时刻,也是教师与家长沟通育儿心得的时候。在这不到半个小时的离园时间里,幼儿教师该如何向家长汇报孩子的高兴、忧伤、烦恼,怎样在家长面前处理好白天孩子之间的"纠纷"却是一门很深的学问。上述案例具有普遍性，在幼儿园经常会遇到。如何处理这类事情，关键就在于教师的语言、态度及策略方法。此案例中，教师的话——"您的孩子今天吃了点亏"及"蛮好，蛮好，两家都来了"导致了这件很容易被化解的小事变得复杂了。

教师处理方法简单，缺乏沟通技巧，没有考虑到家长的感受及幼儿的态度。在处理这件事时，本应分开来说明解决问题，而不应该当着两家家长的面来解决。教师本该想办法洗干净幼儿"耳廓处的印迹"，而不是留给辉辉的家长看，这样做无非是在向辉辉的家长"告状"，激化矛盾，让两家家长自己去解决问题，推卸了自己的责任。同时，教师没有深入了解孩子的想法。教师可以问问辉辉为什么画以及为什么在瑞瑞的脸上、眼睛周围画。只有分析事件发生的原因，才能找到问题的根结所在。

在日常教育工作中，我们每天都会遇到孩子之间的冲突事件。作为一名教师应注意：

(1) 孩子间的矛盾切忌延伸为家长之间的冲突。案例中瑞瑞和辉辉的行为纯属活动后的游戏，孩子们只是觉得好玩，并没有谁要欺负谁的意思。老师介入后却把问题的实质定了性，并告知了家长，这样的定性言语肯定会让家长们不舒服，原本孩子间的矛盾发生在幼儿园，就该在幼儿离园前解决好，不该让家长也介入冲突之中，这会让原本的小事变得复杂起来。

(2) 教师要加强对活动中孩子行为习惯的培养。孩子们参加美术兴趣班不应该只是去学会某种技能，美术兴趣班的老师同样要对孩子们的学习习惯及行为习惯要有所提示和约束。

(3) 学会处理矛盾的策略与方法。作为一名幼儿教师，应该具备与家长沟通的能力，切忌把自己排除于事件之外，以一种推卸责任的态度示人。家长将孩子送入园，孩子在园的所有一切都交付在教师手中，教师应该把孩子开开心心再交还给家长手上。为了达到这样的目的，教师与家长交流的态度和思考问题的方式，以及反映问题的策略都要从相互间友好、平和相处的出发点去思考，如此，再处理类似的问题时就会多一些技巧了。

(湖北省武汉市武昌区机关幼儿园　余凌燕；
湖北省十堰市教科院　彭丽华)

错误137　当众向家长告状

案例呈现

最近，王老师发现天天在集体活动时总是有点坐不住，不是晃动椅子，就是歪坐或者反坐在椅子上面，半个小时的活动时间里总是要老师提醒很多次。一天下午，天天几番"故技重演"，王老师只好"请"出天天，罚他一个人坐在前面。当天天妈妈来接孩子的时候，王老师当着很多家长的面冲口说道："天天这段时间不知道怎么搞的，集体活动时总是不安静，还影响其他孩子。"天天妈妈一听，脸上就挂不住了……

分析与建议

案例中这位老师没能控制好自己的情绪，直接向家长"发泄"一通，尽管本意是希望家长对孩子的缺点引起重视，但是结果可能会适得其反，反而引起家长的抵触和逆反心理。教师在毫无保留地向家长"托盘而出"孩子问题的时候，如果不注意方式和场合，很可能会影响家园合作。那么，教师该怎么处理此类问题呢？

（1）要分析问题的性质。发生在孩子身上的问题包括行为习惯不良、认知发展迟缓、个性发展存在偏差等。不同的家长对不同性质的问题的重视程度可能不同。即便是相同性质的问题，对不同的家长也可能有不同的含义。比如，有的家长重视孩子性格的培养，有的重视孩子能力的培养，有的重视孩子习惯的培养等，有的家长或许认为孩子好动、顽皮、抢东西、乱打人没有什么大不了，而有的家长则会坚决制止孩子的攻击性行为。结合孩子的实际情况和对家长的了解来分析孩子身上的问题，可以帮助教师选择合适的方式与家长沟通。

(2) 要了解家长的个性和喜好。要想营造良好的沟通氛围，达到沟通的目的，教师需要"知己知彼"，在与家长的观察交往中做个有心人。比如，了解家长的个性，是外向型还是内向型的，是豁达开朗的还是容易担忧焦虑的，对不同的家长要采取不同的沟通方式。对于豁达开朗的家长，教师可以选择直接、坦诚的方式与家长探讨孩子的问题；但是如果是容易担忧焦虑的家长，就要考虑到孩子的问题对家长的压力，要注意用委婉的方式和家长沟通。

(3) 要选择适宜的地点和时机。通常来讲，家长既需要在孩子面前有面子，也需要在其他家长面前有面子。教育孩子是父母的职责，因此，他人对自己孩子的负面评价从一定意义上来说是对自己实施家庭教育的否定。考虑到这些原因和家长的心情，教师与家长沟通就要选择时机，也要考虑地点，以尽量让家长感觉轻松为原则。比如，在家长来接孩子的时候，小声示意家长："××爸爸（妈妈），有点小事要和你说说，你能否留一下？等孩子们走得差不多的时候我们谈谈？"以免给家长心理造成压力而导致谈话失败。

(4) 教师谈话的语言、语气、表达方式也很重要。教师要耐心地倾听家长的心声，必要时还要做事后的跟踪教育等。教师平时也要做有心人，不要等孩子有了问题才和家长沟通，要在平时多和家长分享孩子的各种正面的信息，孩子取得的进步、发生在孩子身上的趣事、孩子近段时间的兴趣爱好等，都要及时与家长分享，让家长感到老师对孩子浓浓的爱，从而使家长乐意与教师沟通，开创家园互助的良好局面。

（湖北省荆州市荆州小学实验幼儿园　陈红玲）

错误138　不会与爱面子的家长沟通

走廊里传来一阵嘈杂的声音，豆豆妈妈怒气冲冲地来到办公室，向园长投诉

说:"园长,王老师太让我生气了!"原来,几天前豆豆爸爸接孩子离园的时候,当班的老师表扬他是个负责任的爸爸,爸爸都是按时接孩子回家的,妈妈接的时候在时间上就比较随意。当天回去后,豆豆爸爸在家"批评"了自己的妻子,要求妻子按时接孩子离园。今天豆豆妈妈来接孩子的时候,王老师又向豆豆妈妈表达了上面的意思,没想到豆豆妈妈恼了,说王老师伤害了她的自尊心,不仅使自己在家受了丈夫的气,而且现在老师还当着其他人批评自己,很没有面子。

园长询问王老师,王老师也很委屈,认为自己就是这样的性格,出于对孩子的关心,说了实情,希望家长能配合幼儿园按时接送孩子,并没有批评家长的意思,没想到豆豆妈妈会这样激动。

分析与建议

教育好孩子,不仅是幼儿园的重要职责,更离不开家长的配合与支持。在这个案例中,教师出于认真负责的态度,与家长交流孩子的情况,是工作职责所在,但是,教师在与家长交流的过程中,在方式和策略上,使家长感到自己没有被尊重和重视,还由此引起家长夫妻间的不愉快,才有了开头的一幕。

作为幼儿教师,学会与各种类型的家长进行有效的沟通也是一门学问。分析以上案例,我们可以看出豆豆妈妈是一个比较爱面子的家长,对于爱面子的家长,我们在进行沟通时可以尝试从以下几点做起:

(1)了解家长的特点。了解家长的特点是解决问题的根本,也只有知道了家长的性格特点,我们才能在沟通策略和方法上进行适当的调整与转换。豆豆的妈妈时间概念不强,看得出是个不太在意细节的人,后来发生的事情却让我们看出她是位比较爱面子的家长。对于这样的家长,我们在与之沟通的时候就应该考虑到他们的性格特点,要委婉地与他们交流和沟通。

(2)主动与家长坦诚交流。豆豆妈妈的爱面子,体现在她觉得在豆豆爸爸和其他家长面前"受了气""丢了面子",教师应多该主动和家长沟通,承认自己反馈问题时不注意场合,并真诚希望得到豆豆妈妈的原谅。在后续的接触中,教师应多主动向豆豆妈妈反馈孩子近期在园的状况,逐步解除相互间的误会,让豆豆妈妈看到老师的大度,相互多一些理解,更有利于今后的工作开展。

（3）在家长会上提出要求。如果有些家长的确不能按时接送幼儿，可以在家长会时统一要求，并说明利弊，这样家长们可以自己对号入座，避免了针锋相对。

（中国人民解放军61699部队南星幼儿园　卢海燕；
湖北省十堰市教科院　彭丽华）

第九章

其他活动

本章呈现的案例相对前面八章来说有所不同。前八章是将教师组织幼儿在园一日活动的各个主要环节一一展开，属于教师的常规工作；本章则是从一名合格的幼儿教师必备的职业素养的角度进行了补充，是根据幼儿园教育工作的需要以及新时代背景下的新型教师必备的信息技术技能来选材的。

其中，教科研类活动选择了3个问题，重在强调以园为本的教研中如何激发教师参与研究、研讨活动的热情，如何使教研活动更有效，如何在教研活动中实现同伴互助等；社区类活动选择了5个问题，主要想说明社区资源是丰富的、可利用的，但在利用时应把握好资源的价值与幼儿园教育之间的关系，合理选择和充分利用好便利的资源，发挥好家长资源的价值；教育技术应用方面选择的4个问题主要是从教师开展教育工作、实施家园共育、提升专业技能方面提出的要求与建议，也是社会通用技术在教育领域的专门应用。

第九章

その他の活動

错误139　缺乏参与教研活动的热情与目标

案例呈现

又到了每周一次的教研活动时间,在教研组长一次次的催促下,各班的班主任教师姗姗来迟,并聚集在多功能厅里观摩两个音乐活动。到了观摩活动结束后的点评时间,大家开始时都低头不发言,有人打头后才对活动的整体优点、不足之处进行了阐述,但观点大致雷同。最后,教研主任做了总结并号召大家学习了"组织幼儿园音乐活动"的相关资料,教师们听着、记着,似乎又回到了"求学"时的"你说我听"模式,而到底接纳和吸收了多少知识?无人知道。

分析与建议

在"园本教研"课题的推动下,各个幼儿园所都有自己的教研活动时间。在挤出来的这个教研时间段里,幼儿教师想要得到什么?什么样的教研活动才是有意义、有意思的?怎样激发教师的教研热情和工作激情?幼儿园的教研活动到底该"研"什么……归根结底,幼儿教育领域的教研就是要解决幼儿教育中的实际问题和难题,能为幼儿教师更为熟练地掌握教育技能而服务,绝不只是顺应形势,走走过场,只有实在、扎实的教研活动才能促使幼儿教师在教研活动中得到专业化的提升和成长。

朱家雄教授曾就"如何搞好园本教研"发表过这样的观点:提倡通过幼儿园园本教研,提高教师的专业水平,"让幼儿的学习有意义"以及"让教师的教学有意义"。根据经验,先从幼儿园集体教学活动着手,着手于提高幼儿园集体教学活动的水平,反思幼儿园集体教学活动的有效性,这会是一个比较可行的办法。着手于幼儿园集体教学活动的幼儿园园本教研可以先从以下三个方面开展：第一，集体教学活动借助的活动材料的品质是否良好，即选取的材料是否经过"千锤百炼"，是否具有"真、善、美"的内涵。第二，活动目标的定位是否准确。换言之，活动目标对特定的教育对象是否有教育价值，不管活动的目标是重结果还是重过程，这些活动目标必须是清晰的、可达成的，而且是具有可操作性的。第三，活动过程是否切实可行，行之有效。

关于教研活动"研"什么的问题，我们还应该注意的有以下几方面的内容：

（1）以课题为载体。幼儿教育所涵盖的内容很广，就教研来讲，如果不以课题为载体进行教研，似乎缺乏了一定的目的性和计划性，常常出现"想起什么研什么，什么热门研什么"的现象。"以课题促教研，以教研促成长"，随着课题的不断深入，教研会更有意义。

（2）解决实际问题。教研要为教学服务，教研的目的也是解决实际教学中的难点，要让教研有实效，要让老师们觉得教研有意义，就要选择具有代表性的、共性的、亟待解决的、贴近实际教学水平的教研话题，选择的问题越小，引出的话题就会越多，也就能找出更为多元的解决办法，这样的教研才可做、有必要做。

（3）聚焦点放小。教研活动中要激发教师的教研热情，就需要让教师们"忙"起来，当每个个体有事可做时，才能调动其内在的主观能动性和热情。可以尝试的办法是：在共同话题下，为避免雷同，把话题做适当分工，事先设计好教研观察记录表，根据个人特点把问题分到每个人身上，让教师们有目的地观察、有目的地思考、有思路地整理、有序地表述，这样教研活动才有可能百花齐放。

（湖北省十堰市教科院　彭丽华）

错误 140　教研活动中评价他人的语言欠妥

案例呈现

一次教研活动中，执教者是上岗刚两年的教师，经验不是很丰富。事先告诉过教师们，这个活动只是提供探讨的话题，不一定十分完美，这样出现问题后更容易引起讨论和争锋。而参与教研活动的都是经验丰富的班主任教师，大家围绕着"教学有效性"的话题进行了探讨。在谈论时，作为"过来人"的老教师，频频以"你……不合适，应该这样做……""我觉得你做得不好，应该……"来评价执教者，执教的年轻教师似乎成了被批判的对象，只差掉眼泪了……

分析与建议

教研活动提倡教师们畅所欲言，允许教师们百家争鸣，也只有这样，才能让教师们的语言组织能力和语言表达能力得到提高。但在听的过程中，我们会发现幼儿教师的一些通病，比如：孩子般的童言无忌；认为自己的方法最好、看法最独特，急于展现和表达自己，较少考虑说的策略；别人的缺点用放大镜去看，别人的优点视而不见，等等。在教研活动的点评环节，幼儿教师应该注意些什么呢？

（1）学会理解。无论处于什么样的位置，都应该先理解每位教师在走向成熟之前的必经之路，即教法生疏、稚嫩和不够灵活，只是由于这些教师缺乏经验和历练。学会理解其他教师，才能学会保护他人的自尊心。

（2）懂得换位。发言前多一些周详的考虑，会让言语更加入耳。最好的办法就是试着去换位思考：我那时是怎样的表现？如果是我，我会把活动组织成什么样子？我会如何组织……

（3）讲究策略。我们除了虚心接受他人的意见外，更要讲究表达的策略，要学会用"放大镜"去搜索别人的优点；至于对方的缺点，点到为止即可，可私下面对面地交流，这样更容易让人接受。

（4）切合实际。教师们对切合实际的平实言语更能接受，冗长的理论和"大家"的言论只可作为阐明论据时的"点睛之笔"。说得有多实在，观众听得就有多贴心，说时看看听者的表情就可以知道自己说得够不够精彩。

（湖北省十堰市教科院　彭丽华）

错误141　以照抄文章作为提升经验的捷径

 案例呈现

场景一

又到了交论文的时间，办公室里一片繁忙。教师们都紧盯着电脑，迅速查找着"资料"和"信息"。半小时后，大家陆续说："我的论文成了！""我的论文拼好了！"……

场景二

论文评比现场，评委们牢骚满腹："现在的年轻人太不上进了，一说交论文，十分钟不到，网上现成的文章一个字不动，加上自己的单位、姓名就交来，怎么评这些论文？""看看这个题目……，这么大，怎么可能是一线老师能写出来的？这样的文章都敢用，唉！""我这个论文只有20%有自己书写的痕迹，80%的都是原封不动网络上的东西……""我看最好不给奖，否则……"

分析与建议

平时教师们疲于应付日常教学和各类活动，能静下心来细细思考日常教学并提炼成文的少之又少，但论文是教师评定职称必需的，所以教师们渴望得到此类的证书，而电脑的出现解决了教师们的难题。这样带来的负面影响很不好，究其根本，还是因为教师们拿起论文不知从何写起，也缺乏积累与提炼的习惯，于是即使写下也缺乏一定的层次和深度。

建议教师们尝试从以下几点做起：

（1）积累。积累意味着理论的再学习。不要求占用太多的时间去死学，教师们只需要在查找自己感兴趣的话题时，发现好的句子和段落，及时地摘抄下来，在抄的过程中，就会有领略和思考。积累得多了，写文章时就手到擒来；需要发言时，"引经据典"让自己的言语更具内涵。

（2）记录。记录其实就是一种教学日记，教师们养成记录的习惯，会对自己的专业化成长起到推波助澜的作用。在日复一日的教学活动中，有心人其实处处都能发现"玄机"，因为教学内容虽同，但教者和学者会有个体差异，这些差异便是记录的"点"，学会找点，便有了以点带线去寻找根源的基础和眼光。当记录成为一种习惯，我们的思考也会多起来，便会自觉、主动地去寻求答案。

（3）反思。反思就是对自己教学行为的分析和思考。有了一定的积累和记录，反思对我们来说，就是自己发现问题，又尝试用自己的知识来解决问题的内省能力，会反思的教师其专业化成长的速度是惊人的。

（4）实践。实践是对书本知识的一种验证，也是对自己想法的尝试。实践会带给我们更多的关注和思考，也会带动教师自身知识的积累，而教师的特色和经验也会在实践中逐步彰显与落实，"实践出真知"正是这样一个道理。当"实践——反思——再实践——再反思"落实到位时，教师们记录的内容也会越来越深刻、越来越宽广，眼界开了，思路也就开了，教师的内涵也就更加丰富了。

（5）整理。整理其实就是对自己记载的东西进行一个有序的归类和梳理。当记录、反思、实践和积累到达一定的量时，时不时地翻起，就会引发教师们整理的思路，而同一类的话题自然地就被集中在了一起。当集中了的小点多起来时，就必须有所取舍，而在取舍的过程中，论点、论据就会呈现出个人特色，一篇篇

文章也就呼之欲出了。

(湖北省十堰市教科院 彭丽华)

错误142 忽视幼儿年龄特点，匆忙开展社区活动

案例呈现

6月份各种蔬菜都上市了，为了让孩子们更直观地了解蔬菜的外形、名称，小(一)班小朋友在李老师的带领下排着长队，缓慢前行进入南城集贸市场开展社区活动。幼儿们一个跟着一个前行，有的幼儿边走边看市场两旁的各种蔬菜，有的幼儿在观察大人们的购物方式，还有的幼儿低着头只顾着跟队。为了吸引幼儿的注意力，李老师亲自购买蔬菜现身说法帮助幼儿学习、理解，还趁机在现场介绍起各种蔬菜的名称、形状，讲解顾客购物时问价以及营业员称菜、报斤数、收款的方式。大部分的幼儿都在东张西望看热闹，一脸的茫然，根本没有听到李老师在讲解什么。突然彤彤大哭起来，原来水产品区里的鲫鱼跳了出来，碰到她的脚，把她吓哭了。

分析与建议

这个案例比较有代表性，社区活动是幼儿开展社会生活的重要途径，每个学年幼儿园都会安排社区活动。但从案例可以看出，带领小班幼儿进入菜场这类开放型的活动场所是不适宜的；而且由于教师未预估到菜场中可能发生的各种情况，导致一条小鱼就吓坏了幼儿，使得整个活动的组织出现了混乱。

因此，要做好社区活动，首先应考虑幼儿的年龄特点，选择不同类型的社区活动；其次，要充分了解所选社区的环境，合理重组资源，以适应幼儿的能力水平。具体建议如下：

(1) 根据幼儿的年龄特点选择适宜的社区活动。不同年龄段的幼儿活动能力是不一样的。小班幼儿年龄小，自理能力差，生活经验少，在选择社区活动时应围绕幼儿园生活活动开展，应选择人员不复杂、相对固定安全的室内，如小区敬老院、小区超市、银行、小区公园等；而中、大班幼儿的社会化水平不断提高，人际交往能力需要获得发展，且社会情感的培养日益显得重要，此时可选择相对开放性的社会活动，如让幼儿与营业员交谈、参观消防队、去邮局观察、远足等，有益于扩大幼儿对社区生活的参与、了解，并从中获得社会性情感、社交技能的发展，增强社会生活的能力。

(2) 将资源进行必要的加工或重组。为确保社区活动的有效性，教师应提前了解所选社区的教育价值与安全保障情况，再根据幼儿的年龄特点来设计合理的活动。在本案例中，教师忽视了菜场的环境，在嘈杂的环境中试图开展教育活动，不仅难吸引幼儿，也难使幼儿听得清。此时就需要对原始状态的社区资源进行教育性的重组，并调整活动计划。针对本案例中的活动，教师可以在进入菜场前提一两个要求，让幼儿观察菜场中的蔬菜以及人们都在做什么。教师专心带孩子们走一遍，然后再带幼儿在菜场外安静的地方，讨论刚才看到了哪些蔬菜、人们都在的什么。

幼儿生活经验贫乏，思维特点是具体、形象、直观的，因此，要求教师选择社区活动的内容、组织措施以及采用的活动方式都应以幼儿的兴趣、水平、能力和实际需要为出发点；在需要让幼儿了解相关知识时，教师应努力做到深入浅出，选择适宜的活动形式及地点，语言要力求生动形象、简洁明了，切忌生搬硬套；当需要社区人员参与互动时，教师应重视对这些社区人员进行必要的指导和培训，帮助其采用适宜幼儿接受的方式。只有这样，才能增强和提高社区资源利用的有效性。

(湖北省武汉市汉阳区二桥第二幼儿园　熊莉)

错误143 社区资源利用缺乏选择性和合理性

案例呈现 ▶

在有关"环保"的主题活动中，中班的王老师了解到一位幼儿家长在污水处理厂工作。为了给孩子提供现场实际感受，班里的几位教师花了不少车费，带着几十个孩子驱车来到十几公里外的污水处理厂。而这次参观却只能是初步的了解，如果要让幼儿进一步了解，仅一次的参观是不够的。准备进行第二次参观时，园部因为安全隐患多、经费投资过大、人力配备不足等种种原因阻止了此次活动，结果该主题活动进入一半就中断了。

分析与建议 ▶

本案例中教师的本意是很好的，思路也没问题，在社区资源的选择上借助了家长的资源，但是由于该社区资源与幼儿园的距离较远，存在一些不安全的因素，而且由于其专业化过强不利于幼儿一次活动达到教育目标，因此导致活动虎头蛇尾的结果。

如何有效地选择社区资源并合理地开展下去呢？建议从以下几个方面进行准备：

（1）发现和分析资源。社区资源分为物质资源、人才资源和自然资源。物质资源包括：社区里的图书室、社区活动中心、学校、公园、医院、超市、理发店等。人才资源包括：街道干部、居委会干部、物业管理人员（门卫、保安、消防员、保洁员、维修工）、小区内各界人士（先进工作者、老志愿军战士、老教育家）等。自然资源包括：植物（农田、农作物、花、草、树）、河流、小溪等。

教师首先要了解哪些教育资源在社区中是固定的，然后再了解社区中正发生的事情，根据幼儿的兴趣、身心发展特点及认知能力，用幼儿的眼光去捕捉有教育价值的社区资源，分析这些社区资源的性质、特点及其蕴涵的价值是否有利于幼儿的身心发展和社会生活能力的提高，是否适合用来开展主题活动。

（2）对社区资源进行必要的"需求评估"。也就是说并不是所有的社区资源都能为幼儿园的教育教学活动所用。在选择社区活动资源时应先对资源进行"需求评估"，这是资源利用的重要环节。所谓"需求评估"，就是考察资源利用的适宜性，包括教育的需要、幼儿的兴趣、资源的安全性（如海边、河边、山上或工厂等地方安全隐患较多，教师要事先对其进行考察）、本园对资源利用的承受能力（如人力、物力、财力等）等，认真评估这些条件是教育活动顺利开展的基础。其中，资源的安全性和本园对资源利用的承受能力，是资源需求评估的重要内容。如果这两方面的条件不具备，教师可以考虑采用其他形式（如运用挂图、照片、多媒体、家长助教等）代替。

（3）有目的地筛选资源和利用资源。在发掘、分析资源的基础上，教师应根据主题活动的需要，有目的、有计划地对已经分析好的资源进行筛选，从而将有价值的社区资源不同程度地融入到主题活动中。

（湖北省武汉市汉阳区二桥第二幼儿园　熊莉）

错误144　家长助教活动的准备、组织不到位

案例呈现

在一次教研活动中，大家谈到家长助教的困难，李老师说："我觉得家长助教太难进行了，请家长来都不大愿意！"林老师接着说："我们班也是这样，好不

容易来个退休的语文老师，活动中大谈诗歌的创作结构，孩子们怎么听得懂？""你们这还算好的，我们更可笑，哲哲的爸爸是警察，我们好不容易游说他来做助教，结果他黑着脸，说话生硬，把乐乐都吓哭了！"余老师抱怨。"哈哈哈哈！"大家都笑了起来。

分析与建议

家长是孩子的第一任教师，孩子对家长的依赖和信任以及家长对孩子的了解和关爱是教师无法代替的。因此，家长助教活动是幼儿园挖掘家庭教育资源、形成家园共育的主要实践活动之一。幼儿园的孩子来自不同的家庭，而每个家庭家长的职业也不同。这无形中是一笔巨大的教育资源财富。从上述案例中我们发现，教师在家长助教来之前如果没有做好充分的准备及组织工作，就会造成工作繁忙的家长没有时间参与活动；即使将部分家长引进课堂，也不能发挥其职业优势，取得较好的教学效果。

（1）抓好活动前的准备工作。首先，通过调查问卷、调查表等全面了解家长资源。其次，是真诚地相邀，采用招募栏、电话预约等方式邀请家长参与助教活动。最后，是与家长共同设定活动的目标、内容。每次开展家长助教活动之前，教师应与家长一起准备活动方案，家长一般只是简单地说一下自己的想法，教师要帮助家长分析活动的目的、发展意义、形式、内容的组织与实施，甚至在活动中可能会出现什么问题都要提前想到，以防止发生意外。

（2）做好活动中的组织工作。首先，营造平等、信任、尊重的环境氛围，让家长能消除顾忌，充满信心地投入到整个活动之中；其次，要因人施教，适时指导。针对不同类型的家长，根据不同的情况采用不同的指导方法。重点对活动中一些突发现象进行指导，把握时机，适当牵引。

（3）重视活动后的反馈、延伸活动。活动后，收集助教家长的建议，适当改进，并继续指导家长的育儿方法，达到真正的互动。以前家长和教师之间总有距离，在教育孩子上难以达成共识，家长不了解教师的工作性质，对幼儿园的活动不理解，总觉得很简单，就是哄孩子。在参加家长助教活动后，家长大都有一个感受：幼儿园的工作太不容易了，幼儿园的教师担负的责任太大了，幼儿园的活动真不简单！以后家长会积极为班上的活动出谋划策，共同为班上孩子的发展尽力，眼中不再只关注自己孩子的行为。此外，在家长助教活动中，教师也可以观察到平时所不易察觉的幼儿的发展、需要，重新审视自己的教育方法。

（湖北省武汉市汉阳区二桥第二幼儿园　熊莉）

错误145　顾忌安全，只允许部分幼儿参与社区活动

案例呈现

在开展理发店游戏时，幼儿对自己的理发店该有什么设备产生了疑问。游戏的第二天，小凯一到幼儿园，就急匆匆地跑来对张老师说："我昨天去'椰岛'理发，看到叔叔用一种会'呲呲呲吭吭吭'的东西帮我理发，我们班的理发店没有这种东西，怎么办呢？"聪聪说："还有一种罩在头上的罩子我们班没有。"张老师好奇地问他们："这些东西叫什么名字呢？"小凯着急地说："不知道！老师带我们去看看吧！"

在张老师的带领下，第三天孩子们来到了"椰岛美发店"，为了安全起见，教师要求幼儿遵守纪律，不能乱摸乱动，并指派了4名幼儿进行洗发、理发的工作，其他幼儿观看、听教师讲解。回到幼儿园后大部分孩子都很沮丧，小毅说："真没劲，那个会'呲呲呲吭吭吭'的叫电推剪，我都没有能上前摸一摸、看一看，还不如不去呢！"

分析与建议

幼儿园教育的首要任务就是保证幼儿生活、生存、生命的安全。在利用社区

资源开展主题活动时需把幼儿带离幼儿园,这将给幼儿教师的组织和管理工作带来许多麻烦。由于社区环境较复杂,加之幼儿年龄小,教师在利用社区进行教育活动时,易发生意外。一些教师认为带幼儿外出,若发生意外,自己难以承担其责任,所以也就尽量避免利用社区资源来开展主题活动;即使开展社区活动,为了安全起见,教师也多是要求幼儿遵守纪律,看、摸、试、做的环节只让少数幼儿参与,其他幼儿只能观看、等待、倾听。教师的这些做法达不到充分利用社区资源、全面促进幼儿发展的目的。那么,在组织社区活动的时候,教师应该怎么做呢?

(1)加强安全教育、减少安全隐患。在利用社区资源开展主题活动前,教师应对社区的设施、环境等进行安全检查,做好充分准备,同时建立合作小组,减少安全隐患。比如:在平行班级间形成互助小组,制定详细的安全预案,增加师资力量或采用分组外出活动的方式以减轻教师利用社区资源开展主题活动的压力。在利用社区资源开展主题活动的过程中,当幼儿发生意外或有其他突发事件时,教师处理突发事件的能力直接影响到幼儿的安全,所以教师必须具备一定的急救知识,沉着应对,同时应在活动前加强幼儿自身安全意识的教育工作。

(2)重视活动前的准备、活动中的体验及活动后的反思。利用社区资源开展主题活动前,教师必须充分准备、周密计划,制订的社区教育主题活动目标要明确可行;在组织活动时要让幼儿在开放的、真实的情境中主动参与、亲身体验、发现问题、相互解决,在教师的指导帮助下拓展幼儿的学习和发展空间,保证活动安全、有效地开展。上述案例中,教师可求得理发店人员的配合,将理发器械有序摆放,分组分区域介绍;在活动结束后,教师应对活动资料进行整理和总结,找出活动中不足的地方,寻求解决办法,并在实践中不断地反思,使下次的社区活动更好地开展。

(湖北省武汉市汉阳区二桥第二幼儿园　熊莉)

错误146 社区资源利用缺乏层次性和持续性

案例呈现

在一次教科研会议中,中班的郭老师提出这样一个问题:"社区里有好多资源可以利用,如菜场、商场、消防队、部队、公园等。这些地方,我班该去参观的都去过了,有些活动孩子们也不理解,我觉得收益并不大,而且每次都累得不得了。下学期对于这项工作我们班能否停一停,等到孩子们快毕业的时候再到小学去参观呢?"

分析与建议

教师首先要转变思想意识,树立正确的教育观,不能为了进社区而走进社区,把社区活动当成游玩、任务来完成。幼儿的身心发展特点决定了教育的内容应是以幼儿生活为基础的幼儿身边的人和事。作为幼儿生活的主要环境,社区与幼儿的成长息息相关,它以一定的物质或精神的形态完整地呈现在幼儿的面前,时时刻刻以一定的方式作用于幼儿。在社区内为幼儿开展的各种教育活动,是多层次、多内容、多种类的社会教育,具有地域性和灵活性,可以因地制宜地促进幼儿教育的发展。

(1) 把握社区活动的层次性原则。幼儿年龄有高低,活动内容有不同的侧重点,因而社区活动势必要有不同的层次,教师们开展活动时切忌一刀切、齐步走、一窝蜂,要从幼儿身边熟悉的社会主要机构开始入手,从参观商店、农贸市场、新华书店、银行,到幼儿不经常涉足的图书馆、军营、消防队、小学等。幼儿只有这样逐步深入地接触生动、多样的社会现实,积累一定的社会生活经验,才能真正产生相应的社会情感。

（2）把握社区活动的持续性原则。幼儿的认知总是由渐变到突变，呈螺旋形上升的走向，无论是形成自我意识的过程，还是内化社会规范及道德准则的过程，在幼儿期都表现为一个不断反复、逐步完善的渐进过程。如果开展社区活动时缺乏持续性，或者"一阵风"，或者时断时续，这学期进行、下学期歇息，就不会产生好的效果，幼儿的社会性也不可能得到良好的发展。

（湖北省武汉市汉阳区二桥第二幼儿园　熊莉）

错误147　不善用网络环境为家园服务

案例呈现

许多幼儿园都建有自己的网站，可是登录上去，内容空空，点击率极少。曾经有一位教师说："网站上能做什么呢？不就是更新几篇育儿文章、发发通知？用处不大，维护起来还特别麻烦！"还有的教师说："我们班建立了一个QQ群，我会把每次的作业发上去，家长们还会问问我孩子在园的一些生活、学习情况。"

分析与建议

上述案例中教师们对网络环境的理解还比较片面，不知道如何把这个手段更好地运用到家园共育中去。幼儿园的网络环境建设和应用作为一张名片，是需要精心打造的，只有充分地用好它，才能使它真正成为幼儿园宣传的阵地、家园的纽带、教学研究的平台、园内办公和互动的载体。

（1）让网络环境成为家庭教育指导新平台。当幼儿园在网上拥有自己独立的网页时，就等于为自己搭建了一个让世界了解幼儿园的平台。要及时向家长发布教育信息、展现幼儿活动风采，让家长在第一时间了解孩子的情况，组织家长进行网络环境下的亲子活动，建立新时代的幼儿家庭教育观念。教师还可以定期地在微博、QQ群上发布与孩子成长、学习有关的话题，邀请家长一起参与讨论，寻找教育孩子的科学方法，进一步唤起家长作为教育者的角色意识，提高其教育技能，以达到幼儿园和家庭协同教育的目的。

(2) 让网络环境成就一批热情参与的学习型、服务型、管理型家长。幼儿教师要让幼儿园的网络环境不仅是宣传幼儿园的阵地，还是幼儿的乐园，是幼儿与家长展示才华、锻炼能力的场所；改变以往大多数是教师和专家讲、家长听，缺乏实际互动的传统的家长会、家长学堂等家园交流方式，而是通过观看录像、活动片段等，使家长真实地了解子女在幼儿园的学习和生活情况；开设家园共育栏，同时在网络环境中开展一系列亲子活动——"相亲相爱一家人""才艺大比拼""明星宝宝竞赛"等，吸引家长参与到与孩子的互动中来，共同参与节目的策划与录制。以前，有的家长认为幼儿园就是带着孩子玩的场所，通过自己观看及参与到孩子的教育活动、亲子活动中后，他们对幼教动态更加了解，育儿的方法更加科学；对教师的工作更加理解和支持。教师与家长之间的沟通多了，双方相互学习、取长补短，逐渐在育儿的观念和方法上达成共识，彼此间的误会及挑剔、指责明显减少，大家朝着"一切为了孩子"的共同目标而努力，幼儿园的教育教学焕发出新的生机，家园共育的桥梁也更加通畅。

(3) 让幼儿园网络环境开拓教师视野，提升家园共育理念。为了丰富家庭教育指导内容，教师应在实践中向家长学习，向网络学习；为了扩展家长在家指导孩子学习的途径，教师需要从网上搜集许多有关幼儿园园本课程的辅助学习材料，通过学习与整合，制作成电子课本，使幼儿在家也能学习；同时，也让家长了解到幼儿在园学习的进展，从而进一步帮助孩子发展。为了更好地向家长展示幼儿在园的学习情况，教师还可以制作幼儿电子成长相册，让家长了解幼儿在园学习生活的方方面面，也为幼儿在园生活的精彩瞬间留下永久的童年回忆。

(湖北省武汉市汉阳区二桥第二幼儿园　熊莉)

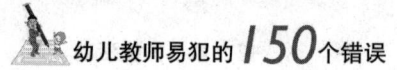

错误148 过于依赖网络搜索，不思考、不加工

案例呈现

幼儿园的常规文案工作中有撰写教学笔记、观察记录、家访记录、活动方案、主题反思、论文等。每当要开展教科研活动、上公开课或者上交论文时，教师们就会直奔电脑，使用网络搜索功能，搜索需要的信息，借来就用，不思考也不加工。这种现象在教师们的工作、学习、生活中很普遍。

分析与建议

现代人的生活离不开网络。在信息大爆炸的时代，搜索引擎无疑是人们快速寻找知识的最便利的一种工具，有了它，人们可以在很短的时间内找到自己想要的信息。但是，网络搜索在给教师工作提供便利的同时，也带来不少隐患。教师过多地依赖网络搜索，导致出现了"三不"问题：不记忆任何资料、不思考任何问题、不撰写任何文案。网络搜索就像一把双刃剑，只有正确使用，才能达到事半功倍的效果。

（1）搜索只是一种学习方法。对搜索引擎过分依赖，容易使"不记、不想、不争、不写甚至不屑写"成为常态的互联网行为和工作行为。以前人们觉得自己的大脑应该是知识的蓄水库，然而现在过度依赖网络搜索的大脑却像抽水马桶一样，一切知识来也匆匆，去也匆匆，没有基本的积累，更不能厚积薄发有较好的发展。所以对于网络搜索，只能适当倚靠，不得过分依赖，当然，我们在利用网络搜索的时候，要勤于搜集、整理、积累，分类学习领会，以便于及时应用。

（2）珍惜身边的第一手资料。在幼教工作第一线的教师往往忽视了身边的最优资源——我们的教学实际。只要我们及时搜集整理身边的典型教育案例,进一步深入分析和研究这些鲜活的第一手资料,加上自己的反思和同伴交流,从中归纳提炼出宝贵的经验,上升到一定的理论高度,一定是最具有普遍指导意义的优秀文案。而过分依赖网络抄袭来的文案,是注定没有生命力的,也不一定是适合的,甚至经常闹出"似曾相识"的尴尬。

(3)善于选择搜索来的资料。在信息爆炸的时代,层出不穷、浩如烟海的网络搜索资料有不少互相重复甚至讹误,其可靠性值得怀疑。这就要求我们必须具备一定的智慧,能够分辨什么信息有用,什么是正面的,什么是负面的,哪些是有普遍指导价值的,哪些是个别极端以偏概全的。要不断地提醒自己,不能沉溺在搜索引擎和链接中,要给自己独立思考的空间。

(湖北省武汉市汉阳区二桥第二幼儿园　熊莉)

错误149　为了技术而技术

案例呈现

为了给中班幼儿开展教学活动"认识蔬菜",教师收集了大量的蔬菜图片,并放到电脑中,制作成课件。活动开始后,教师点击鼠标,屏幕上依次出现黄瓜、番茄、白菜、冬瓜等图片,异彩纷呈。教师讲解道:这是黄瓜,它有绿绿的衣裳,白白的肉……

分析与建议

教育信息化是一门科学,并非配置电脑、播放动画片那么简单。有些教师以为，只要使用多媒体教学，教学效果就一定会好，因此花大量的时间去制作课件，用课件代替了教学过程中的重要环节——对教学方法的研究和选择，至于选择何种多媒体设备、课件应用是否得当等，都被忽视了。结果运用了现代教育技术，使用的还是传统的教学方法。上述案例很明显反映了教学活动中"为技术而技术"的误区。

（1）现代技术与教学内容相宜。内容决定形式，形式为内容服务。多媒体只是一种教学辅助手段，不是所有教学内容都必须辅以多媒体技术。教师在开展教学活动之前，要根据教学内容有针对性地选用，与传统的手段有机结合，选择最合适的教学媒体，优化教学活动，切不可牵强附会，为搞形式上的多样化而滥用现代化教育媒体。

（2）现代技术与教学过程相融合。教学过程与多媒体的使用是相互依赖、相互联系的，即教师在选用多媒体时要考虑教学过程的安排，要考虑如何组织教学过程才不会影响多媒体的使用效果。教师应根据教学过程各环节的需要，适时、适当地使用多媒体课件。有时可以在活动开始部分运用，以吸引幼儿的注意；有时可以在活动基本部分运用，以解决教学的重点、难点；有时还可以在活动结束部分运用，向幼儿抛出问题，拓宽幼儿的活动空间，鼓励幼儿继续探索。

（3）现代技术与教学策略相辅。在应用多媒体教学过程中，要重视幼儿的主体地位和教师的主导作用，坚决克服重教轻学、以教代学的倾向。教师要把自己的教学策略融于课件，合理运用，以辅助教学。同时，人机交互并不能取代教师与幼儿间的交互作用，在教学中仍要体现幼儿的主体地位和教师的主导作用。

（4）现代技术与教学对象相通。幼儿年龄小，保持注意力的时间短、持久性差。课件制作必须充分考虑幼儿的认知特点和需要，以幼儿获得知识经验的规律为依据，考虑不同层次幼儿不同的智能发展水平、个性心理特征，采取相应的个别化教学措施，使课件的通用性与个别性有机结合，让每个幼儿都能得到发展。

（湖北省武汉市汉阳区二桥第二幼儿园　熊莉）

错误150 信息素养低，学习无方法

案例呈现

一位参加了信息技术实验研究的幼儿园园长，在与大家探讨"为什么现今幼儿教师的信息化水平很难提高"这一话题时，曾经说过这样一段话，让人记忆犹新。她说："相对幼儿园来说，中、小学的信息化起步较早，受关注程度较高，发展较好。而幼儿园的信息化进程启动较迟，幼儿园教师信息化素养低，运用信息技术能力很弱，发展较差。虽努力学习、积极参加信息技术培训，但幼儿教师的学历层次相对较低，文化水平普遍不高，所以接受信息化的过程、速度也较慢。有时信息化工作不但没有提高工作效率，反而增加了工作负担。"

分析与建议

众所周知，传统教学中只要求教师具有渊博的专业知识、高尚的人格、精湛的专业技能，而幼儿教育的信息化，则要求教师除了掌握本专业知识外，还要熟悉多媒体技术：熟练掌握多媒体设备操作方法；能熟练地通过网络查找最符合教学内容的信息；能运用幻灯片等制作软件，对声音、动画、图像以及文字等进行编辑、制作课件。科技时代的日新月异导致信息设备、操作软件快速更新，而由于缺乏系统的培训和不注重学习方法，导致许多教师的信息技术跟不上，直接制约了幼儿教育信息化的发展。为改变这种状况，有以下建议：

（1）循序渐进地学。信息技术内容包罗万象、非常庞大，幼儿教师应坚持急用先学，活学活用。现在的各类软件升级速度惊人，所以，要选择学习用得上的，暂时不用的或者用不上的，可以暂时不学。学习技能必须实践、操练，边学

边用，方能达到较好的效果。

（2）方法得当地学。

• 看帮助——在实践工作中，这是很多教师所忽视的。现今，我们日常使用的绝大多数软件都附有较为完善的"帮助"功能，它可以帮助使用者及时解决使用过程中遇到的问题。

• 读教程——在学习之初，通过学习教程来掌握该软件的运用是较为普遍的做法。它能将该软件最为基本、较为普遍的功能与用法罗列出来，便于初学者学习。

• 用搜索——随着网络技术的不断发展，网上搜索引擎的功能越来越强大，应用面越来越广。华南师范大学教授焦建利认为："要把谷歌（Google）不仅仅看做搜索引擎、资源检索工具、语言学习工具、词典、资源库、百问不厌的老师、无所不知的老师，更要把它看做一种学习的方法，解决问题的方法。"

• 问别人——交流是很好的学习方法，这在信息化技术学习方面显得尤为重要。在学习与使用的过程中，每个人都会遇到不同的问题，需要各自寻找自己的解决方法。在交流的过程中，我们或许可以为对方提供更便捷的解决问题的方法。

（湖北省武汉市汉阳区二桥第二幼儿园　熊莉）